미중 경쟁시대의

동북아 평화론

_ 쟁점, 과제, 구축전략

아연동북아 총서 _03

미중 경쟁시대의
동북아 평화론
_쟁점, 과제, 구축전략

| 한용섭(한국평화학회장) 편 |

아연출판부
고려대학교 아세아문제연구소

아연동북아총서 발간에 부쳐

탈냉전 이후 동아시아의 역동적 발전은 역내의 정치-외교, 경제 질서뿐만 아니라 문화, 사상, 종교 등의 제 영역에서 새로운 변화를 추동하고 있다. 이러한 변화는 일국적 차원의 고찰로는 해명될 수 없는 복잡하고도 민감한 초국가적(transnational) 현상을 낳고 있다. 특히 동북아시아는 지리적 인접성, 공통의 역사-문화적 경험, 협력과 공존의 필요성 등으로부터 연유하는 초국가적 사고와 움직임이 활성화되고 있다. 이러한 동북아에 대한 이해를 심화 확대하고 새로운 해석과 전망을 제공하기 위해서는 국가별 연구나 학문 분과의 분절적 연구를 넘어 동북아시아를 분석의 단위로 삼는 다학문적·학제적 연구가 요청된다.

동북아시아 연구가 갖는 실천적 의미는 매우 중요하다. 주지하듯이 동북아시아는 세계의 어느 지역보다도 급속한 변화와 발전상을 보여 주고 있음에도 불구하고, 여전히 근대성의 문제와 냉전의 구도에 얽매여 있는 곳이다. 20세기 전반기의 제국주의 침략과 식민 경험은 오늘에도 국가적·민중적 기억을 지배하고 있다. 냉전의 산물인 남북 분단과 북한의 핵위협은 동북아시아의 커다란 불안 요소가 되고 있다. 국가 간 역사 및 영토 분쟁 또한 동북아의 평화로운 발전에 장애로 남아 있다. 그러나 우리는 불편한 역사적 경험과 현재의 불안정이 다른 한편으로 동북아시아의 여러 구성 요소들을 상호 긴밀히 연결시키고, 그로부터 문제 해결을 위한 공통의 기반이 마련될 수 있음에 주목한다. 동북아시아는 대립과 갈등의 무대이기도 하지만, 평화와 공존의 모색을 위한 토대이기도 하다. 이제 동북아 연구는 동북아가 처한 현실을 객관적으로 진단하고, 평화로운 미래를 건설하는 시대의 요청에 부응하지 않으면 안 된다.

고려대학교 아세아문제연구소(이하 아연)는 대표적인 동북아시아 지역 종합연구소로서 학제 간 연구를 통한 동북아 지역 연구를 이끌어 왔다. 1957년 설립된 이래 아연은 구한국외교문서와 공산권연구총서 및 동아시아연구총서, 중국연구총서, 한일공동연구총서, 민주주의총서 등 연구 성과의 체계적 집성을 통해 학문적 차원에서 현실을 진단하고 바람직한 미래의 방향을 전망하는 대학연구소의 역할을 충실히 수행해 왔다. 2008년부터는 한국연구재단의 인문한국(HK)사업 해외지역학 분야의 지원 기관으로 선정되어, '동북아시아의 초국가적 공간: 사상·사회문화·제도의 교류와 재구성'이라는 연구 어젠다를 중심으로 10년 기간의 대규모 프로젝트를 진행하고 있다. 이제 아연은 지난 50여 년 동안 축적된 연구 경험과 현재 진행 중인 인문한국사업의 성과, 각종 동북아 지역 연구 지원, 국내외 소장 학자 교류 지원 프로그램 등을 기반으로 하여 〈아연동북아총서〉를 발간한다. 이 총서의 성과가 동북아 공동의 문제를 해결하고 조율하며 바람직한 미래를 모색하는 장이 될 수 있기를 기대하면서, 관심 있는 분들의 격려와 질정을 바란다.

2010년 10월

아세아문제연구소장 이내영

서문

이 책은 한반도와 동북아에서 평화체제를 진전시키는 데 필요한 아이디어와 실천 방안을 모색하는 한국평화학회의 회원인 여러 학자들의 문제의식과 연구 역량을 모아 작성되었다.

한국평화학회는 1998년 8월 최상용 초대회장의 주도로 창립된 이래, 2대 회장인 하영선 교수의 주도로 『21세기 평화학』이라는 대학 교재를 출간했으며, 3대 회장인 문정인 교수의 주도로 『동아시아의 전쟁과 평화』를 출간했다. 이러한 전임 회장들과 학회원들의 평화에 대한 사랑과 학문적 관심을 계승하고 현재의 학회 임원들과 회원들의 연구 역량을 결집해, 이번에는 중국의 부상과 함께 빠르게 변화하고 있는 동북아의 협력과 갈등의 국제질서 속에서 한반도와 동북아에서 경쟁과 갈등을 극복하고 평화를 건설하기 위해 협력할 수 있는 중장기적 방안을 모색해 보았다.

우리 학회의 관심은 유럽에서는 탈냉전을 거쳐 유럽연합이라는 공동체를 바탕으로 유럽 공통의 외교 안보 정책을 추진하고 있을 정도로 평화 구조가 제도화되고 공동체가 확고하게 수립된 반면에, 왜 한반도와 동북아에서는 평화체제가 수립되지 못하고 갈등과 경쟁의 질서 속에 머무르고 있는가 하는 것에 있다. 한반도에서 6·25전쟁 60주년을 맞는 2010년 현재에도 정전체제가 계속되고 있고, 동북아 지역에서는 현상 유지를 근간으로 하는 소극적 평화가 계속되고 있다. 이러한 불완전한 평화와 안정을 해치는 요인으로서 북한의 핵무기 개발과 군사 도발 등이 있으며, 미중 간의 갈등과 경쟁이 점점 치열해지고 있는 현상을 들 수 있다. 동북아에서는 20세기의 전쟁과 갈등의 시대를 제대로 극복하지 못하고, 21세기 국력의 경쟁 시대를 맞고 있는 것이다. 냉전기에 탄생한 양자 중심의 동맹 체제는 지역적·다자적 안보 협력 체제로 승화되지 못하고 오히려 강화되고 있는 실정이다.

그렇다면 과연 한반도와 동북아 지역에서 잠재적 분쟁의 요소들을 적절하게 관리해 나가면서 평화체제 및 안보 공동체를 실현하기 위해 어떤 정책적 구상과 노력이 필요한 것인가. 동북아의 주요 행위자들인 미국, 중국, 일본은 동북아의 평화에 대해 어떤 입장을 갖고 있으며 이런 입장은 어떻게 진화해 왔는가. 미중 간의 본격적인 경쟁 시대가 막이 오를 것으로 예상되는 2030년이 되면 미국과 중국의 동북아 평화관은 어떻게 변할 것인가. 동북아의 지정학적 중심이자 전쟁과 평화의 핵심 고리인 한반도에서 평화체제 수립이란 명제는 어떻게 진화해 왔으며 앞으로 어떤 경로를 거쳐 발전해 나갈 것인가. 한반도 평화체제를 동북아 평화체제의 한 부분이라고 볼 때, 한반도 평화체제가 동북아 평화체제를 추동할 요인이 될 수 있으면서도 동시에 동북아의 갈등 구조가 한반도의 평화체제의 발전을 구속하는 요인이 될 수도 있을 것이다. 따라서 한반도에서 평화체제를 건설하기 위해서 남북 간, 한미 간, 한중 간, 북미 간, 한일 간, 북일 간에는 어떤 쟁점들이 있으며 이런 쟁점들을 어떤 방향으로 해결해 나갈 것인가.

이 책은 위와 같은 질문을 가지고 제1부에서 미국, 중국, 일본의 동북아에 대한 평화관을 정치·외교·역사적으로 분석해 본다. 제2부에서는 한반도 평화체제 구축의 조건과 과제를 검토한다. 제3부에서는 동북아에서 새롭게 발견되고 있는 군비경쟁의 양상과 미중 간의 변화하는 세력균형이 동북아의 평화와 갈등의 구조를 어떻게 형성하고 있는지 분석하고, 군비경쟁과 양자 동맹의 갈등을 넘어 다자안보협력으로 방향을 전환할 수 있는 방법을 검토해 본다.

이 책이 나오기까지 4년여에 걸친 국내 세미나와 국제 세미나가 있었다. 이 책을 완성하기 위한 마지막 연구를 하는 데 물심양면으로 도움을 주신 고려대 아세아문제연구소 이내영 소장님께 감사드린다. 그리고 몇 년 동안 이 문제와 씨름하면서 옥고를 보내준 필자들에게 감사를 드린다. 이 책이 동북아와 한반도의 평화를 진전시키는 데 조그마한 역사적·학문적 디딤돌이 될 수 있을 것을 기대하는 마음이 간절하다. 이 책이 갖고 있는 여러 가지 부족한 점에 대해서는 질정과 자문을 기대하는 바이다.

한용섭(한국평화학회장)

제1부

동북아 국가들의 역내 평화 구상

1장

미국의 동북아 평화에 대한 구상

김영호

Ⅰ. 서론

2010년 한국의 구정과 중국의 춘절을 맞이해 오바마 대통령과 힐러리 국무장관은 나란히 미국 내 아시아계 미국인들과 아시아인들에게 축하 메시지를 발표했다. 이 메시지는 21세기 아시아가 미국에게 갖는 중요성을 보여 주고 있다. 제2차 세계대전 이전까지만 하더라도 미국의 대외 정책에서 아시아가 차지하는 비중은 지극히 적었다. 미국의 대외 정책은 같은 문명권에 속하는 유럽을 우선시했다. 그러나 동북아시아는 세계적으로 가장 역동적으로 성장하고 있는 중국, 한국, 일본, 대만 등을 포함하고 있는 지역으로, 이제 이 지역은 미국의 대외 정책 구상에서 중요한 위치를 점하고 있다. 이 점에서 21세기 동북아 평화에 대한 미국의 구상은 그 중요성이 더욱 증가하고 있다.

역사적으로 볼 때 미국의 동북아 정책은 무관심과 임기응변적 대응으로 특징지어진다. 나아가 미국은 '문호개방정책'이라는 일반적 정책적 슬로건을 제시하거나 잠재적 패권 국가가 자신의 안보를 직접적으로 위협하기 이전까지는 적극적 대응 방안을 제시하지 못했다. 이런 정책적 흐름은 제2차 세계대전 이전까지 계속되었다. 그 이유는 미국 내에 존재했던 뿌리 깊은 고립주의적 전통 때문이었다. 이 전통으로 인해 미국은 동북아 지역뿐만 아니라 유럽 지역에도 개입하지 않았다. 미국 의회가 윌슨 대통령이 주도한 베르사유조약 비준을 거부하고 고립주의로 회귀한 것은 미국 내의 고립주의 전통의 뿌리가 얼마나 깊은지를 보여준다. 동서양 문명의 차이는 미국의 동북아 지역에 대한 무관심에 또 다른 요인으로 작용했다.

동북아 지역에 대한 미국의 무관심은 일본에 의한 진주만 공격에 의해 변화하기 시작했다. 그렇지만 군사적 위협에 대한 대응이 곧 정책적 패러다임의 전면적 변화를 의미한다고 보기는 어렵다는 사실을 미국의 외교정책사에서 알 수 있다. 제1차 세계대전에 미국이 군사적으로 개입해 승리한 후 미국은 또다시 고립주의 노선으로 회귀했다. 군사적으로 승리한다고 하더라도 대외 정책을 바라보는 미국 정책 결정자들의 인식과 국민 여론이 바뀌지 않을 경우 미국이 국제주의적 개입 노선으로 전환할 것이라는 보장은 없다. 미국의 동북아 평화 구상을 이해함에 있어서 군사적 개입과 대외 정책과 관련된 전략적 패러다임의 변화를 명확하게 구분해서 이해하는 것이 중요하다.

우선 이 글은 미국의 대외 정책과 평화관의 특징을 살펴볼 것이다. 이러한 특징에 대한 이해 없이는 미국의 동북아 평화관 형성과 구상을 제대로 이해할 수 없다. 왜냐하면 특정 지역에 대한 미국의 평화관은 미국의 전반적 대외 정책에 대한 입장과 밀접하게 연관되어 있기 때문이다. 다음으로

이 글은 미국이 동북아 지역에 개입하는 역사적 과정과 동북아 지역에 대한 평화 구상을 구체적으로 살펴볼 것이다. 미국의 각 행정부의 대외 정책에서는 연속성과 변화가 동시에 발견된다. 어느 행정부도 과거 행정부 정책의 유산으로부터 자유로울 수 없다. 이 점에서 일정 부분 정책의 연속성이 존재하는 것이 사실이다. 그렇지만 국제 정세, 동맹국과의 관계, 지도자의 국제정치관, 국민 여론 등에 따라서 차기 행정부는 기존 행정부의 정책에 변화를 가미하게 된다. 마지막으로 이 글은 오바마 행정부의 동북아 평화 정책을 분석하는 데 또 다른 목적이 있다. 오바마 대통령은 취임한 지 이제 갓 1년을 넘겼다. 지난 1년 동안 월스트리트발(發) 금융 위기를 수습하느라 다른 분야에 관심을 쏟지 못했다. 그럼에도 불구하고 금융 위기가 어느 정도 수습되고 이라크 철군과 아프가니스탄 정책이 마무리되면서 오바마는 10일 간에 걸친 동북아 지역 순방에 나섰다. 이 글은 오바마 행정부의 동북아 평화 정책이 과거 행정부와 어떤 유사점과 차이점이 있는지를 분석할 것이다. 결론적으로 이 글은 미국의 동북아 평화 정책에 대한 한국의 대응 방안을 몇 가지 제시할 것이다.

II. 미국의 대외 정책과 평화관의 특징

미국의 동북아 평화관을 이해하기 위해서는 미국의 대외 정책과 평화관의 특징을 먼저 이해할 필요가 있다. 토크빌은 특정 국가의 정치체제의 성격은 그 국가의 탄생 배경과 지리적 조건에 의해 커다란 영향을 받는다고 지적한 바 있다(Tocqueville 2004, 31-2). 그의 주장은 특정 국가의 대외 정책을 설명하는 데에도 그대로 적용된다고 할 수 있다. 이 점에서 미국도 예외일 수 없다. 우선 미국은 대서양과 태평양에 둘러싸인 요새와 같은 지리적 조건을 가지고 있어 다른 국가들에 비해 안전한 지역에 위치해 있다. 유럽 지역과 같이 바둑판 모양으로 좁은 지역 내에 수많은 국가들이 포진해 있을 경우 이들 사이의 세력균형이 각국의 안전에 지대한 영향을 미치지 않을 수 없기 때문에 항상 대비책을 마련하지 않을 수 없다. 이에 비해 미국은 독립전쟁 직후 영국의 침략을 받았을 뿐 일본의 진주만 공격이 있을 때까지 외부로부터 침략을 받은 적이 없었다. 상대적으로 유리한 미국의 지리적 위치가 미국의 대외 정책과 평화관 형성에 커다란 영향을 미치게 되었다.

다음으로 미국은 유럽과 달리 미 대륙의 서부로 팽창할 수 있는 지리적 조건을 갖추고 있었다. '프런티어 정신'으로 대변되는 서부로의 팽창 가능성으로 인해 미국은 유럽 국가들과 달리 제국주의 정책을 추구하지 않았다. 13개 주(州)로 시작된 미국은 헌법에 기초한 연방 편입의 방식을 통해서 일종의 '연방형 제국'을 건설했다(Hardt and Negri 2000, 160-82). 이것은 복속이 아니라 평등성에 기초한 연방 편입을 통한 팽창이었다. 미국의 대내적 팽창의 역사는 미국의 대외 정책과 평화관이 영토적 복속보다는 미국적 이념 및 제도와 가치의 수용을 중시하는 방향으로 발전하는 데 기여했다.

그렇다고 이것이 항상 미국의 대외 정책이 평화적 방식으로 이루어졌다는 것을 의미하지 않는다. 미국과 정치체제를 달리하는 국가들에게는 미국적 제도와 가치의 수용을 강요해 이들 국가들을 미국의 이미지와 동일하게 변화시키려는 '자유주의적 충동'이 미국의 평화관에 내재되어 있다(Hartz 1991, 268). 서구적 근대 국제정치 질서의 팽창 과정에서 나타난 제국주의는 영토의 확장과 직접적 경제 이익의 취득을 목표로 했다. 이와 달리 미국은 윌슨주의에서 보는 것처럼 미국의 이념과 가치가 실현될 수 있는 유리한 대외적 환경을 조성하려고 시도했다(Wolfers 1962, 74). 이러한 미국의 평화관은 세력균형에 기초한 전통적 유럽식 평화관보다는 훨씬 더 기대치가 높을 뿐만 아니라 실현 가능성이 매우 어려운 것이라고 할 수 있다. 미국의 대외 정책이 제2차 세계대전 이전까지 개입주의와 고립주의를 진자처럼 되풀이하고 그 이후에도 고립주의로의 회귀 가능성에 대한 우려가 가시지 않는 이유도 여기서 찾을 수 있다.

미국의 대외 정책과 평화관에는 구세계의 먼지를 완전히 털어버리고 신세계로 건너왔기 때문에 미국인들은 유럽과 다르다는 예외주의적 의식이 반영되어 있다. 이러한 의식은 유럽의 국제정치적 관행은 잘못된 것이기 때문에 부정되어야 할 대상으로 인식하게 만들었다. 워싱턴 대통령은 이임사에서 신세계 미국은 구세계 유럽과 일정 거리를 유지해야 한다는 점을 강조했다. 그는 미국이 유럽의 수많은 분쟁에 이끌려 들어갈 것을 우려해 평시에 유럽 국가들과 동맹을 체결하지 말 것을 권고했다.[1] 워싱턴은 1792년 프랑스의 혁명정부가 유럽 국가들에 대해 혁명전쟁을 선포했을 때 1778년 미불동맹을 무시하고 미국의 중립을 선언했다. 워싱턴의 주장은 유럽 국가들과의 동맹을 맺음으로써 미국이 의도하지 않게 전쟁에 이끌려 들어가는 것은 막아야 한다는 인식을 반영한 것이었다. 워싱턴의 이임사는 미국 대외 정책의 전통을 형성하는 데 커다란 기여를 했다. 미국 상원이 윌슨이 제시한 베르사유조약 비준을 거부할 때 흔히 인용된 것이 워싱턴의 이임사였다. 실제로 미국이 평시에 동맹조약을 체결한 것은 제2차 세계대전 이후

1_워싱턴의 연설 초고들과 전문은 Gilbert(1961), pp. 137-47을 참조.

미소 냉전이 구체화되던 1949년 북대서양조약기구(NATO)가 처음이었다.

예외주의 인식에 기초해 세력균형과 비밀외교를 부정적으로 바라보는 미국 대외 정책의 특징은 제2차 세계대전에 개입한 이후 미국이 적대 국가들에 대해 내건 '무조건 항복' 정책에서 잘 드러난다. 유럽식의 전쟁과 평화관을 대표하는 클라우제비츠에 따르면 전쟁은 정치의 연장으로서 정치적 목적 달성을 위한 수단에 불과하다. 그런데 '무조건 항복'은 전쟁 이후 결과에 대한 고려 없이 적을 완전히 굴복시켜 미국 주도의 질서로 재편하겠다는 의지의 반영이었다. 유럽 국가들은 적을 절멸시킬 경우 특정 지역에 발생할 힘의 공백 상태에 대한 우려와 전후 새롭게 재편될 세력균형을 염두에 두면서 전쟁을 수행해 나갔다. 이와 달리 미국의 '무조건 항복' 노선은 전통적 전쟁과 평화관과 구별된다.

이상에서 살펴본 것처럼 미국의 탄생 배경과 역사적 경험은 미국의 대외 정책과 평화관이 매우 이상주의적 경향을 보여 주고 있음을 알 수 있다. 이러한 흐름은 제2차 세계대전 직후까지 계속되었다. 대전 직후 미소 냉전의 전개와 함께 미국의 이상주의적 발상을 비판하고 현실주의 노선에서 미국의 대외 정책과 평화의 문제를 다루어야 한다는 강력한 흐름이 형성되기 시작했다. 미국의 대외 정책과 평화관의 특징은 이상주의와 현실주의 사이의 논쟁과 이들 사이의 연관성을 제대로 이해할 때 비로소 파악될 수 있다. 제2차 세계대전 직후 벌어진 이상주의와 현실주의 사이의 대논쟁은 동북아 지역에 대한 미국의 평화 구상에도 직접적 영향을 미쳤다. 미국은 제2차 세계대전 이후 비로소 본격적으로 새로운 동북아 질서 재편에 직접적으로 개입하게 된다. 미국 대외 정책의 역사적 경험에서 드러난 것처럼 미국인들의 의식 저변에 흐르는 강력한 이상주의적 경향을 제어하려는 현실주의 노선이 미국의 대외 정책에서 등장하는 시점과 동북아 지역에 대한 본격적인 미국의 개입은 시기적으로 일치하게 된다.

제2차 세계대전 이후 미국 내에서 등장한 현실주의 노선은 제1차 세계대전 이후 유럽의 질서 재편을 위해 등장한, 윌슨에 의해 주도된 이상주의 정책을 비판하는 과정에서 구체화된다. 이들 사이의 논쟁 가운데 미국의 동북아 정책과 관련된 중요한 부분만 보면 다음과 같다. 우선 현실주의자들은 미국의 대외 정책은 국익을 우선시해야 하며 특정 국가의 국내 정치체제의 성격과 이념을 기준으로 삼아서는 안 된다고 주장한다(Kennan 1947, 573). 앞서 지적한 바와 같이 외부 세계를 미국의 이미지로 바꾸려는 '자유주의적 충동'을 억제하지 않을 경우 미국의 대외 정책은 국력의 한계를 넘어설 가능성이 높을 뿐만 아니라 평화 실현을 더욱 어렵게 할 것이라고 현실주의자들은 보았다. 제2차 세계대전 이후 윌슨식의 민주주의를 위한 십자군 원정식의 대외 정책은 중단되어야 한다는 것이다. 냉전 당시 현실주의자들에 의해 입안된 봉쇄 전략은 공산주의라는 이념에 대한 무차별적 봉쇄가 아니라, 공산주의가 소련 혹은 여타 공산주의 국가의 침략과 팽창의 도구가 될 경우에 한해서 미국의 국익에 위협 요인이 되기 때문에 봉쇄의 대상이 되어야 한다고 현실주의자들은 보았다.

유럽 국가들과 달리 미국은 서부 팽창 시 여러 주들이 합의를 통해 단일 연방 국가의 평화적 건설에 성공한 경험을 갖고 있다는 것은 앞서 살펴본 바와 같다. 현실주의는 이상주의자들이 이러한 경험을 바탕으로 법리주의적이고 도덕주의적 원칙에 기초해 국제정치를 이해하려고 한다는 점을 비판한다(Kennan 1985, 95-100). 중앙정부가 존재하지 않고 전쟁 가능성이 상존하는 무정부적 국제정치의 현실에서 사법적 판단을 적용하고 집행하는 데에는 뚜렷한 한계점이 있을 수밖에 없다. 이런 한계점을 무시하고 제1차 세계대전 직후 이상주의자들은 국가정책의 수단으로서 전쟁을 불법화시키는 파리조약을 체결했다. 그렇지만 이 조약은 파시스트 국가들의 일련의 도발과 침략으로 무력화되고 말았다. 이처럼 미국이 국가 형성 과정을 경험한 주들 사이의 합의와 같은 것은 국제정치에서 지켜지지 않았던 것이다. 어떤 원칙이나 이상도 일정 수준의 안보가 확보되지 않고서는 실현될 수 없기 때문에 현실주의는 세력균형의 유지가 미국의 이상적 열망과 국익을 조화시킬 수 있는 가장 적절한 방식이라고 주장한다.

동북아 지역에서 세력균형에 기초한 평화 질서의 구축은 제1차 세계대전 직후와 같이 이상주의적 노선에 따라서 패전국들을 해체시키는 것이 아니라, 필요할 경우 그들의 재건을 통해서 미국의 동맹국으로 포함시키는 방식도 적극적으로 고려되어야 한다. 윌슨의 이상주의는 민족자결주의의 원칙에 따라서 일부 패전국들을 해체시켜 유럽 중부 지역에 많은 소규모 국가들의 독립을 허용했다. 그 결과 유럽 중부 지역에는 힘의 공백이 발생했을 뿐만 아니라 신생 독립국들이 스스로 자신을 방어하지 못하고 히틀러에 의해 모두 흡수당함으로써 유럽은 또다시 세계대전의 늪으로 빠져들고 말았다. 이런 역사적 경험을 바탕으로 제2차 세계대전 이후 현실주의자들은 마셜플랜을 통해서 유럽 국가들의 부흥뿐만 아니라 동북아 지역에서 과거 미국의 적국이었던 일본의 재부흥 정책을 추진하게 된다. 이런 정책은 동북아 지역에서 일본의 해체 이후 생길지도 모르는 힘의 공백을 막고 미국의 동맹국으로 편입시켜 동북아 평화 질서를 창출하기 위한 시도였다. 동북아 평화 질서 구축을 위한 미국의 대외 정책은 이상주의가 실패한 경험을 바탕으로 현실주의 노선에 의해 추진되었다는 것이 특징이라고 할 수 있다.

III. 제2차 세계대전 이후 미국의 동북아 지역 평화 구상

미국의 동북아 지역 평화 구상은 제2차 세계대전 이후 구체적으로 추진되었다. 이때 구축된 질서는 21세기 미국의 구상의 근간을 이루고 있다. 미국은 이 근간을 유지하면서 탈냉전 이후 세계 및 지역 질서의 상황에 맞게 점진적 변화를 추구하고 있다. 그 핵심은 미국이 동북아 지역의 균형자로서 계속 개입해 미군을 주둔시키겠다는 것이다. 또한 미국은 한미동맹, 미일동맹과 같은 양자 동맹 중심의 질서 틀을 유지하면서 6자회담과 같은 임시적 다자간 틀을 사안별로 발전시켜 나간다는 구상이다. 따라서 미국의 동북아 지역 평화 구상을 이해하기 위해서는 제2차 세계대전 이후 미국 주도 하에 구축된 동북아 질서의 특징과 성격을 살펴볼 필요가 있다. 뒤에 검토하게 될 오바마 행정부의 동북아 평화 질서 구상은 이러한 유산으로부터 완전히 자유로울 수 없다.

제2차 세계대전 이전까지 미국은 동북아 지역에 직접적으로 개입하지 않았다. 구한말, 미국은 '문호개방정책'을 선언했지만 이를 실현하기 위해 구체적 정책을 추진하지 않았다. 대영제국이 쇠퇴하면서 영국이 일본을 동맹국으로 선택해 동북아 질서를 관리하고자 했을 때 미국은 이 지역에서 일본의 우위를 인정하는 조치를 취했다. 가쓰라-태프트 밀약이 그 대표적 사례이다. 제1차 세계대전 이후 미국은 유럽에서 민족자결주의를 제시하고 실행에 옮겼지만 동북아 지역에서 이를 적용하는 데 적극적으로 노력하지 않았다. 윌슨주의에 고무되어 식민지와 반식민지에서 신음하던 조선인과 중국인들은 각각 3·1운동과 5·4운동을 일으켰을 때에도 미국은 이들의 열망을 실현시키기 위한 구체적 조치를 취하지 않았다.

제1차 세계대전 이후 형성된 베르사유체제는 동북아 지역 문제를 미완의 과제로 남겨 두었다. 미국은 워싱턴 체제의 구축을 통해서 동북아 지역의 평화를 유지하고자 노력했다. 이 체제가 구축됨에 따라 영일동맹이 폐지되었고 중국의 주권 존중과 영토 보존 원칙이 천명되었다. 그리고 해군력에 있어서도 일본의 군비 증강을 억제하는 조치를 취했다. 그렇지만 일본 군국주의자들은 이 체제를 파괴하고 만주와 중국 침략에 나섰다. 이에 대응해 미국은 중국의 장개석에 대한 군사원조를 제공했지만 궁극적으로 일본의 팽창을 저지하고 동북아에서 평화 질서를 구축하는 데에는 성공하지 못했다. 급기야 일본은 진주만을 공격했고 미국은 태평양전쟁에 개입하지 않을 수 없었다. 프랭클린 루스벨트 대통령은 '무기대여법'을 제정해 연합국에 대한 지원에 나섰지만, 미국 내의 뿌리 깊은 고립주의적 여론을 극복하는 데에는 많은 어려움을 겪고 있었다. 일본의 침략에 대응해 미국은 군사력을 동원해 태평양전쟁에 개입하게 되었고 전쟁이 끝난 후 동북아 평화 질서 구축에 적극적으로 나설 수밖에 없었다. 제1차 세계대전과 달리 제2차 세계대전은 유럽과 아시아 두 지역 모두가 전쟁터가 되어 지역적 의미에서 그야말로 '세계대전'이었다. 윌슨과 달리 루스벨트는 전후 유럽과 아시아 두 지역 모두에서 새로운 평화 질서의 구상과 구축에 나서지 않을 수 없었다.

전후 동북아 지역에서 평화 질서를 구축하기 위해서 가장 중요한 것은 전쟁 중 지속되던 소련과의 협조 관계가 계속될 것인가 하는 문제였다. 1945년 2월 미국은 소련과 얄타회담에서 일본의 패전 이후 동북아 평화 질서에 대해 잠정적으로 합의해 둔 바 있다. 그 내용의 핵심은 태평양전쟁에 소련이 참전한다는 것, 장개석의 중국과 소련이 동맹조약을 체결한다는 것, 일본은 패전 이후 본토를 제외한 모든 영토를 포기한다는 것 등이었다. 우선 미국 내부에서는 전후 소련과의 우호적 협력 관계가 지속될 것으로 보고 '대소 협력 전략'을 추진해야 한다는 주장이 있었다. 이와 반대로 소련의 위협을 강조하고 그 위협에 대처하기 위해 '대소 봉쇄 전략'을 추진해야 한다는 주장도 제기되었다.[2] 전후 미국과 소련은 상호 협조 체제를 더 이상 유지하지 못하고 상호 불신으로 점철된 냉전 대결로 빠져들게 되고 만다. 유럽과 마찬가지로 미국은 동북아 지역에서도 소련의 위협에 대응하기 위한 봉쇄 전략이 동북아 지역 평화 구상의 핵심적 위치를 점하게 되었다.

얄타협정을 둘러싸고 미국 내부에서는 수많은 논쟁이 전개된 바 있다. 우선 소련이 참전하지 않을 경우 미군이 입게 될 피해를 과장함으로써 얄타회담에서 소련에게 지나친 양보를 했으며 동북아 지역에서 소련의 영향력이 팽창하는 계기를 부여하고 말았다는 해석이다.[3] 그러나 이것은 어디까지나 사후적 역사 해석일 뿐이다. 만주에 위치한 관동군의 숫자 등 당시의 군사적 상황에서 볼 때 소련의 개입 없이는 전쟁 상황은 장기화될 수밖에 없었다. 또한 얄타회담 때까지 핵무기 개발을 위한 '맨하튼 프로젝트'는 아직 성공을 거두지 못했다. 루스벨트 사후 트루먼이 참여한 포츠담회담 직전에야 비로소 미국은 핵실험에 성공했다. 이런 상황에서 루스벨트는 소련의 참전을 통해서 태평양전쟁을 조기에 종결시키기를 원했다. 다만 문제는 전후 소련과의 협조 체제가 지속될 것으로 본 루스벨트의 전략적 발상에 있었던 것이다. 소련과의 냉전 대결이 동북아 지역으로 확대되면서 미국의 동북아 평화 질서 구상은 전면적 수정을 겪지 않을 수 없었다.

루스벨트는 전후 세계 질서 유지를 위해 '4대 경찰국가론'을 제시했다.

2_이 상반된 주장은 Yergin(1990), pp. 17-68에 잘 정리되어 있다.

3_당시 미국은 소련의 대일본 전쟁 참여가 지연될 경우 일본 본토 공격에서 약 100만 명 이상의 사상자를 낼 것으로 추정했다. 이 점에 관해서는 Morton(1962), pp. 657을 참조.

미국은 미국과 소련이 협조 체제를 유지하는 가운데 중국이 동북아 지역에서 평화 질서의 형성과 유지를 위해 중심 국가로서 역할을 할 것으로 기대했다. 이를 위해서는 장개석의 중국과 소련 간의 협조와 화해가 필요했다. 실제로 스탈린과 장개석은 알타회담 직후 우호동맹조약을 체결했다. 그렇지만 소련은 중국 내전에서 장개석의 입장을 지지하지도 않았을 뿐만 아니라 중립을 지키지도 않았다. 오히려 모택동의 공산 세력을 지원함으로써 중국 내전은 장개석에게 불리하게 전개되었다. 국민당이 집권하는 중국을 중심으로 동북아 평화 질서를 구축하려던 미국의 구상은 중국의 공산화로 인해 완전히 실패로 돌아가고 말았다. 트루먼 행정부와 미국 의회 내부에서 중국 공산화의 책임을 두고 치열한 논쟁이 벌어짐으로써 미국은 새로운 대중국 정책을 세울 수 없었다.

중국을 중심으로 전후 동북아 질서를 재편하려던 미국의 노력이 어려워지면서 일본의 중요성이 증가하게 되었다. 제1차 세계대전 이후 이상주의적 전후 질서 노력에서 빚어진 과오를 되풀이하지 않기 위해 미국의 대일본 정책을 보복적이고 처벌적인 정책에서 일본의 재부흥 정책으로 전환시켜야 했다. 이러한 정책 전환에 결정적 기여를 한 인물은 미국의 현실주의 이론가였던 케넌이었다. '케넌의 복고 정책'(Kennan Restoration)이라고도 불리는 미국의 정책은 전범 처리 범위의 제한, 재벌 제재 정책의 완화, 일본에 대한 전후 복구 지원 등을 통해 일본을 아시아 지역에서 소련의 팽창에 대항하는 중심 국가로 건설하는 데 기여했다(Cumings 1995, 361). 제1차 세계대전 직후 적국들을 해체시키거나 과도한 배상금을 물림으로써 유럽에서 힘의 공백이 발생하고 파시즘이 등장하는 결과를 가져온 정책적 과오를 동아시아에서 되풀이해서 안 된다는 것이 케넌의 주장이었다. 이러한 주장은 트루먼 행정부에 의해 받아들여져 전후 미국의 동북아 질서 구축에 지대한 기여를 했다.

봉쇄정책을 입안한 케넌은 일본을 중심으로 동북아 질서를 재편해야 할 정당성을 세력균형의 논리로 정당화시켰다. 그는 제2차 세계대전 이후 현대적인 군사력을 만들어 낼 수 있는 산업 시설 기반과 고도로 훈련된 기술 인력을 갖고 있는 국가는 세계적으로 다섯 개밖에 없다고 주장했다(Kennan 1967, 359). 여기에는 미국, 일본, 영국, 서유럽 국가들, 소련이 포함된다. 케넌은 당시 중국이 인구문제, 취약한 산업 기반, 원시적 농업 조건, 한 세기 동안의 정치적 불안정 등 때문에 상당한 기간 동안 군사적 강대국이 될 수 없다고 판단하고 그 대상에서 제외시켰다. 다섯 개 중심 국가론을 통해 케넌은 중국이 아니라 일본이 동아시아에서 가장 중요한 국가라는 전후 미국 외교 전략의 전제를 확립하는 데 결정적인 기여를 했다. 일본의 재부흥을 통해 동아시아에서 세력균형을 회복해야 한다는 케넌의 주장에는 전후 이 지역의 세력균형이 극도로 불안정한 상태에 처해 있다는 판단이 깔려 있다.

케넌은 이 불안정의 원인을 동아시아의 역사에 대한 분석을 통해 설명하고 있다. 그는 미국 외교관인 맥머레이(John V. A. MacMurray)가 1935년에 쓴 예언적 각서를 원용하고 있다(Kennan 1985, 51-2). 맥머레이는 미국이 아시아에서 일본과의 전쟁에서 승리해 일본을 완전히 패배시킨다고 하더라도 아시아가 안고 있는 문제는 완전히 해결되지 않을 뿐만 아니라 일본의 패배는 오히려 아시아에서 소련의 영향력의 증가를 가져와서 미국의 동아시아 정책 수립을 더욱더 어렵게 만들 것이라고 경고했다.

제2차 세계대전의 결과로 일본 제국주의가 완전히 아시아 대륙에서 물러난 후 만주와 한반도 지역에서 소련의 영향력이 증대됨으로써 미국은 이 지역에서 소련의 팽창을 저지하는 데 일본이 과거에 했던 역할을 떠맡지 않을 수 없었다고 케넌은 주장한다(Kennan 1967, 47-8). 따라서 동아시아에서 대소 봉쇄정책을 추구하는 과정에서 미국의 부담을 줄이기 위해서는 일본의 경제를 활성화시키고 민주화된 일본을 미국의 확고한 동맹국으로 만드는 것이 긴요하다고 보았다. 또 당시 미국 내에서는 야당인 공화당을 중심으로 중국의 장개석을 적극적으로 지원해야 한다는 요구가 거세지고 있었기 때문에, 케넌의 일본 중시 정책의 구상에는 중국 문제가 미국의 동북아 평화 질서 구상에 대한 국내적 합의점을 도출하는 데 장애가 되어서는 안 된다는 고도의 전략적 판단이 깔려 있었다.

중국을 배제한 채 동북아 평화 질서를 구축하려는 전후 미국의 노력은 한국전쟁으로 커다란 위기를 맞게 된다. 미국의 현실주의적 정책 결정자들이 세력균형의 논리에 따라 동북아 정책을 세운다고 했지만 케넌처럼 공산 중국이란 변수를 배제시킨 것은 문제였다. 이미 중국의 공산화는 동북아 지역에서 세력균형이 급격하게 소련 중심의 공산 세력에게로 유리한 방향으로 기울고 있다는 것을 의미했다. 모택동은 공산 중국의 창건을 선언함과 동시에 '대소일변도정책'을 선언했다. 이에 대한 화답으로 스탈린은 장개석과의 중소우호동맹조약을 폐기 처분하고 신생 공산 중국과 새로운 군사동맹조약을 체결했다. 이로써 루스벨트가 얄타협정을 통해 구상한 전후 동북아 평화 질서는 의도대로 실현되지 못하고 말았다.

스탈린은 동북아 지역에서 중국 공산혁명의 성공 이후 공산 세력에게 유리하게 전개되고 있는 국제 정세를 이용해 동북아 지역을 열전으로 몰아넣게 된다. 이미 김일성은 수차례에 걸쳐 중국 공산화 다음에는 한반도 차례라는 점을 강조하고 스탈린에게 남침을 지원해 줄 것을 요청했다. 스탈린은 공산 중국과 신조약을 체결하자마자 김일성에게 모택동의 동의를 받은 후 남침을 지원하겠다는 의사를 표현했다. 동북아 북방 공산 3국인 북한, 소련, 중국의 사전 협의와 공모에 의해 시작된 한국전쟁은 전후 미국의 동북아 평화 구상을 전면적으로 재검토하지 않을 수 없는 계기를 부여했다.

한국전쟁 중 미국은 소련을 배제한 채 일본과 단독으로 평화협정을 체결했다. 동시에 미국은 일본과 군사동맹조약을 체결했다. 미일동맹조약은 동북아 지역에서 미국이 추구한 '이중의 봉쇄정책'(dual containment policy)의 근간을 이루었다. 소련의 팽창을 억제하면서 동시에 일본의 군사력 증강을 경계하는 역할을 하게 된다. 또한 미국은 오키나와를 중심으로 대규모 미군을 주둔시켜 건국 이후 최초로 동북아 지역에 군대를 주둔시키는 결단을 내리게 된다. 이것은 과거 미국이 '문호개방정책'과 같은 원칙을 표방하면서도 구체적 개입 조치를 취하지 않은 것과 좋은 대조를 이룬다. 한국전쟁으로 인해 미국의 동북아 평화 구상은 동맹조약과 군사력 주둔이라는 전통적·현실주의적 노선으로 바뀌게 되었다.

나아가 미국은 한국전쟁 이후 한미동맹조약을 체결하고 휴전선 일대에 미군을 주둔시켰다. 미군은 일종의 인계철선(trip-wire)의 역할을 했다. 한미동맹조약은 북대서양조약기구와 달리 미국의 자동개입조항이 없었다. 미군의 휴전선 배치는 한미동맹조약에 없는 자동개입조항을 보완하기 위해 미국이 취한 조치였다. 그만큼 한국전쟁 이후 한국에 대한 미국의 방위 공약은 확고해졌다. 전통적 조공 질서 하에서 한국은 중간 지대, 일본은 주변부에 위치해 있었다. 휴전선이 미국의 봉쇄선이 됨으로써 냉전 질서 하에서 한국은 미소 냉전 대결의 최전선에 위치한 지역으로 전환되었다. 미소 냉전 대결에서 한국의 군사적 중요성이 강조될 수밖에 없었던 것이다. 한미동맹과 주한미군은 이 점을 고려한 미국의 정책 변화를 극명하게 보여 주었다. 미일동맹과 한미동맹은 냉전 시기 동북아 지역의 평화를 유지하는 근간이 되었다.

한국전쟁에서 미국과 중국이 직접 전쟁을 함으로써 당분간 미중 관계의 개선 전망은 어렵게 되고 말았다. 한국전쟁 이후 중국은 자신의 생존을 위해 대소 일변도정책을 더욱 강화하지 않을 수 없었다. 일부 한국전쟁 전문가들은 스탈린이 한국전쟁을 일으킨 정치적 목적 중 하나로써 미중 관계의 개선을 막고 중국을 소련의 영향권 하에 묶어 두려는 고도의 전략적 계산의 결과였다고 주장하고 있다. 한국전쟁 이후 동북아 지역 질서의 전개 과정을 살펴보면 이런 주장이 전혀 근거가 없는 것은 아니다. 결과적으로 미중 관계 개선은 한국전쟁이 끝난 지 20년이 지나서야 비로소 그 실마리를 찾기 시작했다.

미일동맹과 한미동맹을 통해 동북아 평화 정책을 추진해나가던 미국은 베트남전쟁의 늪에 빠지면서 커다란 위기를 맞게 된다. 이런 위기를 극복하기 위해 현실주의 노선을 대변하는 키신저는 '삼각 외교'(triangular diplomacy)를 적극 추진하게 된다. 약화된 미국의 국력을 만회하기 위해 숨 돌릴 틈을 만들고 대소련 봉쇄 전략을 재정비하기 위해 미국은 중국과의 관계 개선이라는 외교적 카드를 던지게 된다. 당시 악화되고 있던 중소 관계도 중국으로 하여금 미국의 관계 개선 요구를 수용하게 만들었다. 키신저의 외교를 통해 비로소 중국은 공산혁명과 한국전쟁 이후 미국과의 관계를 개선했을 뿐만 아니라 동북아 질서 구축의 한 축으로 등장하게 되었다. 루스벨트가 장개석의 국민당 정부를 통해서 중국을 동북아 세력균형 질서 구축의 한 축으로 삼으려던 정책이 실패했다는 것은 이미 살펴본 바와 같다. 한국전쟁 20년이 지난 후 닉슨과 키신저에 의해 공산 중국과 함께 동북아 평화 질서를 재구축하려는 노력이 시도되었다. 이러한 시도는 등소평의 주도에 의해 중국이 개혁·개방 노선을 추진해 국제사회의 일원으로 적극 참여함으로써 소기의 성과를 거두게 되었다.

그 이후 등장한 미국의 모든 행정부는 제2차 세계대전, 한국전쟁, 베트남전쟁 이후 새롭게 구축된 동북아 질서의 유산으로부터 완전히 벗어날 수 없었다. 카터 행정부는 인권 외교를 내세워 주한미군을 철수하려고 했지만 스스로 이를 철회하지 않을 수 없었다. 레이건 행정부에 들어서 레이건-전두환-나카소네 세 정상을 중심으로 한·미·일 관계는 더욱 돈독하게 되었다. 양자 동맹에 기초한 미국의 동북아 평화 구상은 레이건 행정부 하에서 더욱 강화되었다. 베를린장벽의 붕괴 이후 클린턴 행정부는 '포용과 확대'(engagement and enlargement) 전략을 통해서 자유민주주의와 시장경제체제의 확대와 전파를 적극 추진했다. 동북아 지역의 경우 이 전략은 여전히 한미동맹과 미일동맹을 근간으로 하면서 중국에 대한 포용 정책을 추진하는 것으로 드러났다.

미일동맹과 한미동맹은 여전히 성공한 동맹으로서 탈냉전 시기에도 여전히 그 중요성을 더해 가고 있다. 미중 관계는 중국의 지속적인 고도 경제성장으로 인해 G2 시대가 도래했다고 할 정도로 모든 분야에서 심화되고 있다. 그렇지만 탈냉전의 여파는 미국이 구축한 기존의 동북아 평화 질서가 그대로 유지될 수 없고 일정한 변화를 기하지 않을 수 없다는 것을 보여 주고 있다. 그 변화 요인들은 국제 정세, 미국 국내 정치, 동맹국의 국내 정치 등에서 찾을 수 있다. 닉슨 행정부 이후 오바마 행정부에 이르기까지 미국의 동북아 질서 구상은 많은 변화를 겪었다. 그렇지만 한국전쟁 이후 구축된 미국의 평화 구상은 커다란 틀에서는 변화가 없었다고 보아야 할 것이다. 다만 한 가지 커다란 변화가 있다고 한다면 북한이 핵 보유를 통해서 동북아 지역의 평화 질서를 위협하고 있다는 사실이다. 미국은 북한 핵 문제를 해결해 나가면서 21세기형 동북아 평화 질서를 구축해야 하는 과제를 안고 있다.

IV. 오바마 행정부의 동북아 평화 구상

오바마 행정부는 동북아 평화 질서 구상에서 '키신저의 유산'으로부터 자유로울 수 없다. 전후 트루먼 행정부는 중국 공산화 이후 일본을 중심으로 동북아 평화 질서를 구축했다. 미중 관계 개선 이후 중국이란 변수를 고려하지 않을 수 없는 상황이 전개되었다. 냉전 종식 이후 중국의 급격한 국력 신장으로 인해 미국은 일본과 중국을 동시에 고려하면서 동북아 평화 질서를 구축하지 않을 수 없었다. 중국이 북핵 문제 해결을 위한 6자회담의 의장국으로서 베이징이 회담 장소가 된 것은 중국의 역할 증대를 보여 주는 단적인 증거다. 이것은 미중 관계 개선을 주도한 키신저가 남긴 유산이라고 할 수 있다. 제1차 세계대전은 대전 직전에 비스마르크가 구축한 유럽의 복잡한 동맹 질서가 그가 권좌에서 물러난 후 제대로 관리되지 못함으로써 일어나고 말았다. 오바마 행정부의 과제는 중국을 동북아 질서 구축의 한 축으로 끌어들인 키신저의 외교적 유산을 슬기롭게 관리해 나가면서 동북아 평화를 유지하는가에 달려 있다.

중국의 국력이 급격히 신장된다고 해서 동북아 지역 국가들이 '중국경사정책'을 당장 취하기는 쉽지 않을 것이다. 과거 일본 제국주의 침략 때문에 동북아 지역 국가들 사이에는 과거사 문제가 해결되지 않았을 뿐만 아니라 깊은 상호 불신이 존재하고 있다. 이들은 안보에 관한 한 여전히 미국이 동북아 지역의 세력 균형자로서 역할을 계속해 줄 것을 기대하고 있다(Sutter 2009, 194). 미중 관계는 최근 대만에 대한 미국의 무기 수출과 달라이 라마의 오바마 면담 등으로 인해 긴장 국면을 맞고 있다. 그렇지만 이런 사건들이 그동안 형성되어 온 미중 관계의 근간을 흔들 정도는 되지 못할 것이다.

동북아 지역의 전반적 상황은 오바마 행정부의 동북아 평화 정책에 유리한 환경을 제공하고 있다(Scalapino 2009, 5). 그 어느 때보다도 동북아 지역 국가들 사이의 전쟁 가능성이 낮다고 할 수 있다. 북한의 핵 개발로 인해 한반도의 긴장 상태가 고조되고 있지만 한미동맹과 주한미군에 의한 확고한 억지 체제가 구축되어 있고, 중국이 북한의 재남침을 지지하지 않은 한 북한 단독으로 한반도에서 전쟁을 일으키기는 쉽지 않을 것이다. 중국이 개혁과 개방정책을 지속적으로 추진하기 위해서도 한반도를 포함한 동북아 지역의 평화 유지가 중국의 국익에 부합한다. 일본의 경우 주변 국가들과 미해결된 영토 문제가 남아 있기는 하지만 과거 제국주의 시대처럼 이 문제 때문에 동북아 지역에서 분쟁이 발생할 가능성은 매우 낮다고 봐야 할 것이다. 이처럼 한국전쟁 이후 그 어느 때보다도 오바마 행정부는 역내 국가들 사이에 분쟁 가능성이 낮은 상황에서 지역 평화 질서를 구축할 수 있는 기회를 맞이하고 있다.

또한 21세기 동북아 지역은 구한말과 달리 북한을 제외한 모든 국가들이 세계화의 흐름에 발맞추어 개혁과 개방을 추구하는 국제 협력주의 노선을 채택하고 있다. 과거처럼 팽창적 민족주의 노선을 채택해 주변 국가들 침략하는 것이 아니라 개방 노선을 통해 경제적 번영을 추구하고 있다. 이런 이유 때문에 동북아 지역은 21세기 경제적으로 가장 역동적인 지역으로 떠오르고 있다. 나아가 오바마 행정부가 출범한 이후 동북아 지역 국가들은 대외 문제보다는 대내 문제에 집중하고 있다. 월스트리트발 금융 위기로 인해 역내 국가들은 자국의 경제문제를 해결하는 데 노력을 집중하고 있기 때문에 상대적으로 대외 관계에서 분쟁의 소지가 더욱 줄어들고 있다. 오바마 행정부는 21세기 세계화 시대에 걸맞은 동북아 지역 협력 체제의 구축을 통해서 이 지역의 평화를 지속시키는 방안을 모색해야 할 것이다.

동북아 지역의 유리한 환경에도 불구하고 오바마 행정부는 직전 부시 행정부가 남긴 부정적 유산을 극복하기 위해 많은 노력을 기울일 필요가 있다. 부시 행정부가 보여준 군사력 우선주의와 일방주의 노선은 미국의 이미지를 크게 훼손시켰다. 다행스럽게도 오바마 행정부의 출범 이후 동북아 지역에서 미국의 이미지는 크게 개선되고 있다. 오바마 행정부는 일방주의 노선을 탈피해 동맹국과 긴밀한 협조 체제를 구축해야 할 것이다. 특히 미국이 관심을 기울여야 할 부분은 미일 관계이다. 일본의 정권 교체로 인해 전통적 미일 관계는 새로운 국면을 맞이하고 있다. 최근 미일 관계는 후텐마 기지 문제로 인해 어려운 상황으로 빠져들고 있다. 이 문제가 전통적 양국 관계를 훼손시키지 않는 방향으로 해결책이 모색되어야 할 것이다.

오바마 행정부의 동북아 평화 구상은 최근 힐러리 클린턴 국무장관의 하와이 연설을 통해서 구체적으로 드러났다(Department of State 2010). 첫째, 오바마 행정부는 지난 행정부들과 마찬가지로 기존 양자 동맹 관계를 동북아 평화 질서 구축을 위한 초석으로 삼겠다는 것이다. 여기에는 일본, 한국, 호주, 태국, 필리핀과의 동맹 관계가 포함된다. 클린턴은 미일동맹과 한미동맹에 의해 확보된 안정이 동북아 지역의 평화와 번영에 크게 기여했다고 주장한다. 21세기에도 기존의 동맹 관계를 변화된 상황에 맞게 더욱 발전시켜 나가야 한다는 것이 오바마 행정부의 입장이다. 또한 미국은 전략대화와 경제협력 관계를 더욱 강화해 나갈 필요성이 있다고 주장하고 있다.

둘째, 미국은 동북아 지역 국가들과 함께 공통의 목적들을 추구해 나가야 한다는 점을 강조하고 있다. 여기에는 지역 안정을 강화시키고, 경제성장을 도모하고, 민주주의와 인권을 신장시키는 것 등이 포함된다.

셋째, 아시아 지역의 국가 간 협의체는 기구 그 자체를 만들어내는 것이 목적이 되어서는 안 된다. 새로운 국가 간 다자 기구 혹은 협의체는 실질적 결과를 낼 수 있도록 노력해야 한다.

마지막으로 동북아 지역은 다자 기구가 부재한 상태이다. 그렇지만 미국은 특정 사안에 대한 해법을 모색하기 위해 비공식 다자 기구를 구성하고 이에 적극 참여할 계획이다. 북핵 문제 해결을 위한 6자회담은 그 대표적인 예이다.

힐러리 국무장관의 연설은 오바마 행정부의 동북아 평화 질서 구상의 기본 원칙을 분명히 보여 주고 있다. 기존 양자 동맹 관계를 탄탄히 한 위에서 중국을 적극적으로 포용하는 전략을 추구해 나가겠다는 입장이다. 그러나 오바마 행정부의 대중국 포용 정책은 그 실행 과정에서 많은 딜레마를 안고 있다. 우선 중국의 요구를 수용해 나갈 경우 기존 동맹 국가들의 이해관계와 상충되는 결과가 발생할 수 있다(Kagan 2010, 14-5). 과거 키신저 대중국 외교에서도 똑같은 상황이 전개된 적이 있다. 키신저가 미중 관계를 개선해 나가는 과정에서 일본과 한국의 이해관계는 사전에 충분히 고려되지 못했다. 오바마 행정부의 대중국 포용 정책이 중국의 요구를 일방적으로 수용할 경우 기존 동맹국들과의 관계는 악화될 수밖에 없을 것이다. 이런 상황의 전개는 새로운 동북아 평화 질서 구축에 도움이 되지 않을 것이다.

탈냉전 이후 전개되고 있는 미국의 유일 초강대국의 지위는 무한정 지속된다고 볼 수 없다. 국제정치에서 세력 전이(power transition)가 일어나면서 패권 국가는 교체될 수밖에 없다. 문제는 패권 국가의 교체가 어떤 상황에서 어떤 방식으로 일어나는가 하는 점이다. 패권 국가들이 서로 이념과 가치를 공유하고 패권 국가가 교체된 이후에도 동맹국으로서 새로운 국제질서 관리에 동참할 수 있다면 평화적 패권 교체는 가능할 것이다. 영국과 미국 사이의 패권 교체가 그 좋은 예이다. 그러나 미국과 소련 사이의 냉전적 패권 대결에서 볼 수 있듯이 이념이 서로 다른 패권 추구 국가들의 경우 평화적 패권 지위 이양은 매우 어렵다고 봐야 할 것이다. 소련의 몰락에 의한 냉전의 종식은 이질적 체제 사이의 패권 경쟁이 어떤 결과를 낳는지를 보여 주는 좋은 예이다. 중국은 경제적으로 개혁과 개방정책을 추구하고 있지만 정치와 인권 정책 면에서는 여전히 미국과 동북아 지역의 민주주의국가들과는 이념과 가치를 공유하고 있지 않다. 이런 차이점 때문에 동북아 지역 국가들이 미국의 대중국 포용 정책에 대해서 우려를 보이는 것이다.

이런 우려를 불식시키고 동북아 평화 질서를 구축하기 위해서 오바마 행정부는 중국에 대해서 '포용과 균형'을 적절히 배합시키는 정책을 추구해야 할 필요가 있다(Green 2009, 21). 우선 중국을 미국이 원하는 방향으로 유도하기 위해서는 일방적 포용 정책만으로는 소기의 성과를 얻을 수 없다. 과거 미국이 중국의 유엔 가입을 추진했을 때 중국은 유엔군사령부의 해체와 주한미군의 철수를 요구했다. 그렇지만 미국은 이런 요구를 수용하지 않았다. 만약 21세기 동북아 지역 평화 구상을 추진하면서 미국이 과거처럼 동북아 지역 질서에 급격한 변화를 가져올 수 있는 요구 사항을 수용한다면 기존의 동맹국들은 받아들이기 어려울 것이다. 한국과 일본은 1970년대와는 다른 수준의 국력을 갖고 있는 동맹국들이다. 미국은 한국과 일본의 안보 우려를 충분히 고려하면서 기존의 동맹 관계에 기초한 세력균형 정책을 활용해 미국의 평화 구상에 중국이 따라올 수 있도록 해야 할 것이다. 그렇지 않고 미국과 중국은 항상 이해관계가 일치하기 때문에 동북아 평화 질서는 저절로 얻어질 것이라는 이상주의적 발상은 문제를 더욱 악화시킬 것이다. 미국의 기존 동맹국들은 중국의 영향력 확대와 팽창에 대한 우려를 떨쳐버릴 수 없다. 그렇기 때문에 미국은 전통적 동맹 국가들의 이해관계에 관심을 기울이고 그들의 중국에 대한 우려를 불식시키기 위해 지역 균형자의 역할을 계속할 것임을 분명히 할 필요가 있다.

21세기 동북아 지역 평화 질서를 위협하는 또 다른 문제는 북한의 핵 개발이다. 북한의 핵 보유는 동북아 지역에서 핵 도미노 현상을 불러올 수 있다. 중국은 북한의 핵 위협은 부차적으로 인식하고 있다. 오히려 북한 체제의 붕괴를 더욱더 심각하게 받아들이고 있다. 이런 중국의 인식이 북핵 문제의 해결을 더욱 어렵게 만들고 있다. 최근 중국은 북한과의 고위층 교환 방문을 통해 대규모 원조를 제공한 것으로 알려지고 있다. 이런 중국의 조치는 북핵 문제 해결을 위한 국제 공조 체제를 약화시키는 것이다. 미국은 북핵 문제 해결을 위해 중국이 더욱 적극적인 역할을 할 수 있도록 노력해야 할 것이다. 만약 북핵 문제가 6자회담을 통해서 해결되지 않을 경우 클린턴 국무장관이 주장한 것처럼 비공식적 다자 협의체를 통한 동북아 평화체제 구축은 매우 어렵게 될 것이다.

V. 결론

제2차 세계대전과 한국전쟁 이후 미국은 본격적으로 동북아 평화 질서 구축에 나섰다. 미국은 전통적 고립주의 노선을 탈피해 역내 국가들과 동맹을 체결하고 대규모 미군을 주둔시켜 지역의 세력 균형자 역할을 떠맡았다. 닉슨 행정부는 키신저의 삼각 외교를 통해 중국과 외교 관계를 개선했다. 그 이후 미국은 일본 중심에서 중국과 일본을 동시에 고려하는 전략 구도를 짜지 않을 수 없었다. 다행스럽게도 구한말과 달리 중국과 일본 사이에서 미국이 균형자 역할을 하기 때문에 직접적인 군사적 충돌의 가능성은 낮다. 이것은 21세기에도 동북아 지역 평화를 위해 미국의 역내 개입이 여전히 중요하다는 것을 보여 주고 있다. 오바마 행정부는 미국을 역내 평화를 위해 스스로를 필요 불가결한 국가로 규정짓고 전통적 동맹 관계를 강화시켜 동북아 평화와 번영을 위해 노력하겠다는 의지를 천명하고 있다.

미국이 동북아 지역에 본격적으로 개입한 이후 동북아 지역은 '장기간 평화'의 시기를 구가하고 있다.[4] 한국전쟁 이후 20세기 후반부터 동북아시아 지역은 약 60년의 장기간 평화를 누리고 있다. 이것은 구한말과 20세기 전반기와 비교하면 매우 이례적인 현상이다. 20세기 전반기 동북아는 전쟁의 시대를 겪었다. 20세기 전반 이 지역은 청일전쟁, 러일전쟁, 만주사변, 중일전쟁, 태평양전쟁, 한국전쟁을 경험했다. 이것은 20세기 후반부 이후 21세기 초반까지 지속되고 있는 장기간의 평화와 좋은 대조를 이룬다. 동북아 지역의 평화와 번영뿐만 아니라 세계의 평화를 위해서라도 오바마 행정부는 이를 가능하게 할 요인들이 무엇인지 분석하고 그 요인들을 더욱 강화시켜 나가는 방향으로 21세기 동북아 평화 구상을 입안하고 추진해 나가야 할 것이다. 미일동맹과 한미동맹은 동북아 장기간 평화의 초석이었다. 또한 역내 미군의 주둔도 지역 안정에 크게 기여했다.

미국의 동북아 평화 질서 구상에 대한 역사적 분석은 구한말부터 지금까지 우리 민족이 경험한 외세를 비교해 볼 수 있는 좋은 기회를 제공하고 있다. 구한말 청나라는 왕의 부친인 대원군을 납치하고 조선의 독립을 저지하려는 반동적 정책을 폈다. 한걸음 더 나아가 일본은 근대국가의 형성 과정에서 제국주의 정책을 추진하면서 조선을 식민지화했다. 소련은 북한의 남침을 지원함으로써 우리 민족사에서 전례가 없는 전쟁의 비극을 초래했

4_'장기간 평화'의 개념은 다음에서 원용된 것이다. Gaddis(1987), pp. 215-45와 Gaddis(2001), pp. 315-6.

다. 이러한 사실에 비추어 볼 때 우리 민족이 미국과 친구가 되고 동맹을 맺게 되었을 때 정치적 발전과 경제적 번영을 누릴 수 있었다. 탈냉전 이후에도 한국이 한미동맹을 더욱 공고히 하고 발전시켜 나가야 하는 이유가 여기에 있다. 2009년 6월 한미정상회담에서 한미 양국은 '한미동맹 미래비전 선언'을 채택하고 한미동맹을 21세기형으로 발전시켜나가기로 합의했다. 나아가 한반도 통일은 자유민주주의와 시장경제의 원리 하에서 이루어져야 한다는 점을 천명했다. 한미동맹 관계의 강화는 동북아 지역 평화뿐만 아니라 한반도 평화통일에도 크게 기여할 것이다.

2장

동아시아 평화와 중국

이태환

Ⅰ. 서론

동아시아 지역 질서 형성에 가장 중요한 변수는 미중 관계이다. 중국이 중요한 이유는 역내 국가들 간의 양자 관계에서만이 아니라 동아시아 공동체를 지향하는 지역 협력 담론의 중심에 중국이 자리하고 있기 때문이다.

천안함 사건을 계기로 한중 전략적 협력 동반자 관계가 시험대에 올랐다고 보는 견해도 있다. 중국이 천안함 사건의 진상을 알려 하지 않은 채 아니면 알고도 모른 체하며 북한을 감싸기만 하는 것은 아닌가 하는 의구심에서 나온 이야기다. 중국의 의도가 어디에 있든 한국과 북한 중 어느 한편을 지지하려는 입장이 아닌 것은 확실하다.

중국이 주장하는 동아시아 지역의 평화와 안정이 중국의 이익과 일치한다면 중국의 이익에 부합하는 평화와 안정은 무엇인가. 이는 중국이 동아시아와 동북아에서 어떤 질서를 유지하려 하는가와 연관된 문제이다. 질서의 성격에 따라서 평화와 안정에 대한 개념이 한국이나 미국을 비롯한 서구 국가들과 일치하지 않을 수도 있다.

중국은 과연 이 지역에서 어떤 질서를 원하는가. 경제적으로 급부상한 강대한 중국이 동아시아 지역의 평화와 안정, 번영에 도움이 되며, 동아시아 지역의 평화와 안정, 번영이 중국의 평화로운 발전과 안보에 도움이 된다는 주장에 어떤 질서관이 자리 잡고 있는가. 21세기에 동아시아 지역이 지속적으로 평화와 안정, 번영, 발전을 지속할 수 있는가의 문제는 이 지역에 주요한 이해관계를 갖고 있는 국가인 미국, 중국, 일본, 러시아와 ASEAN의 평화관과 정책이 어떠하며, 또 한국의 입장이 어떠한지를 이해하는 데에서 그 해답의 실마리를 찾을 수 있을 것이다. 이 글은 그 중에서도 중국의 이익과 입장이 중요하다는 전제 아래 중국의 동아시아에 대한 평화관을 이해하기 위한 분석에 초점을 맞추고자 한다. 중국의 평화에 대한 인식은 중국의 국가 안보 이익 및 발전 목표와 직접적인 연관이 있는 것이다. 평화와 안보에 대한 중국의 인식을 살펴보고 동아시아 평화와 안보에 대한 중국의 입장과 정책, 한반도의 평화와 안정에 대한 입장을 분석해 볼 것이다. 이러한 문제들에 대한 중국의 인식이 어떠한가를 살펴봄으로써 다른 역내 국가들의 그것과 비교해 지역의 평화와 안정의 공통분모를 찾아낼 수 있을 것이다. 이 글에서는 평화와 안보에 대한 중국의 일반적 인식을 살펴보고 동아시아와 동북아, 한반도에 대한 중국의 입장을 분석 정리해 보는 데 국한하고자 한다.

II. 평화와 안보에 대한 중국의 인식

1. 전쟁과 평화에 대한 중국의 인식

전쟁과 평화에 대한 중국의 인식을 이해하기 위해서는 중국의 평화 개념과 서구에서 사용되는 평화 개념이 같은지를 살펴볼 필요가 있다.

홉스의 평화는 전쟁 부재의 상태를 의미한다. 케네스 볼딩(Kenneth Boulding)도 전쟁 부재의 상태라는 의미로 평화를 정의한다. 그는 평화를 적극적 평화와 소극적 평화라는 두 가지 유형으로 구분하고 있다. 적극적 평화란 "효율적 관리, 충돌의 질서 있는 해결, 상호 관계의 조화"를 지칭하며, 소극적 평화란 "혼란, 긴장 그리고 충돌이 존재하지 않는 상태"를 말한다. 즉 전쟁이 없거나 전쟁 가능성이 적은 상태를 평화라고 하는 것이다(Boulding 1978, 143). 한반도에서 핵 문제의 해결과 군축 등이 소극적 평화에 해당한다면, 남북한과 동아시아 전체가 교류하는 것은 적극적 평화로 보는 것이다. 요한 갈퉁(Johan Galtung)도 평화를 적극적 평화(positive peace)와 소극적 평화(negative peace)로 구별하고 있다.[1] 갈퉁의 적극적 평화는 소극적 평화를 전제로 하는 개념이다. 적극적 평화에는 빈곤, 정치 압력, 종족 간 질시, 기아 등과 같은 사회구조적 불평등의 퇴치 역시 포함되어야 한다고 보면서 이를 '구조적 폭력'이라고 보고 있다.

중국이 인식하는 평화는 어떠한가. 중국에도 평화는 전쟁 부재의 소극

1_2008년 3월 18일 서울대 통일연구소 주최 "글로벌 시대의 평화학, 그리고 한반도 통일전망" 주제로 진행된 강연회 자료 참고.

적 개념과 경제사회의 발전을 포함하는 적극적 개념이 혼재한다. 국제정치학자인 옌쉐통(阎学通)은 전쟁은 소규모의 군사 마찰이 아닌 일정한 규모의 군사 폭력 행위이며, 평화를 군사 폭력 행위, 즉 전쟁이 없는 상태로 보지만 절대적 안전의 보장은 없는 상호 관계의 상태라고 정의하고 있다. 뉴쥔(牛军)은 최소 두 국가가 대규모 지역 전쟁 또는 전쟁 위협에 말려들지 않고 지역 내 각국 및 각 지역의 경제 및 사회가 지속적으로 발전하는 상태라 정의하며 적극적 개념도 포함하고 있다(阎学通 2007, 3-17).

평화와 안보는 동등한 것으로 보지 않는다. 소극적 의미의 평화인 전쟁 부재가 안보를 보장하는 것은 아니며 안보가 전제되지 않는 평화는 의미가 없다고 인식한다. 즉 안보가 평화의 필요조건이지만 평화가 국가 안보를 강화할 수 있는 근본적 경로는 아니라는 것이다. 한 나라가 평화를 누리고 있다는 것은 국가에 전쟁 위험이나 외부의 군사 위협이 없다는 것과는 다르다. 냉전 종식 후 동아시아 지역에서 전쟁이 발생한 적은 없지만 남북한 군사 대치, 대만 분리주의 등등의 위험이 있다는 점에서 평화가 곧 안전은 아닌 것이다. 평화가 중국 안보 정책의 원칙 중 하나이지만 평화는 영구적이지 않으므로 평화를 연장하는 동시에 평화가 종결되는 데 대한 준비가 필요하다고 본다.

중국의 관점에서 볼 때 평화는 어떻게 얻어지고 유지되는가. 서구 이론의 관점에서 보면 『영구 평화를 위하여』를 저술한 칸트에게는 상호 신뢰가 평화의 조건이다. 고대 중국에서도 실질적인 평화의 방법은 '왕도'(王道)에 있다고 여겨졌다. 왕도는 합당한 도덕적 수단을 통해 도덕적 통치를 확립하고 유지하는 것을 말한다. 평화와 반대되는 개념으로서 전쟁을 중국이 어떻게 인식하는가를 보면 중국이 평화를 유지하는 방법을 이해하는 데 도움이 될 것이다.

중국의 전통적 관념상 전쟁은 정의로운 것과 정의롭지 못한 것으로 구분된다. '정의의 병사'(의사, 義師), '왕사'(王師) 및 '하늘을 대신하여 정의를 행하다'(替天行道) 등의 용어에서 알 수 있듯이 중국은 전통적으로 전쟁을 정의로운 것과 정의롭지 못한 것으로 구분한다는 점에서 서구의 그로티우스의 도덕주의와 비슷한 면이 있다(Zhang and Xu 2004, 112-9). 공자와 묵자의 유교와 도교의 전통 사상에서는 전쟁의 정당성과 관련해 전쟁의 결과가 사회 발전에 도움이 되는 것이냐의 여부에 따라 정의롭고 정의롭지 못한 전쟁으로 구분하고 있다(Peng and Yao 2005, 151). 마오쩌둥(毛澤東) 시기의 전쟁 개념도 역시 정의로운 것과 정의롭지 못한 것으로 나누어지지만 이 시기의 도덕성의 기준은 억압된 계급과 민족 해방을 목적으로 한다는 점에서 서양의 그로티우스와는 차별화 된다. 마오 시기 중국공산당은 '혁명평화론'을 제창했고 최종적으로 폭력을 사용해 세계 자본주의를 전복시킴으로써 보편적이고 지속적인 평화를 달성할 수 있다고 보았다. 반면에 덩샤오핑과 장쩌민 시기의 중국 지도부는 패권주의와 강권 정치에 반대하고 점차적으로 국제정치의 신질서를 쟁취하는 것이 지속적 평화의 필요조건이라고 보았다. 그 이유는 전쟁의 가장 근본적인 원인은 초강대국의 패권주의와 강권 정치에 있다고 보았기 때문이다(时殷弘 1999, 62-3). 탈냉전 시기 이후 정의로운 전쟁은 주로 약소국이 강대국으로부터의 침략에 대응하는 방어적 전쟁과 반(反)간섭 전쟁 등을 의미했다.

중국의 시각에서 볼 때 현대에도 전쟁과 평화의 개념은 도덕적 기준을 내포하지만 평화를 왜 그리고 어떻게 유지해야 하는지의 핵심적 요소는 국가이익이다. 평화가 필요한 이유는 국가이익에 부합하기 때문이라는 합목적성으로부터 나온 것이다. 덩샤오핑 시기 이래 중국이 세계적으로, 특히 동아시아 지역에서 평화 수호에 강한 의지를 표명한 것은 평화로운 국제 환경을 조성함으로써 경제력 증강에 역량을 집중할 수 있다는 국가이익에 부합하기 때문이다. 덩샤오핑의 '평화'와 '발전'의 기본 원칙은 장쩌민 시기와 그 이후에도 지속되었다. 평화와 발전의 원칙으로 표현된 덩샤오핑의 전쟁과 평화에 대한 사상은 국가이익을 달성하기 위한 적극적 방어 이론, 평화 발전, 상생을 의미하는 공잉(윈윈, 共赢), 신안보로 표현되는 협력 안보의 개념들의 기초가 되었다.

후진타오 시기에 와서는 '화평 굴기'로, 나중에는 다시 '화평 발전'으로 표현되었다. 2005년 12월 발표된 『중국의 화평 발전 노선』(中國的和平發展道路)[2]에서도 나타나듯이 대외 정책에서 '평화로운 발전' 전략을 지속하겠다는 의지를 강조한 것이다. 중국 국무원 신문판공실에서 2005년 12월 발표한 이 백서에서는 화평 발전은 평화적 방식과 과정을 통해 중국의 발전을 실현하는 것이며 중국의 발전을 통해서 세계 평화와 공동 번영에 기여하는 것이라고 설명하고 있다.

2_중국 국무원 신문판공실은 2005년 12월 22일 『중국의 평화 발전 노선』 백서를 발표했다. 전문 1만 2,000여자로 이루어진 이 백서는 중국 정부가 평화 발전 노선의 필연성과 결단 및 이 목표를 실현하기 위해 채택하고 있는 전략적 방침과 정책 조치에 대해 전면적이고 체계적으로 천명한 최초의 문건이다. 백서는 '평화 발전은 중국 현대화 건설의 필연적 노선', '자신의 발전으로 세계 평화와 발전을 촉진', '자체 역량과 개혁 창신에 근거해 발전 실현', '각국과 호혜 공영 및 공동 발전 실현', 지속적 평화와 공동 번영의 화해 세계 건설'의 5개 부분과 결론으로 구성되어 있다. 후진타오 국가주석은 2004년 보아 포럼에서 행한 '중국의 발전, 아시아의 기회' 제하의 연설에서 "중국은 앞으로 평화 발전 노선을 견지하고, 평화, 발전, 협력의 기치를 들고 아시아 진흥의 새 국면을 아시아 각국과 공동으로 만들어 나갈 것"이라고 천명했으며, 2005년 11월에는 중국을 방문한 조지 부시 미국 대통령에게 "중국이 평화 발전 노선을 확고부동하게 추구하고 있다"고 설명한 바 있다. 이에 앞서 원자바오 총리는 2005년 3월 열린 제10기 전인대 3차 회의에서 정부 공작 보고를 통해 '평화 발전 노선과 독립 자주적인 평화 외교정책의 견지'를 강조했다.

중국의 평화 발전 노선은 중국의 현대화 건설이 반드시 거쳐야하는 길이며 중국의 역사 문화 전통에 기초한 필연적 선택이며 중국 인민의 근본적 이익과 인류 사회의 발전과 진보에 부합하는 객관적 요구라고 강조했다. 후진타오 정부의 평화 발전 노선은 조화로운 세계 건설을 목표로 하고 있다.[3] 이 백서에는 중국의 부상에 따르는 중국위협론을 불식시키기 위한 전략적 의도도 포함되어 있다. 중국의 발전이 세계에 '위협'이 아니라 거대한 '기회'라는 점을 강조하고 있는 것이다.

2. 중국의 안보 개념과 안보 위협 인식

중국의 안보 개념은 전통적인 군사 안보의 개념에서 국제 환경의 변화와 더불어 복합적이고 포괄적인 안보 개념으로 변화해 왔다. 포괄적 안보에는 군사, 경제, 정치, 사회, 문화 안보가 포함된다. 경제는 포괄적 안보의 기초가 되는 동시에 국가 안보 정책의 중요한 목표이다. 군사 안보는 외국의 침입을 막고 국가의 주권과 영토적 통일을 수호하는 중요한 임무를 맡고 있다. 나아가 테러 진압, 마약 밀거래 단속, 인도적 구호 등의 목표도 포함한다(Li and Wei 1997, 5). 정치 안보는 체제 안정과 관련된 안보이다. 과거 중국은 서구의 정치·문화적 요소를 주입해 중국의 체제 안정을 위협하는

3_후진타오 주석이 2005년 4월 인도네시아 자카르타에서 반둥회의 50주년을 기념해 개최된 아시아-아프리카 정상회의에서 처음으로 언급했다. 이어서 동년 9월 유엔 창설 60주년 기념 정상회의에서 후진타오 주석은 '지속적인 평화와 공동 번영하는 조화로운 세계를 건설하기 위해 노력하자'(努力建設持久和平, 共同繁榮的和諧世界)라는 주제의 강연을 통해 이 목표를 제시하기도 했다.

'평화연변'(和平演變, peaceful evolution)을 안보에 가장 심각한 위협으로 보았다. 자본주의적 생산양식을 채택하면서 정치적 다원주의가 확산되어 중국 공산당의 일당독재에 위협을 가하게 되는 상황을 가장 우려한 것이다.[4] 중국에게 경제 안보는 경제성장을 위협하는 요인을 제거하고 지속적 경제성장을 가능케 하도록 안보 환경을 조성하는 것을 의미한다. 경제력의 증대는 군사력을 증강시킬 수 있는 중요한 요소이다. 경제적 성과가 공산당의 정통성과 연계되어 있기 때문에 중국 지도부는 경제 안보를 더욱 중시하고 있다. 중국 경제에 있어 아시아 경제가 점차 중요해짐에 따라 동북아시아 국가들과의 관계에 의해 경제 안보가 영향을 받을 것으로 본다.[5]

'공동안보'(共同安全)는 국제 안보를 이용해 국가 안보를 보호하는 것이다. 국제 안보는 한 국가의 범위를 뛰어넘어 국가 안보를 고려하는 것을 말하며, 각국 간의 안보 목표와 정책 간 협조, 국가 간 충돌을 해결하는 정치적·외교적 수단을 강조한다. 이것이 공동안보의 개념이며 공동안보는 지역

4_『해방군보』(解放軍報)에서는 "국가의 정치체제는 타국에 의해 변경될 수 없으며, 일국의 주권과 통일을 잠식하는 것 역시 용납될 수 없다. 또한 어떤 국가도 타국의 내정간섭을 받아서는 안 된다. 국제 무대에서 소국과 대국, 빈국과 부국의 여부를 불문하고 모든 국가는 평등하다. 강대국은 약소국을 위협해서는 안 된다. 국제정치 문제에 있어서 초강대국은 타국에 대해서 명령을 해서는 안 되며, 자국의 가치관을 타국에 강요해서도 안 된다. 이 모두는 세계와 지역의 안보를 위해 요구되는 필수 불가결한 선결 사항들이다"라고 밝힌 바 있다.

5_해방군보는 경제 안보의 중요성에 대해서 다음과 같이 기술하고 있다. "일국의 경제적 이익은 잠식되어서는 안 된다. 국가대 국가의 경제 관계는 평등과 협력, 그리고 공동 발전에 근거해야 한다. 어떤 국가도 정치적 이득을 목적으로 하는 것은 말할 것도 없이, 타국에 대한 보복 수단으로써 경제 제재를 사용해서는 안 된다. 무역, 투자 및 기타 경제활동은 호혜와 최혜국 대우의 원칙에 따라 이루어져야 하며, WTO에의 가입이 타국의 경제에 대한 압력을 행사하거나 그 국가의 경제 발전을 교란시키는 카드로써 활용되어서는 안 된다. 경제적 경쟁은 국제적 규율과 규정에 따라 이루어져야 한다. 경제문제나 마찰이나 이견 등은 정상적인 것이며 따라서 동등한 입장, 협의 등에 근거한 대화를 통해 문제를 해결해야 한다(Li and Wei 1997)."

내 집단안보협력을 포함한다(王勇 1996, 62-4). 공동안보가 중요한 이유는 중국과 주변국가와의 상호 의존 증가로 인해 국가 안보 전략을 결정함에 있어서 타국의 안보 이익과 정책 반응을 무시한다면 자국의 국가 안보도 약화될 것이기 때문이다.

포괄적 안보의 개념과 공동안보의 개념이 공식적으로 표출된 것이 1990년대 중반에 나타난 신안보 개념이다. 신안보 개념은 정치, 경제, 군사, 과학 기술, 사회 영역 등의 안보를 망라하는 개념으로 그 내용은 평화공존 5원칙, 경제적 상호 이익과 협력, 대화와 협력을 통한 다자안보협력, 전략적 동반자 관계의 확대 등을 포함한다. 장쩌민은 2002년 10월 27일 개최된 아시아태평양경제협력체(APEC)에서 신안보 개념을 강조했다. 그 기본 구상의 주요 내용은 ①냉전 사고를 탈피해야 한다, ②신뢰 구축이 안보의 초석이다, ③경제와 통상 협력으로 안보를 제고해야 하며 안보의 협력을 통해서 경제 협력도 증대되어야 한다, ④국제 테러와 범죄와의 전쟁을 위해 지역 집단안보체제 수립이 필요하다, ⑤공정하고 합리적 국제 질서가 수립되어야 한다 등이다.

중국의 위협 인식을 분석함에 있어 중국의 분석 방식을 따르면 위협은 정치, 경제, 사회 문화 등 세 가지 종류로 나누어지며 그 중 정치적 위협은 강대국 패권과 중국의 안보체제에 대한 위협, 국지전의 위협, 주변 국가들과의 충돌 위협, 국가 분열 위협(대만, 신장, 티베트) 등이다(陳潔華 2001, 195-6). 『2000년 국방백서』(中國的 國防)에 나타난 중국의 주요 안보 위협 인식은 다음과 같다. ①미국, 일본은 국가미사일방어체계(NMD)와 전역미사일방어체계(TMD)에 대한 연구 및 구축을 계속 추진해 나가고 있는데 이는 국제사회의 군비 확산 방지와 감군 노력을 방해하는 것이다. ②일본이 '주변사태법'을 확정하고 군사력을 증가하며 미일 연합 군사훈련을 강화하는 것은 시대 조류에 역행하는 것이다. 중국은 일본을 중국에 대한 직접적인 군사적 위협으로 간주하지 않았으며 다만 대만 문제와 관련한 미국과의 충돌에 의해 일본이 연루될 경우에만 위협이 될 것으로 생각했다(Austin and Harris 2001). ③그리고 이 지역에는 민족, 종교, 영토, 자원 등의 문제와 관련해 국지전쟁 또는 무력 충돌이 발생할 가능성이 있으며, ④과학 기술의 발전과 경제의 세계화로 인해 남북한 빈부 격차가 심화되는 것도 중요한 안보 위협이 되고 있다고 인식한다. ⑤남사군도 및 조어도 등의 영유권 문제, 티베트 및 신장 등에서의 분리 및 독립 문제, '파룬궁' 등 인권 문제, 연안과 내륙 간의 빈부 격차 문제 등 수많은 잠재적 불안 요인이 있다.

이러한 기본 위협 인식의 내용은 21세기 들어 중국 경제가 급부상함에 따라 달라졌다. 중국의 안보에 대한 자신감이 외부 위협 요인보다 내부 위협 요인에 눈을 돌리게 한 것이다.

『2000년 국방백서』에서 중국은 미국이 신간섭주의로 수많은 국가의 주권 독립과 국익에 커다란 손상을 입히고 평화와 국제 안보에 위협을 주고 있다고 인식했다. 그리고 『2004년 방위백서』에서도 미국의 힘과 정책을 가장 핵심적인 국제 환경의 불안 요인으로 명시했다. 아시아·태평양 지역에서 미국과 일본의 증대되는 군사력을 지역 불안정의 요인으로 규정하고 이들의 대만 문제 개입 가능성이야말로 중국에게 위협이 되는 행위라고 보았던 것이다. 그러나 2006년 12월 29일 발표한 『2006년 국방백서』에서는 미국과 일본이 위협이 아닌 '도전'으로 표기되고 있다. 아시아·태평양 지역의 안보 상황이 기본적으로는 안정적이라고 보지만 미국의 아시아 태평양 군사력 재편과 증가, 미일 군사동맹의 강화, 일본의 헌법 개정 추진과 해외 군사 활동 증가, 북한의 미사일과 핵실험에 따른 한반도 및 동북아 정세 불안, 중동 정세의 불안정, 영토 분쟁, 종족 및 종교 분쟁, 테러리즘, 국내

사회경제 문제 등의 복잡한 불안정 요소가 증가하고 있다고 인식하고 있다. 『2008년 국방백서』에서는 "중국은 대외적으로 전략적 봉쇄에 직면해 있으며 대내적으로는 동터키의 이슬람 세력(東突)과 대만 독립 세력(臺獨), 신장·티베트 분리주의자들(藏獨)의 위협에 처해 있다"며 중국의 2대 안보 위협 요소를 지적했다. 한 가지 주목할 만한 변화는 일본 자위대에 대한 우려를 직접 거론하지 않은 것이다. 또 다른 변화는 2008년 대만의 독립을 주장하던 천수이비엔 정권에서 독립에 반대하는 마잉지우 정권으로 교체되면서 중국과 대만의 관계는 직항로를 개설할 정도로 발전한 양안 화해 상황을 고려해 "양안 관계가 발전하고 있다"며 대만의 군사적 위협을 거의 언급하지 않은 점이다.

III. 동아시아 평화와 안보에 대한 중국의 입장

1. 동아시아 평화와 안보에 대한 중국의 평가

등소평 이후 중국 정부는 세계적으로, 특히 동아시아 지역에서 제한전쟁과 평화 문제에 큰 관심을 가져 왔다. 중국은 전쟁과 평화 문제에 대해 도덕적인 접근을 하기보다는 국가이익의 관점에서 접근하고 있다. 평화로운 국제 환경의 조성이 대외 정책의 기본 목표가 된 것은 경제성장이라는 근본 이익 목표에 부합되므로 국가이익의 차원에서 평화를 추구하고 있다고 볼 수 있다. 그 출발점과 설명이 도덕적이라고 해도 그 핵심은 이익에서 나온다는 것이다(时殷弘 1999, 62-3). 동아시아 국가들의 안보 이익은 복잡하게 얽혀있고 각국의 안보 이익을 실현하기 위한 과정에서 상호 견제하는 가운데 균형을 이루면서 상호 억지하는 입장을 취함으로써 지역의 평화가 형성되었다고 본다.

동아시아 지역의 평화가 유지되고 있는 것에 대한 설명을 위해 동아시아 지역 내 미중의 세력균형, 동반자 관계의 상호작용, 복잡한 이익의 상호견제론 등이 논의되었으나, 옌쉐통은 세력 불균형 상태 하의 핵 억지력(非均势核威慑)이 평화 유지의 핵심 요인이라 주장하고 있다(阎学通 2005). 이 주장에 따르면 절대 안보를 추구하는 강대국은 약소국 또는 타국 내부에 개입하려 하지만 생존 안보를 추구하는 약소국은 개입을 피한다는 것이다. 다만 강자의 군사개입이 약자의 생존 안보를 위협할 경우 핵전쟁으로 대응이 가능하기 때문에 강대국은 지나친 확대 정책은 피하게 된다는 논리이다. 이러한 입장에서는 냉전 후 핵 억지를 기초로 중국, 미국, 일본, 러시아 간의 전쟁을 방지함으로써 동아시아 평화가 가능했다고 본다.

중국은 지역 내 평화 위협 요인으로 단기적으로 북핵 위기, 장기적으로 대만의 독립 문제가 있다고 보며 미국의 미사일방어체계(MD) 계획 역시 중국과 러시아의 핵 억지력을 약화시킴으로써 군사 충돌 가능성을 불러일으킬 수 있다고 본다.[6] 동아시아 평화를 위협하는 단기적 위험으로는 북핵 문제, 중기적 위협으로는 대만 분열주의 문제가 있는데, 전자가 후자보다 시간적으로는 더 급박하지만 후자가 전자보다 위험성이 더욱 크다고 본다.

동아시아 지역의 평화 유지 방안으로 옌쉐통은 아세안 집단안보협력의

6_미국의 미사일방어체계가 효과적으로 중국의 억지력을 약화시킨다면 대만의 분열주의 세력들은 공개적으로 독립을 외칠 것이고 이는 미중 간 군사 충돌의 가능성을 높일 것으로 본다.

확대와 한국의 평화통일 정책의 지속이 최선이기는 하지만 이는 현실적이지 못하다고 본다. 따라서 그는 동아시아 평화를 위한 차선책으로 6자회담과 같은 동아시아 지역의 다자 안보 대화를 강화하고 중국은 미국에 대응해 핵 억지력을 강화함으로써 동아시아 지역의 핵 억지 상태를 공고히 해야 한다고 제시했다. 북핵 6자회담의 강화는 한반도 핵 문제를 평화적으로 해결할 수 있도록 도움을 줄 수 있으며 북한과 미국 간의 전쟁도 막을 수 있다. 동아시아 평화의 지속은 단기적으로는 한국의 평화통일 정책에 달려 있으며 중기적으로는 중국이 핵 억지의 효력을 지속시킬 수 있는가의 여부에 달려 있다고 본다.

2. 동아시아 평화와 중국의 동아시아 공동체 구상

중국은 동아시아 지역의 평화와 안정은 중미 관계의 기본적인 평화와 안정에 연계되어 있다고 보고 있다. 중국은 중미 관계를 동북아 지역의 평화에 있어서의 관건으로 간주하고 있으며 중미 관계를 중심으로 하는 각국 간의 양자 관계가 동북아 지역의 평화 구상에 있어서 중대한 변수라고 보고 있다. 동시에 중국은 하나의 보충 수단으로서 동북아 지역에 다자주의 평화 기제를 구축한다면 미국을 견제하는 동시에 동북아 지역에서의 평화와 안정을 확보할 수 있다는 전략적 이익을 중국이 실현할 수 있다고 보고 있다.[7]

7_박건일은 6자회담이 일견 미국이 다자주의 틀을 구축해 북한을 억제하고 동북아시아 지역 국제 관계의 변화를 주도하겠다는 희망을 확보한 듯 보이지만 실제로 6자회담을 통해 고립된 것

소극적 평화를 넘어 적극적 의미의 평화를 위해서는 미중 관계의 안정 외에도 동아시아 다자 협력이 필요하다는 입장이며 동아시아 공동체 구상에도 적극적 입장을 취하고 있다. 중국은 주변국들과의 우호적인 관계 유지에 크게 신경을 쓰고 있다. 서로 다른 사회체제와 이데올로기 사이의 공존을 지지하고 국제사회의 통합과 상호 의존을 증가시킴으로써 중국은 위협을 주지 않고 평화적으로 국제사회에 등장할 수 있다는 것을 보여 주고자 하는 것이다(Yang 2003). 또 중국이 다자안보협력을 옹호하고 공동체 담론에 적극적인 것은 주변국들의 경계심을 완화하기 위해서이며 동남아에서는 특히 남사군도 문제를 의식하기 때문이라고 보는 견해도 있다(Finkelstein and Mcdevitt 1999).

중국이 동아시아 안보 공동체를 형성하기 위해 시도하려는 구상은 다음과 같다.

첫째, 아세안지역포럼(ARF)을 기초로 ASEAN+3, ASEAN+1, 북핵 6자회담, 아시아협력대화(ACD), 동북아협력대화(NEACD), 유엔평화및군축아태센터 등을 다자 안보 대화와 연계해 아태 지역의 협력을 구축하고자 하는 것이다. 둘째, 아시아태평양안보협력이사회(CSCAP)를 기초로 동아시아 안보 대화 기제와 연계하는 구상이다. 셋째, 동아시아 공동체와 미일동맹 등 쌍무 동맹 체제의 병행, 넷째, ARF+6자회담 혹은 별개의 동아시아 공동체이다. 다섯째, 미·중·일·러 간의 전략 대화 등이다(劉江永·閻學通 2005). 이 가운데 어느 구상이 제도화되든 동아시아 안보 기제가 마련되는 것이 동아시아와 중국의 이익에 부합되는 것으로 보고 있다.

은 북한이 아니라 미국이라고 강변하고 있다(朴鍵一 2003, 45).

동아시아 다자안보협력 기제가 마련되어야 한다는 입장은 중국의 발전 전략과도 연관이 있다. 동아시아 협력 기제가 중국 동측의 한 날개라고 한다면 상하이협력기구는 중국 서측의 한 날개로 중국의 '평화적 발전'과 '조화로운 세계'의 실현을 위해 동서 양측에 위치한 양 날개의 역할을 할 다자안보협력 기제라고 보는 것이다. 동아시아 협력 기제의 구축은 중국의 공업화와 현대화의 실현에 매우 중요하며 서측의 상하이협력기구를 통한 에너지 협력과 안보 협력은 중국의 지속적인 평화적 부상을 위한 중요한 자원이 될 것이기 때문이다. 따라서 중국의 경제성장에 있어서 두 지역의 협력 기제가 그 어떤 지역 협력보다 더욱 중요한 전략적 의의를 갖는다는 것이다(陸建人 2005, 9-10).

3. 동북아 안보와 평화에 대한 중국의 입장과 정책

동아시아 평화 구상을 실현하기 위해 동북아 지역에서 중국이 추구하고자 하는 안보 이익은 무엇인가. 중국의 한 전문가의 견해에 의하면(崔立如 編 2006), 첫째, 동북아의 지속적인 평화와 안정 확보, 둘째, 동북아 지역의 번영의 지속, 셋째, 동북아 국가 간의 상호 신뢰와 협력 등이다.

이러한 중국의 안보 이익과 중국이 인식하는 동북아 국가들의 안보이익은 다음과 같은 것들로 제시 되고 있다.

첫째, 대전략·대시각의 거시적인 관점에서 동북아 지역의 장기적인 안보 협력 구도를 위해 '안보 공동체'를 건립하는 것이다. 둘째, 동북아 국가의 장기적이고 전략적인 이익의 관점에서 한국전쟁 당시 체결되었던 '정전협정'과 같은 냉전의 유산을 청산하고 군비축소, 군사적 신뢰를 바탕으로 군사동맹을 종료하는 것이다. 셋째, 동북아 국가의 전략적 협력 구도의 기초를 확립하기 위해 북핵 문제, 북한과 기타 국가 간의 관계 정상화, 남북한 화해, 중국과 일본의 공존, 미국의 동북아에서의 특수한 지위 및 미군 주둔, 군사동맹 문제를 비롯해 역사 인식, 일본의 신사참배 문제, 영토 분쟁, 에너지 개발 협력, 대국의 역할 문제 등을 해결해야 한다.

협력의 내용은 한편으로는 전통적 안보 협력과 비전통적 안보 협력, 경제 무역 투자 및 에너지자원 협력, 문화 및 과학 기술 협력 등을 포함한 동북아 범위의 전방위 지역 안보 협력을 추진하는 것이 있다. 다른 한편으로는 동북아 지역에 협력 기제를 형성해 지역의 복잡한 문제를 해결함과 동시에 세계적으로 중요한 문제에 대해 동북아 국가들이 서로 협조해 입장을 밝힘으로써 동북아의 목소리를 내도록 하는 것이다.

중국의 동북아 안보와 평화를 유지하기 위해 중국이 취해야 할 입장과 정책은 아래와 같이 요약될 수 있다(崔立如 編 2006).

첫째, 평화공존 5원칙을 기초로 동북아 국가에 서로 이익이 되고 윈윈 관계를 구축하기 위해 노력한다. 적극적으로 '동반자' 외교를 실시해 중국의 동북아 지역의 안보 및 전략 환경을 대대적으로 개선함과 동시에 동북아 지역에 평화와 안정, 번영에 촉진 작용을 하도록 한다. 중국은 동반자 관계 이외에도 북핵 문제와 관련된 6자회담에 적극적으로 참여해 동북아 지역에서의 경제협력과 안보 기제의 건립 등에 목소리를 내고 있다.

둘째, 동북아 국가의 지역 정체성을 강화하고 지역 내 국가 간 신뢰를 쌓고 협력하도록 한다.

셋째, 지역 내 무역, 투자 및 에너지 협력, 자원 협력 등에 동북아 국가들이 지속적으로 참여해 경제 공동체를 건립하도록 노력한다.

넷째, 적극적으로 냉전의 잔재를 없애기 위한 조치를 취하고 동북아 국가 간의 상호 신뢰와 전략적 이해를 강화한다. 이를 위해 법률적으로 한국전쟁의 종료와 동북아 군비축소, 역사 인식, 영토 분쟁 등의 문제를 해결한다. 이 중에서 한국전쟁의 종료를 위해 정전협정을 평화협정으로 대체하는 협상에 착수해 협정과 조약의 체결을 통해 기타 문제도 함께 해결한다. 한반도 평화협정의 문제에 있어서는 한국전쟁에 직접적으로 참여한 북한, 한국, 중국, 미국이 역사적·정치적 책임을 지고 UN이 중개 역할을 맡도록 한다.

다섯째, 안보 신뢰의 기초에서 '북한 문제'와 '북핵 문제'를 해결하기 위해 노력한다. '북한 문제'는 북한 정전체제, 북한의 정치적 지위 및 북한과 미국, 일본과의 관계, 남북한 관계, 동북아 안보의 4가지 차원의 문제를 포함하고 있다. '북한 문제'의 전면적 해결을 통해 '북핵 문제'를 해결할 수 있는 방법을 찾아야 함을 강조하고 있다.

여섯째, 동북아 국가의 각종 비전통 안보 영역에 대한 전면적 협력을 강화한다. 비전통 안보에는 경제 안보, 금융 안보, 생태 환경 안보, 정보 안보, 테러리즘, 초국가 범죄, 마약 밀매, 불법 이민, 대규모 전염병, 해적, 돈세탁, 자연재해 등이 포함된다. 동북아 국가에게 있어서 가장 주요한 문제는 생태 환경문제, 전염병 유행, 마약 밀매, 돈세탁, 불법 이민 등이다.

마지막으로, 모든 동북아 국가의 지역 협력을 추진하기 위해서는 양자 관계에서 다자 관계로, 경제 무역의 범위에서 안보 영역으로, 기능성 협력에서 제도적 협력으로의 발전이 필요하다.

IV. 한반도 평화와 안보에 대한 중국의 입장

동북아 평화의 관건은 한반도 평화이다. 한반도 문제는 동북아 지역의 평화 질서의 구축과 밀접한 관계를 갖고 있다. 중국은 중국이 동북아 지역에 중요한 영향을 미치는 국가로서 또한 정전협정의 체결국으로서 한반도 및 동북아 지역의 평화체제의 문제에 중요하고 건설적인 역할을 하게 될 것으로 인식하고 있다.

중국의 입장에서 볼 때 한반도 지역의 평화와 안정은 중국의 국가이익에 있어서 사활이 걸린 문제이다. 중국은 한반도에서 전쟁 부재를 의미하는 평화도 중요하지만 북한 체제의 붕괴로부터 야기될 수 있는 불안정을 방지하는 의미의 평화와 안정이 더 중요하다고 보는 것이다. 엄격히 말하면 중국의 입장은 북한 핵보다 평화와 안정에 더 우선순위를 두고 있으며 그 중에서도 평화보다는 안정이 우선이다.

북핵 문제 해결이 한반도 평화에 필수적이지만 북한 체제의 안정이 북핵 해결에 우선한다는 입장은 여러 경로를 통해 확인되고 있다. 특히 천안함 사건에서 드러난 중국의 태도는 북한 체제 유지와 내부의 안정이 한반도와 관련된 다른 어떤 이슈보다 중국에 중요하다는 인상을 주변국들에 심어 주었다. 중국은 천안함 사건 이후 '한반도 평화와 안정 유지'가 중요하다는 입장을 되풀이하면서도 북한에 대해서는 책임을 묻거나 재발 방지를 요구하지 않았다. 자칫 북한 체제의 불안정을 야기함으로써 남북 간 긴장이 고조될 수 있는 사태의 진전을 바라지 않았기 때문으로 해석할 수 있다.

그렇다고 중국이 북한 말만 듣고 그대로 따라가는 입장을 취한 것만은 아니다. 중국은 북한을 관리하는 차원에서 북한 내부의 안정을 위한 조치들을 취할 것을 강력히 권유하는 입장을 취했다. 그 예로 지난 5월 김정일 위원장의 방중 때 중국은 양국의 내정 및 외교 중대 문제, 국제 및 지역 정세, 국정 운영 경험 등 공동 관심사에 대해 전략적 소통 강화를 요구했다. 다시 3개월만인 8월에 이루어진 북중정상회담에서 북한이 요구하는 경제원조에 대해 지원을 약속하면서 6자회담 재개를 위한 압력을 가한 것으로 보인다. 5월 방중 시에 김정일 위원장이 "중국과 협력해 6자회담 재개를 위한 여건을 만들어 낼 것"이라는 표현을 사용했으나 8월 방중 이후에는 "6자회담의 조속한 재개를 희망한다"고 표현한 것이다.

중국이 인식하는 한반도 평화와 관련된 주요 이슈는 북핵 문제, 탈북자 문제를 포함해 북한 체제의 안정과 한반도 평화체제 구축, 한반도 통일 등이 있다(唐世平·曹筱陽 2002, 108). 이슈별로 중국의 입장을 살펴보자.

1. 북한 핵 문제와 6자회담

중국의 입장이 한반도의 안정을 전제로 하는 평화를 지지하는 것이고 북한 핵 문제를 다루는 태도에도 이러한 기본 입장이 나타나 있다.

북핵 문제를 다루는데 있어 중국의 입장은 북핵을 넘어서는 북한 문제의 관리와 해결이다. 북한 문제는 정전협정의 문제, 북한의 정치적 지위 및 북한과 미국, 일본과의 관계, 남북한 관계, 동북아 안보 등 4가지 차원의 복합적인 문제를 포함하고 있다고 본다. 북핵 문제를 근본적으로 해결하기 위해서는 관련 국가들의 능동적인 참여가 필수적이며 '북한 문제' 해결에 먼저 착수해야 하며 '북한 문제'의 전면적인 해결을 통해 '북핵 문제'를 해결할 수 있는 방법을 찾아야 한다는 입장을 취하고 있다(崔立如 編 2006). 중국은 북한의 고립을 방지하기 위해 대미, 대일 관계 개선을 지지하는 입장을 보여 왔다.[8] 중국은 북한이 미국과 일본과의 관계를 개선해 대외 고립감을 어느 정도 해소한다면 남북 관계에도 긍정적으로 작용하고 동북아 정세 안정에도 기여하게 될 것으로 판단하고 있기 때문이다.

또 중국은 한반도 평화체제와 비핵화가 동시에 이루어질 수 있다고 본다. 중국이 인식하는 한반도 비핵화에는 한반도로부터 미국의 핵 무력과 영향의 철수가 포함돼 있다. 북핵 폐기의 '상호성'을 강조하는 의미이기도 하다(傅夢孜 2007).

중국은 북핵 문제에 있어서 북한과 미국, 쌍방에 의한 협상을 통한 해결을 줄곧 강조했으나 2002년 2차 북핵 위기 이후 6자회담을 통한 다자 협력을 주도하는 입장으로 선회했다. 제1차 북핵 위기 이후 중국은 북핵 문제의 국제화를 반대했고 비개입의 방관적 입장을 취했으며 다자주의 방식을 통한 문제 해결에 대해서는 적극적인 입장을 보이지 않았다. 그러나 2002년 2차 핵 위기에 이르는 일련의 과정 속에서 입장의 변화를 보였다. 1996년 4월 미국과 한국이 4자회담을 개최하자고 제의했을 때 중국의 태도는 그렇게 적극적인 것은 아니었다. 1997년 3월에 개최된 4자회담 설명회에서 중국은 4자회담을 지지하는 입장을 보였고, 같은 해 7월 중국은 4자회담에 참가하는 것에 정식으로 동의하고 북한이 4자회담을 받아들일 것을 권고했다(『人民日報』, 96/03/06). 비록 중국이 4자회담에 참가할 의사를 밝혔다고는 해도 실제로는 회담 과정이 미국에 의해 주도될 것을 여전히 우려했고 이로 인해 2002년에 이르기까지 중국은 기본적으로 적극적 태도를 견지하지는 않았다.

8_2000년 6월 김영남 위원장 방중 시 장쩌민 주석은 북한이 미, 일, 유럽과 관계를 개선하기를 바란다는 입장을 밝혔다.

그러나 2002년 10월 북한이 고농축우라늄의 개발을 선언해 북핵 위기가 재차 노정되자 중국은 명확한 태도 변화를 보였다. 북핵 문제 해결에 있어서 당사국 간의 해결이라는 쌍무주의적 견지에서 각국이 협력해 해결하는 다자주의로 입장이 전환하게 된 것이다. 즉 중국이 적극적 역할을 해 2003년 4월 북경에서 3자회담을 개최하고 특사를 북한과 미국에 파견하고 러시아, 한국, 일본과 의견을 교환해 북한과 미국 사이의 대화와 협상의 분위기를 조성했다. 중국은 적극적 외교를 통해서 2003년 8월에 6자회담이 북경에서 개최되는 데 주도적인 역할을 했다. 2003년 8월 북경에서 개최된 제1차 6자회담은 다자주의 형식의 쌍무주의 회담이라는 한계를 갖고 있었다고는 해도 동북아시아 지역의 절대 다수 국가들이 참가한 첫 번째 다자안보 대화로서 중대한 의미를 갖는 회의였다. 2004년 2월 제2차 6자회담에서 참가국은 부대표를 수반으로 하는 실무그룹(working group)을 구성함으로써 동북아시아 지역 국가 간의 상설 대화 협상 채널을 처음으로 구축했다(『중앙일보』 04/02/26).

중국과 미국이 강대국 간 세력균형 사이의 양자 관계를 더욱 중시하기 때문에 6자회담이 동북아시아 지역의 다자 안보 기제로 발전하는 것은 결코 쉬운 일이 아니다. 즉 6자회담의 틀이 임시적인 것에 불과하다고 볼 수도 있다. 한 중국학자는 미국이 다자주의 기제를 통해 북한을 고립시키고 북한에 대해 압력을 가하는 수단을 삼고 있으므로 이를 통해 북한의 양보를 얻어 내고자 했다고 지적한 바 있다(朱鋒 2003, 12). 비록 중국이 탈냉전 후 동북아시아 지역에 다자안보협력 기제를 구축할 필요가 있다는 것을 인정하고 있다고 해도 중국은 줄곧 동북아시아에서의 다자안보협력 기제가 미국과 일본이 주도해 중국을 견제하는 수단이 되지 않도록 노력을 경주해 왔다. 따라서 중국이 비록 6자회담과 동북아시아 지역의 다자안보협력체의 구축을 연계해 고려하고 있다고 해도 이러한 구상이 실현될 것인가의 여부는 이에 대한 미국의 태도 및 중미 관계의 흐름에 의해 결정될 것으로 파악된다.

2. 대량살상무기 비확산에 대한 입장

중국은 대량살상무기 비확산에 대해서 지지하는 입장을 취하고 있다. 『비확산 백서』에서 이에 대해 공식 입장을 표명한 중국은 지역 및 세계의 평화와 안정에 깊은 관심을 가지고 국제적 비확산 노력을 지지한다고 밝혔다. 중국은 비확산의 근본적인 목적은 국제 및 지역 수준에서의 평화와 안보를 보호·촉진하는 것이라는 입장을 견지해 왔다. 중국은 핵무기 및 생화학 무기 등을 포함한 모든 종류의 대량살상무기에 대한 완전하고도 철저한 금지 및 폐기를 지지해 왔으며 이러한 무기의 확산뿐만 아니라 무기의 전달 수단의 확산에 대해서도 분명하게 반대해 왔다.[9]

이러한 기본 입장을 토대로 중국은 북한의 핵무기, 미사일 개발·보유·발사를 반대할 뿐 아니라 확산 방지 정책에 동의하는 입장을 취했으며 북한의 2차 핵실험 이후에는 유엔의 대북 제재에도 동참했다. 북한의 핵무기 개발이 일본과 대만 등 동북아 지역 국가들의 핵무기 개발로 이어질 수 있다는 점을 우려했기 때문이다.

다른 한편으로 중국은 핵의 평화적 이용에 대해서 개도국들의 입장이

9_중국의 비확산에 대한 입장은 다음 『비확산 백서』 참조. 中华人民共和国 国务院新闻办公室(2003; 2005).

반영된 비확산 체제가 바람직하다는 입장을 취하고 있다. 국제적 비확산 기제는 지속적으로 개선되어야 하며 개별 국가들에 대한 수출 통제는 한층 강화되어야 한다고 본다. 그러나 중국은 비확산 문제의 진일보를 위해서는 전 국제사회의 동참이 필수적이며 국제사회의 이해와 압도적인 지지를 얻기 위해서는 공정하고 합리적이며 비차별적인 비확산 체제의 확보가 매우 중요하다고 본다. 핵, 생화학 및 우주 항공 분야와 관련된 물질, 장비 그리고 기술 등은 민군 겸용의 성격을 갖는다는 점을 감안할 때, 비확산 정책의 실행에 있어 비확산과 국제 협조간의 적절한 균형점을 찾는 것이 관련 기술의 평화적 사용을 위해 필요하다는 것이다. 이와 관련해 중국은 비확산의 목적에 동의한다는 전제 하에 민군 겸용의 과학 기술을 공유하고 활용할 수 있는 권리, 특히 개발도상국의 권리를 보장하는 것이 필요함을 주장하고 있다.

3. 한반도 평화체제 구축

중국이 한반도 평화를 원한다고 할 때 이는 중국의 국가이익에 부합되는 한, 전쟁보다는 평화를 추구한다는 의미다. 한반도 평화에 대해 중국이 갖는 의미는 무엇인가. 중국이 평화로운 주변 환경을 원한다고 할 때 한반도 평화는 현상 유지인가, 아니면 현상을 타파하더라도 결과적으로 평화를 누리는 것을 의미하는가. 한반도 평화체제의 내용과 관련한 중국의 입장을 요약해 보면 다음과 같다.

첫째, 중국은 한반도 및 동북아 지역의 평화와 안정을 구축하기 위한 전략적 관점에서 정전협정을 평화협정으로 대체하는 것은 한반도의 영구적인 평화와 동북아 지역의 안보와 안정의 촉진을 보증할 수 있는 것이라 보고 있다(何志平·安小平 2008, 30-6).

중국은 한반도 정전체제가 냉전의 산물이기는 하나 이를 대체하는 유효한 수단이 없다는 판단에서 한국이 주장하는 정전협정의 유효성을 지지해 왔다. 그러나 한반도 평화체제 구축에 가장 중요한 요소는 정전협정의 평화협정으로 대체이다. 중국은 정전협정의 평화협정 대체에 대한 협의에 중국이 반드시 참여해야 함을 주장하고 있다.[10] 중국 현대국제관계연구원의 분석에 의하면 새로운 평화협정을 체결하는 목적은 냉전의 잔재를 없애고 동북아 국가들 간의 상호 신뢰를 강화하기 위해 법률적으로 한국전쟁의 종료와 동북아 군비축소, 역사 인식, 영토 분쟁 등의 문제를 해결해야 함을 지적하고 있다. 이 중에서 한국전쟁의 종료와 동북아 군비축소의 의의가 가장 크다고 보고 있으며 한국전쟁을 종식시키기 위해 정전협정의 폐기가 가장 중요한 사안이라는 것이다(崔立如 編 2006).

둘째, 한반도 평화협정을 체결하는 주체는 평화협정을 포함한 평화체제의 구축 당사자와 관련, 중국은 정전협정 서명국으로 한반도 평화체제 구축의 당사국이라는 인식을 갖고 있다. 뿐만 아니라 다른 당사국들 사이에서 조정 역할을 할 수 있는 입장이라고 보는 견해도 있다.

한반도 평화협상의 형식과 관련, 중국은 북미 양자 방식은 비현실적이고, 남·북·미의 3자 방식은 북한에 의해 불공평한 것으로 받아들여질 것이며, 남북 양자 방식은 외부 지지의 결여로 인해 충분치 않다고 평가한다. 평화협정을 정전협정의 대체 문건으로만 생각한다면 북한과 중국, 미국의 3

10_1997-99년의 4자회담 중, 중국은 한반도 긴장 국면을 완화하기 위한 5원칙과 한반도 평화체제를 구축하기 위한 4원칙을 주장한 바 있다.

자가 체결할 수 있겠으나, 한국이 전쟁의 직접적인 당사자라는 점을 고려해 중국은 4자가 체결하는 것이 가장 합리적이라고 본다. 무엇보다도 평화협정 체결의 목적은 한반도와 동북아의 지속적인 평화와 안정을 구축하는 것이고, 북한과 중국, 미국, 한국 4자가 모두 가장 직접적인 이해 관계자이므로 이들은 모두 평화체제 구축 과정에 주요한 참여자가 되어야 한다고 본다. 따라서 가장 적합한 방식으로 남한과 북한이 주가 되고 미국과 중국이 서로 동등하게 참여하는 2+2 형식을 제시하고 있다.

다른 한편 유엔도 참여시키는 2+2+1 방식도 검토해 볼 수 있다는 주장도 있다(傅夢孜 2007). 한국전쟁에 직접적으로 참여한 북한, 한국, 중국, 미국이 역사적·정치적 책임을 지고, 유엔이 중개 역할을 위해 적극적으로 개입한다. 유엔의 개입이 필요한 이유는 유엔이 이제는 더 이상 '고무도장'이 아닌 국제 질서의 '공공 기구'가 되어 가고 있기 때문이다(崔立如 編 2006).

셋째, 주한미군 문제에 대한 중국의 입장은 비교적 긍정적이다. 중국은 주한미군의 지위 변경에 대해서는 한미가 결정할 사안이라고 보고 관여하지 않는다는 입장이다.[11] 주한미군의 활동 반경은 대만해까지 확대될 수 있기 때문에 중국이 한반도 통일의 주도적 역할을 발휘할 수 없도록 만들게 된다. 동시에 한미동맹은 중국이 대만 문제 해결을 견제하는 힘이 되기도 할 것이므로 지지하지 않는 입장을 견지하겠지만 적극적인 반대도 하지 않을 것이다.

11_중국이 미군 철수를 주장하지 않는 것은 미국이 주장하는 대로 지역의 안정을 위한 것이라는 측면보다 중국이 미군 철수를 주장할 경우 중국위협론이 더욱 거세질 것이라는 우려에서 주장하지 않는 방어적인 측면이 강하다. 이는 루종웨이(陸忠偉) 당시 현대국제관계연구소 부소장(현재 소장)의 견해이다(이태환 1997, 103-4).

주한미군에 대해 중국은 북한의 입장을 두둔하는 입장을 견지해 왔다. 즉 기본적으로 주한미군이 중국 견제를 위한 것일 수 있다고 보고 원칙적으로는 철수해야 한다는 입장이다. 그럼에도 불구하고 중국은 주한미군이 즉각 철수해야 한다고 주장하지는 않는데 그 이유는 일본의 재무장을 주일미군이 견제할 것이고 주한미군이 한반도 안정 유지에 어느 정도 기여하고 있다고 판단하고 있기 때문이다.

이와 동시에 중국은 한미안보조약이 존재하는 한 중북우호조약(중조우호원조협정)을 공식적으로 폐기하거나 새로운 조약으로 대체하지 않을 것이다. 그러나 중조우호원조협정이 아직 유효함에도 불구하고 이는 방어적인 것이므로 북한이 침략당하지 않는 한 중국은 북한의 대남 선제 무력 도발에 대해 한미 양국이 개입한다 해도 중국이 개입할 의무가 없음을 표명해 왔다. 중국이 북한과의 군사동맹조약 폐지를 북한에 요구하지 않고 조약을 계속 유지해 나가고자 하는 것도 한반도 안정과 평화에 필요하다고 보기 때문이다. 또한 장기적으로 한미, 미일 군사동맹 문제를 거론할 때 대북 군사동맹조약을 유지하는 것이 유리할 수도 있을 것으로 판단하기 때문이다.

넷째, 한반도 평화와 안정에 관련된 다른 주요 이슈가 탈북자 문제이다. 중국은 중국 내 탈북자들을 정치적 난민으로 보지 않고 식량을 얻기 위해 일시적으로 국경을 넘어온 단순한 월경자로 간주하고 있다. 경제적 이유로 인한 탈북이기 때문에 정치적 난민이 될 수 없다는 것이다. 따라서 재중 탈북자 문제는 기본적으로 중국과 북한 사이에 해결해야 할 문제이지 제3국이나 국제기구가 개입해야 할 문제가 아니라는 점을 강조해 왔다.[12] 이러한

12_1986년 8월 중국의 공안부와 북한의 국가보위부 대표 간에 20년 효력을 갖는 "변경 지역에서 국가 안보와 사회질서 유지를 위한 상호 협력 의정서"(關於在邊境地區 維護國家安全和社

중국의 입장은 우선 한반도에서 안정을 바라기 때문이지만, 다른 한편 중국은 탈북자들의 중국 진입이 중국 사회 안정에 심각한 위협을 주는 요인으로 작용할 수 있다고 보고 있다.

V. 결론

중국이 관념하는 평화는 단순 전쟁의 부재가 아니라 대규모 지역 전쟁 또는 전쟁 위협에 말려들지 않고 지역 내 각국 및 각 지역의 경제 및 사회가 지속적으로 발전하는 적극적 개념도 포함하고 있다. 중국이 인식하고 실천하는 동아시아 평화는 중국의 국가이익에 부합되는 합목적적인 평화이다. 중국의 부상이 지속되기 위해 주변의 평화로운 환경이 지속되어야 하며 이를 위해 동아시아 공동체와 같은 다자 협력 기제가 필요하다는 전제 하에 동아시아 평화가 인식되고 있다. 동아시아 공동체에 대한 이상적인 비전의 제시보다는 현상 유지적 안정 속에 중국이 주도하는 질서를 통한 평화인지도 모른다. 중국은 국가 안보나 지역 안보가 위협받는다면 전쟁이 없는 평화가 지속된다 해도 갈등이 지속되거나 발전을 지속할 수 없다는 의미에서 적극적 평화가 아니라고 볼 것이다. 북한 핵은 반대하지만 한반도 평화가 위협받으면 일단 유보할 수 있는 입장이기도 하다. 즉 한반도의 평화가 유지되기 위해 북핵이 폐기되어야 한다는 입장보다는 북핵의 폐기가 궁극적

會秩序的工作中相互合作的議定書)를 체결했는데, 중국은 이를 기초해 탈북자들을 검거 시 북한에 송환하고 있다(제4조에서 불법 월경자 방지 및 송환을 규정하고 있음).

인 목표이기는 해도 평화와 안정을 위협할 정도의 갈등을 야기하면서까지 해결하지는 않는다는 입장에 가깝다. 강대국으로 부상하고 있는 중국의 이러한 동아시아 평화와 안보에 대한 입장이 한반도 평화와 통일에 어떻게 작용할 것인가 하는 문제는 결국 중국의 국가이익에 달려있다. 보다 중요한 것은 중국이 국가이익을 어떻게 정의하는가이며, 또한 달라지는 국제 환경과 중국의 국력의 변화에 따라 장기적이고 이상적인 견지에서 국익을 재정의할 수 있는가이다.

이와 관련해 중국의 한반도에 대한 이익이 무엇인지 살펴볼 필요가 있다. 첫째, 북핵 문제의 평화적 해결을 촉진하는 것은 안정적인 주변 환경을 조성하는 데 유리하며 중국의 국가이익에 부합된다. 북한이 핵무기를 개발하면 이는 중국의 안보에 새로운 압력을 가하는 요인이 될 것임에 분명하다. 또한 이 때문에 도미노 효과가 만약 일어나게 되면 일본과 한국이 서로 핵무기를 발전시키기 위한 경쟁에 들어가게 될 것이고 이로 인해 중국은 핵 포위를 당할 수 있는 대단히 불리한 전략적 위치에 놓이게 된다. 이와 같은 새로운 군비경쟁은 동북아시아 지역의 충돌과 불안을 더욱 심화시킬 것이다. 또한 북한이 핵무기를 보유하게 되면 이는 미국, 일본, 한국의 동맹을 더욱 강화시킬 것이며 미국의 탄도미사일방어체계 구축을 가속화시킬 것이다. 이와 동시에 미국은 기습적인 군사 공격을 통해 김정일 정권을 축출할 수 있으며, 이는 중국이 주변부 국가 전략을 추진하고 국가 안보를 확보하는 데 불리하다.

둘째, 중국과 미국은 한반도 문제에 있어서 공동의 전략적 이익을 갖고 있으며 이에 따라 협력의 공간이 존재한다. 중국과 미국의 공동 이익은 주로 한반도 비핵화와 탄도미사일 기술의 확산 방지이며 중국은 미국과의 협력을 통해 외교 공간을 확대할 수 있다. 이 점은 천안함 사건 이후 국면에서 미국과 중국이 2005년 합의의 실천을 전제로 6자회담을 재개하도록 합의한 것에서도 드러난다(Kellerhals 2010). 지역 강대국으로서 중국은 평화를 수호해야 할 국제적 책임을 갖고 있다. 중국은 중국의 이익과 지역의 이익이 일치하는 방향으로 평화에 대한 인식을 배양하며 그렇게 되도록 주변 국가들이 중국을 유도하는 것이 바람직할 것이다.

3장

일본의 동북아 평화론

박영준

Ⅰ. 문제의 제기

요한 갈퉁(Johan Galtung)에 의한 선구적 정의 이후 국제정치학에서 평화란 소극적 평화, 즉 전쟁이 없는 상태를 의미하거나, 적극적 평화, 즉 단지 전쟁의 부재뿐만 아니라 빈곤이나 무질서, 차별 등의 구조적 폭력이 부재한 상태를 가리키는 두 가지 차원을 갖는 것으로 이해되어 왔다(岡本三夫 2005, 220-1).

이러한 평화 상태를 어떻게 실현하느냐라는 방법론을 둘러싸고 국제정치학은 다양한 논쟁을 벌여왔다. 국제정치의 단위로서 국가를 중시하고, 국가의 생존을 우선적 목표로 간주하는 현실주의자들은 전통적으로 국가 간의 대등한 국력의 보유, 즉 세력균형의 상태가 평화를 보장하는 방법론이 될 수 있다고 주장해 왔다. 미어샤이머와 같은 공격적 현실주의자들은 강대국은 본질적으로 세력 팽창의 경향을 띠고 있으므로 본질적으로 국제 관계의 불안정성은 세계 제국의 등장에 의해 해소될 수 있다는 제국평화론을 주창하고 있기도 하다(Mearsheimer 2001).

한편 자유주의자들은 인간이나 시민단체와 같은 비국가적 요소들의 등장과 비군사적 수단의 중요성을 제기한다. 이에 따라 자유주의자들은 국제 평화란 국가 내부 수준에서 이룩된 민주화가 국제적으로 확산되면서 달성될 수 있다는 민주평화론을 주장하거나, 대국 간의 평화공존 혹은 공동 안보와 협력 안보의 개념에 의한 국가들 간의 다자간 협의체 구축 등에 의해 평화가 보장될 수 있다고 주장한다.[1]

평화 상태에 대한 정의 및 평화 구축에의 방법론은 이같이 다양하지만, 개별 국가마다 처한 입장에 따라 평화 상태에 대한 갈망이나, 추구하고자 하는 평화의 유형, 혹은 평화를 성취하기 위한 정책론이 동일하지는 않을 것이다.[2] 일본의 경우에는 20세기 전반부의 시기까지 그 스스로가 일련의 전쟁을 도발하면서 국제 평화를 교란한 장본인이기도 했다. 그리고 1945년 이후에는 군국주의의 재발 가능성을 제약하기 위한 국내외적 요청 속에서 국가정책으로서 전쟁 수단의 포기와 군대의 비보유를 규정한 소위 평화헌법을 제정하는 등 독특한 국가체제를 운영해 오고 있다. 전쟁 도발의 원죄를 갖고 있는 일본 식자들로서는 지역 및 국제 질서 속에서 어떤 평화 상태를 어떤 수단으로 달성할 수 있는가의 문제가 전후 일본의 국가적 지향점

1_안전보장 이슈가 리얼리즘, 리버럴리즘, 글로벌리즘의 입장에 따라 다르다는 점을 설명한 일본 내 논의에 대해서는 神谷萬丈(2003) 참조.

2_일본 평화 연구자들 가운데 평화적 수단에 의해 평화를 성취하려는 평화학의 연구와 군사적 수단에 의해 안전보장을 추구하려는 안전보장 연구를 구별하는 논의에 대해서는 岡本三夫(2005), pp. 12를 참조.

과 관련해 중요한 주제가 되어 왔다.

본고에서는 냉전기와 탈냉전기에 일본에서 전개된 평화 논쟁의 흐름들을 살펴보기로 한다. 본 연구는 일본 식자들을 자유주의 계열과 현실주의 계열로 구분하고 각 유파의 식자들이 전후의 각 시기별로 어떤 평화정책론을 제시했는가, 그리고 그러한 평화 담론은 어떤 유형으로 분류가 가능한가 등을 비교, 검토하기로 한다.[3] 이러한 연구가 일본이 지역 및 국제 질서에서 어떤 국가상을 모색해 왔으며, 현실 정치를 담당하고 있는 자민당과 민주당의 동아시아 정책 구상이 어떤 지적 담론에 기원을 두고 있는가를 살피는 데 도움이 될 것으로 기대한다.

II. 일본인들의 지역 정체성

평화에 대한 인식은 지역 개념을 전제로 한다. 즉, 자신의 국가가 어느 지역에 속해 있으며, 그 지역 질서는 어떤 특성과 문제점을 갖고 있는가에 대한 관심을 바탕으로 평화 구상이 배태될 수 있기 때문이다. 그렇다면 일본인들은 자신들의 국가가 어떤 지역에 속해있다고 생각해 온 것일까. 흥미로운 것은 일본인들의 지역 정체성이 국제 질서 속에서 차지하는 그들의 위상에 따라 시대적으로 변화하고 있다는 점이다.

3_단, 이러한 분류가 일본 지식인들의 국가 구상에 관한 담론을 지나치게 단순화한다는 오류를 가질 수도 있다. 일본의 국가 전략 혹은 국가 구상에 관해 보다 다원적인 차원에서 분석하는 보다 본격적인 연구로는 Samuels(2007)와 박영준(2008), 제1부 등을 참조.

1. "탈아"(脫亞) 혹은 "극서"(極西)의 정체성

명치유신 이후 근대화를 추구하던 무렵의 일본인들은 후쿠자와 유기치(福澤諭吉)의 탈아론(脫亞論)에서 나타나듯이 자신들이 아시아를 벗어나 구미 국가들의 대열에 포함되지 않으면 안 된다고 생각했다. 근대화에 지체된 반개(半開) 상태의 조선이나 중국과 자신들을 동일시해서는 세계사의 흐름에 뒤떨어질 것이라고 보았기 때문이다. 그러나 1930년대에 들어 워싱턴 및 런던군축회의 체제에서 이탈하고 국제연맹에서 탈퇴한 후 일본인들은 자신들이 동양을 대표해 서구 세계에 대항하는 존재라고 생각했다. 소위 대동아공영권은 이러한 지역 정체성의 소산에 다름 아니다.

1945년 이후 태평양전쟁에서 패전하면서 일본은 국제사회에서 패전국의 위치로 전락했다. 1951년 샌프란시스코조약을 통해 서구 전승국들과 강화를 이루었으나, 일본은 미국이나 영국 등 서구 전승국의 대열에 가담할 수도 없는 입장이었고 더 이상 동양을 대표하는 위상을 가질 수도 없었다. 이러한 상황에서 일본인들은 자신들이 어디에 속해 있는가하는 지역적 위상을 새롭게 모색하지 않으면 안 되었다. 1956년 『문명의 생태 사관』(文明の生態史観)을 저술한 우메사오 타다오(梅棹忠夫)는 유라시아 중심부와 유라시아 주변부라는 구분을 제시하면서, 소련이나 중국 등 전체주의 정치체제를 유지해 온 전통을 가진 유라시아 중심부와 달리, 일본은 봉건제의 경험을 가지면서 산업화와 자유민주주의체제에 도달한 유라시아 주변부와 오히려 문명적 친화성을 갖는다고 주장했다(青木保 1990, 70-1). 유라시아 주변부의 일원으로서 자신을 인식하는 이러한 이론에는 동아시아의 세계에 포함되기보다는 서구 세계의 일원으로 자신을 동일시하고 싶어 하는 전후 일본인의 자의식이 포함되어 있다고 생각된다.

1950년대 말부터 활발한 논단 활동을 벌인 현실주의 정치학자인 고사카 마사다카(高坂正堯)도 1964년에 쓴 글에서 일본은 동양도 아니고 서양도 아니며 자기를 동일화할 대상을 갖고 있지 못하다고 토로하고 있다. 그러한 점에서 일본은 동양의 끝인 극동(極東)의 위상을 갖기보다는 오히려 서양의 끝인 '극서'(極西)의 지역적 위상을 갖는 것이 아닌가라는 문제를 제기하고 있다(高坂正堯 1965a, 135). 이같이 1960년대 전반기의 시기까지 일본 식자들은 자신들의 지역적 위상을 굳이 동아시아의 범주에 한정하지 않고, 유라시아 주변부로 파악하거나 '극서'로 파악하는 경향을 보여 주었다. 1960년대 전반기까지만 해도 일본은 자신들의 식민지 대상이었던 한반도나 중국과 외교 관계를 맺지 못한 상태에 있었고, 정치 및 경제 수준도 상이했기 때문에 동아시아의 지역적 정체성을 굳이 가지려고 하지 않았던 것이다.[4]

2. 동아시아 정체성으로의 복귀

그러나 동남아시아 국가들과 정치·경제 관계가 활발해지고, 그 위에 1965년 한일 국교 정상화, 1972년 중국과도 관계 정상화가 이루어지면서 일본의 식자들은 자신들을 동아시아의 지역적 정체성 범주 속에서 인식하기 시작했다. 오타 히로시는 일본은 동북아시아에 위치하는 해양 국가로서의 정체성을 갖고 있다고 인정했다(太田博 2001, 164).[5] 다카하라 아키오, 후

4_이러한 인식은 현대 일본 식자들에게도 부분적으로 남아 있다. 사카모토 다카오는 일본이 유라시아 중심부와 주변부의 대립 구조 가운데 위치하고 있다고 파악하고 있다(坂本多加雄 2001, 236-45).

지와라 기이치, 이종원 등 신세대 연구자들은 일본은 동북아시아 및 동남아시아로 구성된 동아시아의 일원으로서 정체성을 갖고 있으며 이들 지역과 공생을 도모해야 한다고 했다(高原明生·藤原歸一·李鐘元 2003, 81).

한편 일본 내 식자들 가운데에는 일본을 서구 세계와 아시아라는 이중적 정체성을 가진 국가라는 인식도 강하다. 기타오카 신이치는 일본은 아시아의 일원이지만 아시아의 변경에 있으며, 세계 최강의 아메리카와 아시아를 잇는 가교적 위치, 이중적 정체성을 갖고 있다고 했다(北岡伸一 2000, 99-100).

그런데 일본이 이중적 정체성을 갖고 있든 아니면 동아시아의 일원으로 파악하든 동아시아 지역의 평화와 안보가 일본의 평화와 안보에 직접 연관되어 있다는 인식은 일본의 식자들이 공유하고 있는 것으로 보인다.[6] 기타오카는 일본이 이중적 정체성을 활용해 아시아의 안정에 적극 기여해야 한다고 했다. 다카하라 등도 동아시아 국제 관계는 제도적 근거가 빈약하고 불안정하기 때문에 일본이 지역 내 평화를 위한 역할을 해야 한다고 했다. 다나카 아키히코도 동아시아 역내에는 일본과 같이 경제적으로나 정치적으로 신중세권에 위치할 정도로 발달된 국가, 한국이나 대만과 같이 신중세권에 근접한 국가, 북한이나 중국과 같이 아직 정치적으로나 경제적으로 미발달한 국가들이 혼재되어 있으나, 그렇기 때문에 일본으로서는 다양한 지역 안정의 정책을 구사해야 할 과제가 있다고 지적하고 있다(田中明彦

5_그는 일본이 해양 국가이기 때문에 세계의 이익에도 연결되는 개방된 국익을 추구하는 것이 일본의 평화와 번영에 이어진다고 주장하고 있다.

6_가미야 마타케는 일본 내에서 동아시아 공동체 논의는 보수적 지식인들에 의해 이루어져 왔지만 동북아시아에 국한한 공동체 논의는 찾기 힘들다고 했다(Kamiya 2008). 그러나 일본 식자들 간에 동북아시아 지역을 대상으로 한 평화 논의가 없다고는 보기 힘들다.

1996). 이하에서는 절을 바꾸어 동아시아 지역의 평화를 위해 일본의 식자들이 발신해 온 구상과 정책의 내용들을 검토하기로 하겠다.

III. 자유주의자들의 평화 구상과 동아시아

1. 평화구상

자유주의란 통상 국제 관계를 바라봄에 있어 만국 대 만국의 투쟁 상태로 보는 것이 아니라 교역이나 인적 교류의 증대, 혹은 국제기구의 역할 등에 힘입어 국가 간 협력 관계가 전개될 수 있다고 보는 시각을 말한다. 자유주의자들은 국가 단위보다는 다국적기업이나 시민단체, 그리고 국제기구 등의 역할을 중시하고, 국제정치의 수단으로서 군사력보다는 다자간 협의 등의 방식을 높게 평가하는 경향을 가진다. 이런 의미에서의 자유주의적 시각으로 국제 질서를 인식해온 일본의 식자들은 전후 연면히 이어지고 있으나, 이 글에서는 사카모토 요시카즈(坂本義和), 후나바시 요이치(船橋洋一), 이가라시 다케시(五十嵐武士), 후지와라 기이치(藤原歸一) 등의 논설을 중심으로 자유주의 계열 식자들이 일반론적 평화 개념에 대해 그리고 동아시아 지역에서의 평화정책론에 대해 무엇을 발언해 왔는지 살펴보기로 한다.

1950년대 미소 대립의 냉전 구조 하에서 평화론을 모색해온 사카모토 요시카즈는 냉전 구조의 어느 일방에 편입되는 것이 일본의 평화를 위해 무익한 것임을 주장한다(坂本義和 1967c, 6-11). 이러한 선택은 미소의 전면 대결 시 바로 전쟁에 말려드는 결과를 낳기 때문이다. 사카모토는 1960년대 이후 미국과 소련에 의해서, 그리고 1970년대 초반 미국과 중국에 의해서 연출된 대국간 평화공존, 즉 데탕트 체제에 대해서도 부정적으로 인식한다. 그는 평화의 구조가 '소격(疏隔)에 의한 평화'와 '연대(連帶)에 의한 평화'의 두 유형이 있음을 전제하고, 대국간 평화공존이 결과하는 것은 결국 정태적 평화, 즉 소격에 의한 평화에 지나지 않는다고 지적한다(坂本義和 1972; 1976, 45). 대국간(大國間) 평화공존은 대국 우위의 국제 질서를 고정화하는 것에 불과하며, 부국과 빈국, 대국과 소국 간의 긴밀한 협력, 즉 연대에 의한 평화는 요원하다는 것이다. 뿐만 아니라 그는 국가가 과연 평화를 보장할 수 있는 정치 단위인가에 대해서도 의문을 제기한다. 국가는 결국 사회 내 다수파를 대변하는 기제이며 국제 평화를 위해서는 소수파를 대변하는 행위자와 움직임이 필요하다고 지적한다. 즉, 민간 수준에서의 정보와 인간 교류, 소위 국제(國際)가 아닌 민제(民際)의 관계 확대가 평화의 확산을 위해 요구된다는 것이다.

이러한 관점에서 그는 국제사회에서 무력 분쟁이나 전쟁을 없애기 위해서는 각국의 정치적 민주화, 공정한 경제 발전, 자원이나 환경문제에 대한 적절한 대응이 요구된다고 지적한다(坂本義和 1997, 188). 정치적 민주화에 대한 그의 생각은 칸트에 의해 주창된 민주평화론의 논리 구조와 유사하다. 전후 독일과 일본의 사례에서 나타나듯이 민주화된 정권은 전체주의 정권과 달리 분쟁이 폭발되지 않도록 배려하고 평화를 유지하면서 경제성장을 가능하게 한다는 것이다. 공정한 경제성장 및 자원과 환경문제에 대한 대응은 부국과 빈국간의 격차를 해소하기 위해서 필요한데, 이러한 문제의 해결을 위해서는 유엔이나 비정부기구(NGO) 등 새롭게 등장하는 행위자들의 역할이 중요하다고 보았다.

냉전 체제가 와해된 이후 평화 담론을 개진하고 있는 일본 자유주의자들은 그 이전 세대와 달리 일본이 국제사회에서 적극적으로 평화 질서를 창출하는 역할을 확대해야 한다는 논의를 새롭게 전개하기 시작했다. 후나바시 요이치는 탈냉전과 시기를 같이하여 경제대국으로 부상한 일본 자체의 글로벌 영향력이 강화되었기 때문에 일본이 인권 보장, 환경 보전, 평화 창조, 평화 유지 등을 목적으로 국제사회의 신질서를 창출하는 데 적극적으로 관여해야 한다고 제언했다(船橋洋一 1993, 164). 이가라시 다케시도 전후 평화 국가로서의 길을 일관되게 걸어 온 일본이 탈냉전기의 국제 질서 속에서는 적극적으로 평화를 창출한다는 목적을 갖고 유엔과 지역적 집단안전보장체제에 협력해야 할 것이라고 주장했다(五十嵐武士 1999, 256).

단, 새로운 세대의 자유주의자들은 이전 세대와 마찬가지로 국제사회에서 적극적 역할을 해야 할 일본이 운용할 수 있는 수단이 군사력이 되어서는 안 된다는 인식을 분명히 갖고 있었다. 후나바시는 일본의 군사력은 전수방위에 머무르면서 외부에의 투사력을 가져서는 안 되며, 유엔, 국제통화기금, 세계은행, GATT 등에서 영향력을 행사하기 위해서는 경제력과 기술력이 중심이 된 소프트 파워에 기반해야 한다고 말했다. 이가라시도 유엔과 지역적 집단안전보장체제에 협력하는 과정에서 일본은 하드웨어가 아닌 정세 분석, 시설 정비, 의료 등 소프트웨어 수단을 적극 활용해야 한다고 했다. 자위대가 아닌 별도의 자발적 조직을 만들어 유엔과 지역 안전보장체제에 협력하는 역할을 담당하게 해야 한다는 것이다. 국제법학자인 미즈시마 아사호도 일본이 21세기형 소국주의를 추구하기 위해서는 아프간 전쟁에서의 급유(給油), 이라크에 대한 자위대 파견 등의 군사적 관여를 일절 중지하고 상설의 국제 지원 조직을 운용하는 것이 바람직하다고 제언하고 있다(水島朝穗 2007).

이같이 자유주의자들은 국제 질서의 민주화, 국제 질서 내 불평등의 해소가 국제 평화의 조건이 될 수 있다고 보았고 이를 위해 일본으로서는 대국 간의 대립 구조에 관여하지 않거나 국력의 상승에 따라 적극적으로 평화 질서를 창출하는 역할을 담당해야 한다고 했다. 다만 국제 질서에 관여하는 수단으로서 군사력의 사용은 극력 피해야 한다고 했으며, 경제력과 기술력에 입각해 국제사회에 관여할 것을 주장하고 있다.

2. 동아시아 질서 구상

'소격에 의한 평화'보다 '연대에 의한 평화'의 가치를 중시하는 일본 자유주의자들은 그 연장선상에서 한국, 중국, 동남아시아 등 아시아 지역의 평화 없이는 일본의 안전은 있을 수 없다고 인식하고 있다. 그런데 자유주의자들의 논의를 종합하면 동아시아 지역의 평화 질서 구축을 위해서는 일본 자신의 책임 이행, 동북아 지역에 속한 국가들과의 양자 관계 개선, 그리고 동아시아 지역에서의 새로운 질서 창출이 동시적으로 수행되어야 한다.

사카모토는 동아시아 평화 질서 구축을 위해서는 일본 자신이 이 지역 내에 불신을 초래해서는 안 된다는 일본책임론을 전개한다. 전후 일본은 침략 전쟁을 절대로 일으키지 않고, 핵전쟁을 절대 일으키지 않고, 군국주의를 절대 부정한다는 평화주의의 원칙에 입각해 국내 체제의 민주화와 대외 관계에 있어 평화주의를 견지해 왔다. 그럼에도 불구하고 일본의 평화 정책에 대한 불신이 주변 국가들 사이에서 해소되지 않고 있다. 사카모토는 이러한 불신을 해소하기 위해서 일본 스스로가 이행해야 할 책무 중 하나는 전수방위를 견지하고 비공격적 방위 원칙을 분명히 하는 등 군사적 역할을 늘리지 않는 것이라고 주장한다.[7] 그리고 또 다른 책무는 전전(戰前)에 자행된 역사에 대한 책임을 직시하고 전쟁에 관여한 국가로서 사죄와 개인에 대한 보상을 명확히 하는 것이라고 제언한다.

사카모토는 한국, 중국 등 역내 국가와의 양자 관계 개선도 과제로 제기하고 있다. 사카모토는 중일 국교 정상화 이전 시기부터 중국은 하나라는 원칙을 일본이 수용하고, 대만이 본토와 일체라는 생각 하에 북경 정부를 승인할 것을 주장한 바 있다(坂本義和 1967a, 272-3). 또한 한국에 대해서는 남북한 간의 경제 교류와 문화 교류 추진, 불가침협정 체결, 군비 삭감, 일본의 대북 무역 확대 등이 남북한 간 긴장을 완화시킬 수 있는 방책이라고 제시하면서 일본의 대한반도 정책의 전환을 촉구한 바 있다.[8]

사카모토는 동아시아 평화를 위해 지역 안전보장 조직을 구축할 필요가 있으며, 나아가 역내 국가 간 평등한 질서를 만들기 위해 국가 간 뿐만 아니라 시민사회 수준에서의 대등한 협력과 공생 관계를 강화해 국경을 넘어선 민주화를 추진할 필요가 있다고 했다(坂本義和 1997, 211-2). 사카모토에 의하면 동아시아 국제 질서는 역사적으로 '전통적 중화 질서→구미 열강의 제국주의 질서→일본 제국주의 질서→팍스 아메리카나 질서'를 겪어 오면서 상호 간에 수직적·위계적 질서만 경험해 왔다. 따라서 지역 내 평화질서 구축을 위해서는 각국 시민들 사이의 민주적이고 평등한 공생 관계를

7_1950년대에 쓴 글에서 그는 평화정책론으로서 일본 내 미군기지 철폐, 미일동맹 이탈, 중립선언 등까지 주장했다. 즉, 중립 국가들의 군대로 구성된 유엔 경찰군이 일본에 주둔해 일본의 방위를 담당하고 기존의 자위대는 대폭 축소해 유엔 경찰군을 보조하는 부대로 삼아야 한다고 했다(坂本義和 1967c, 21-5).

8_다만, 사카모토는 북한을 배제한 채 한국과 단독으로 국교 정상화를 이루는 것은 한국을 일본의 군사적 위성국으로 만드는 결과를 가져올 것이라고 비판한 바 있다(坂本義和 1967b, 300).

강화할 필요가 있다는 것이다. 요컨대 사카모토는 민주평화론의 관점에 입각해 동아시아 개별 국가들의 민주화 확산이 지역 평화의 조건이 될 수 있음을 지적하고 있는 것이다.

이같이 사카모토에 의해 제시된 동아시아 평화 질서의 구상은 후대의 자유주의자들에 의해서 계승되고 있다. 탈냉전기의 자유주의자들도 동아시아 평화 질서 구축을 위한 조건으로서 일본의 책무 이행을 제기하고 있다. 후나바시도 일본 스스로 전수방위의 원칙을 견지하면서 군사대국화를 방지하고, 나아가 자위대의 규모를 축소하고 방위비를 일방적으로 삭감해 군축을 주도해야 한다고 했다(船橋洋一 1993, 195-6). 이가라시도 평화 국가로서 일본이 오히려 군축을 행해 상대방의 군사적 위협을 줄이고 신뢰를 양성하는 것이 일본의 안전보장을 확보하는 방책이 될 수 있다고 제안하고 있다(五十嵐武士 1999, 263). 이가라시는 일본이 과거 역사의 과실을 인정하고 일본 정부가 기금을 조성해 보상 조치를 행하는 것이 아시아 국가들로부터 신뢰를 획득하는 길이라는 입장을 표명하면서, 역사 문제에 대한 사카모토의 견해를 이어받고 있다.[9]

역내 국가들과 일본 간의 양자 관계 개선의 필요성도 후배 자유주의자들에 의해서 계승되고 있다. 다카하라 등은 한반도 평화 구상을 위한 북일 관계 개선의 필요성을 제기했고, 지역 내 다국 간 틀을 중층적으로 구성하기 위해 일중 관계를 대등한 파트너 관계의 기반 위에서 발전시킬 필요성도 환기시켰다(高原明生·藤原歸一·李鐘元 2003, 72).

동아시아 지역 수준에서의 안보 협의체 결성에 대한 구상도 후대 자유

9_이가라시는 영토 문제도 일국에 귀속할 것을 고집할 것이 아니라 공동 개발해 아시아 국가들과의 공동 이익으로 전화하는 방안도 적극 제기하고 있다(五十嵐武士 1999, 267).

주의자들이 적극적으로 발전시키고 있다. 후나바시는 미·일·중·러를 포함한 동북아시아 안전보장 공동체 형성이 일본의 평화를 위해서도 중요한 과제라고 언급했다. 오타 히로시도 동아시아 전체가 어느 일국의 배타적 지배하에 들어가는 것을 반대하고 열려진 다원적 협력 체제가 구축되어야 한다고 제언했다(太田博 2001, 165). 강상중은 동아시아 평화 구축을 방해하는 것은 내셔널리즘의 요괴라고 지적하면서 '동북아시아 공동의 집' 구축을 통해 내셔널리즘을 확대시키지 않는 지역 메커니즘을 만들 것을 제안하고 있다. 구체적으로 외교 안보 분야에서 다극적 안전보장의 틀을 구축할 뿐 아니라 한걸음 더 나아가 경제 면, 사회 문화 면, 정보 면의 공동체 구축을 지향하는 '동북아시아 공동의 집' 구상을 제기하고 있다(姜尚中 2001). 다카하라 아키오 등은 동아시아 내 지역 안전보장 구상을 발전시켜 미일동맹을 이에 재편성하고 나아가 가상적국도 포함할 것을 제안하고 있다.

이같이 사유주의자들은 동아시아 평화 질서 구축을 위해 일본 스스로가 전수방위 및 군축을 통해 신뢰 형성에 앞장서는 모범을 보여야 하고, 한국, 중국, 북한 등 역내 국가들과 관계를 개선해야 하며, 동아시아 질서의 안전과 평등을 위한 다자간, 시민사회 수준 간 협력과 교류의 네트워크 구축에 적극 관여해야 한다고 주장했다.

Ⅳ. 현실주의자들의 국가이익 개념과 동아시아 질서 구상

1. 국가이익 개념

국제정치학에서 현실주의란 국가들로 구성된 국제질서를 만국 대 만국의 투쟁 상태라고 간주하는 사고의 경향을 말한다. 전쟁 상태를 방불케 하는 국제 질서의 현실 속에서 현실주의자들은 국가의 생존, 즉 주권의 확보를 가장 중요한 국가의 목표, 국가이익으로 설정한다. 그리고 이러한 국가이익을 달성하기 위해 국내 차원에서는 군사력의 확보를, 국제적 차원에서는 여타 국가들과의 동맹 체결이나 세력균형의 유지 등을 국가 안보를 위한 유효한 방책으로 제시한다.

제2차 세계대전에서 패전한 직후 일본의 식자들 사이에서 이러한 현실주의적 사고는 극히 드물었다. 대부분의 일본 식자들은 일본을 전쟁으로 몰고 간 군사주의에 반기를 들며, 앞에서 살핀 바와 같은 자유주의 혹은 평화주의의 정책론에 강하게 경도되었던 것이다. 1960년대 초반 스스로 현실주의자임을 자처하며 국제정치에 관한 적극적 평론을 저술하기 시작한 고사카 마사다카도 "일본에 현실주의 사고가 존재하지 않고 현실주의에 기초한 논의가 매우 적다"고 진단할 정도였다(高坂正堯 1965b, 16).

그러나 냉전기를 경험하면서, 특히 전쟁에 대한 피해 의식으로부터 자유로운 전후 세대의 연구자들이 등장하면서부터 일본의 식자들 사이에서는 기존의 지배적 담론이었던 평화주의를 비판하면서 현실주의적 잣대로 국제사회를 분석하는 경향이 나타나기 시작했다. 고사카 마사다카는 미일안보조약의 폐기와 일본의 중립화를 주장한 사카모토 요시카즈의 주장이 극동에서 성립되고 있는 세력균형을 위태롭게 하고 한반도에서 전개된 주한미군의 고립과 약체화를 가져와 오히려 일본의 안전보장에 위험을 안겨줄 수 있다고 비판하고 있다(高坂正堯 1965b, 2-4).

사카모토 다카오도 전후 평화주의가 세계는 평화롭다고 전제하면서 오히려 평화의 교란자는 일본이었다는 인식에 기초해 국제질서론과 외교정책론을 전개했다고 비판한다. 그가 보기에 국제 질서는 "항상 무사(無事)한 장(場)이 아니고, 어떤 의미에서든 유사(有事)가 있을 수 있는" 성격을 갖고 있으며, 그러한 인식을 바탕으로 일본의 안전보장 제도와 외교정책론이 강구되어야 한다고 주장했다(坂本多加雄 2001, 132-4).

기타오카 신이치는 사카모토 요시카즈 등이 지속적으로 개진한 평화주의란 사실상 일본의 내셔널리즘이 절대적 평화주의의 모습을 띄고 나타난 것에 지나지 않는다고 비판한다. 절대적 평화주의는 미일동맹의 폐기와 미군 철수 등을 주장함으로써 결과적으로 반미 내셔널리즘에 빠질 위험성을 갖고 있으며, 국제사회에서 일본의 독자성을 주장하는 경향과도 이어진다는 것이다. 그러한 비군사주의 및 평화주의는 오히려 일본을 세계에서 고립시킬 것이며, 독자성 강화 주장은 오히려 군사대국화를 진전시킬 위험성도 갖는다고 지적한다(北岡伸一 1991, 56).

기타오카는 그러한 오류를 갖는 평화주의의 함정에 함몰되기보다 오히려 국제사회의 변화를 직시하면서 일본의 국익을 재정의하고 국익에 따른 외교를 전개하는 것이 바람직하다고 주장한다. 단, 기타오카는 일본의 배타적인 국익을 추구하는 것은 위험하며 여타 국가들과 공유된 개방적 이익이 일본의 국익이 되어야 할 것이라고 주장한다(北岡伸一 2004, 194). 구체적으로 그는 ①안전의 유지, ②자유무역의 유지 강화, ③자유와 민주주의 진전, ④학술 문화 및 교육의 국제 교류 촉진 등이 일본의 국익이 된다고 제시했다.

흥미로운 것은 기타오카가 이러한 일본의 국익 요소들을 제시하면서 현존의 국제 질서가 유지되는 것이 일본의 국익 달성에 가장 부합하게 될 것이라고 전망하고 있는 점이다. 즉, 안전의 유지를 위해서는 미국과 체결하고 있는 안전보장체제의 유지가 불가결하며 자유무역의 유지 및 강화를 위해서는 자원이 부족한 일본으로서 향유하고 있는 현존의 자유무역 체제가 지속되어야 한다는 것이다.

이러한 관점의 연장선상에서 기타오카와 같은 현실주의자들은 자위대의 헌법상 군대 인정, 자위대의 적정 수준 강화, 그리고 미일동맹을 강화하기 위한 집단적 자위권 행사의 용인 등을 주장한다(北岡伸一 2001). 현행 평화헌법 제9조 2항은 군대 비보유를 명시하고 있다. 그러나 기타오카는 이 조항이 현실적으로 존재하고 있는 자위대를 무시한 비현실적 조항으로서 삭제되거나 수정되어야 한다는 부분적 개헌론을 주장한다. 또한 자위대가 유사시 일본의 안전 확보의 역할을 제대로 수행하기 위해 교전 규칙이나 유사 법제 등이 정비되어야 한다고 본다. 21세기 접어들어 일본 정부가 유사 법제 등을 제정하게 된 것은 이러한 현실주의자들의 정책 제언에 영향받은 바가 크다고 할 것이다. 또한 기타오카 등은 전후 일본이 지속적으로 주장해 온 집단적 자위권에 대한 해석, 즉 일본 정부가 집단적 자위권을 보유하지만 행사하지 않는다는 유권해석을 변경해 집단적 자위권을 행사하는 방향으로 변화되어야 한다고 주장한다. 그래야만 일본의 안전을 담보하기 위한 장치로서 미일동맹이 유사시 실효적으로 기능할 수 있게 되는 것이다. 그러나 현실주의자들 가운데에는 자위대의 위상 강화에 대해 신중하게 접근하는 식자들도 적지 않다. 다나카 아키히코의 경우에는 자위대의 역할 강화에는 동의하고 있지만, 그것은 어디까지나 전수방위의 범위 안에 국한되어야 하며 전수방위를 넘어서는 일본 독자의 군비 강화책은 바람직하지 않다는 한계를 분명히 설정하고 있기도 하다(田中明彦 1996, 256).

2. 동아시아 질서 구상

냉전기 일본의 현실주의자들은 일본의 국가 안보에 위협을 가할 수 있는 지역이 중국, 한반도, 소련과 마주하고 있는 동북아시아 지역이 될 수 있다고 보았다. 따라서 이 지역에 존재하는 현재적 혹은 잠재적 위협 요인을 완화하고 배제하는 것이 현실주의자들의 주요한 정책 목표가 되었다. 1960년대 초반 고사카 마사타카는 극동 지역의 긴장 완화를 위한 몇 가지 방책으로서 ①중국과의 관계 정상화, ②한반도 병력 삭감 및 일종의 불가침협정 체결, ③일본의 비핵무장 선언, ④당사자 간에 불가침조약을 체결하는 로카르노 방식 고려, 즉 일본, 미국, 소련, 중국 등 주요 동북아시아 국가들 간의 집단 불가침조약 체결 및 평화보장체제 구축, ⑤한반도 및 극동에서의 미군 병력 철수 등을 들고 있다(高坂正堯 1965b, 17 9). 그에 따르면 이 지역 내에서 잠재적 불안 요소들을 배제하기 위해 중국과 일본 간의 관계 정상화를 추진하고, 한반도에 대해서는 남북 상호 간 불가침협정 체결 및 미군 병력 철수를 추진하고, 역내 차원에서 집단 불가침조약 체결 및 평화보장체제 구축 등과 같은 적극적 정책을 시행함으로써 동북아 지역의 평화 상태가 확보될 수 있고, 이것이 일본의 안전과 번영에 기여할 수 있다고 본 것이다.

고사카의 뒤를 잇는 전후 세대의 현실주의자들도 동북아 지역의 평화 질서 정착이 일본의 국가이익을 달성하기 위한 전제 조건이 될 수 있다는 견지에서 일본 국내 차원에서부터 동아시아 차원에 걸쳐 적극적 평화 질서 구상을 제시하고 있다. 자유주의자들이 동아시아 국가들과의 신뢰를 형성하기 위해 역사 문제에 대한 철저한 반성을 요청한 바 있었지만, 이 점에 대해서는 현실주의자들도 동일한 인식을 보여 주고 있다.

기타오카는 아시아 국가들이 가진 대일 불신에 대처하기 위해 일본이 자행한 전쟁이나 식민지 지배에 대해 명확한 반성을 표명하는 것이 필요하다고 주장한다(北岡伸一 1991, 177).[10] 기타오카는 일본의 역사 교과서에 대해서도 타국 교과서와 비교한 상호 비판의 장을 마련할 필요가 있다고 했다.[11] 이같이 본다면 자유주의자나 현실주의자나 일본이 아시아 국가들과의 불신을 해소하기 위해서는 역사 문제에 대한 명확한 사죄 표명과 여타 국가들이 납득할 수 있는 역사 교육의 시행을 주장하고 있는 것은 공통적이라고 할 수 있겠다.

고사카와 마찬가지로 전후 현실주의자들도 일본의 안보와 국가이익에 위협을 가할 수 있는 세력은 동북아의 중국이나 북한과 같은 국가들이 될 것이라고 보았다. 기타오카는 일본 주변에서 위기의 최대 원천은 한반도와 중국이 될 것이라고 보았다. 그에 의하면 북한은 세계사에 존재한 국가들 가운데서도 이상한 국가이며, 중국은 국제 협조와 상호 의존의 관념이 아직 정착되어 있지 않아 불안 요소를 갖고 있다고 보았다. 따라서 북한이 계속해 벼랑 끝 외교를 전개하고, 중국이 힘의 외교를 버리지 못하는 한 동아시아 질서는 안정을 찾기가 어려울 것으로 보았다(北岡伸一 2000, 303-4).

10_그는 2001년에 쓴 글에서도 "아시아 국가들과의 악화된 관계를 바로잡기 위해서는 솔직히 책임을 인정하고 위엄을 갖고 사죄"해야 한다고 제언하고 있다(北岡伸一 2001).

11_이러한 입장을 지닌 그가 일중 정상 간에 합의되어 조직된 일중역사공동연구모임의 일본 측 좌장을 맡은 것은 흥미로운 일이다.

이러한 위협 요소를 배제하기 위해 그는 북한을 미사일수출통제체제(MTCR)에 가입시켜 미사일 관련 기술이나 부품에 대한 수출을 규제하고 미사일 개발 자체를 중지시켜야 한다고 주장했다. 또한 중국의 군비 확장과 정치적 불안정화의 위험성에 대비해 중국의 팽창에 대해서는 일본으로서도 세력균형을 유지하면서 그것을 억제하고 중국을 국제사회에 끌어들여 보다 자유롭고 민주적인 방향으로 변화될 수 있도록 역할 해야 한다고 보았다(北岡伸一 2000). 단, 북한을 움직이고 중국을 제어할 수 있는 힘을 일본은 갖고 있지 못하고 미국이 갖고 있다고 보았다. 따라서 북한과 중국을 통제하기 위해서라도 미일안전보장체제는 더욱 강화되어야 하며, 한국과의 협력도 불가결하다고 보았다.[12] 그는 미일안전보장체제와 동아시아 안보협력기구가 동아시아 지역 질서의 유지와 안전에 있어 일종의 공공재라고 보았다.

현실주의라기보다는 국가주의에 가까운 입장을 갖고 있는 것으로 보이는 사카모토 다카오는 일본이 유라시아 중심부 국가들인 중국이나 소련보다는 유라시아 주변부인 동남아시아나 서구 국가들과 문화적·역사적 친화성을 갖고 있는 것으로 파악한다. 전체주의의 경향을 갖는 유라시아 중심부 국가들에 대해서는 만주사변이나 중일전쟁 시기와 같은 군사 원정은 피해야 할 것이며 깊은 정치적 관계를 갖는 것 또한 피해야 한다고 했다. 일본으로서 당면에 역점을 두어야 할 것은 국내 차원에서 기본적인 방위력을 확립함과 동시에 유라시아 주변부인 동남아나 대만, 그리고 미국과의 연대 관

12_기타오카는 1990년대 초반에 쓴 글에서는 한국을 정치적 불안정과 경제적 미성숙 등의 이유로 인해 저평가하고 있으나, 1990년대 후반 이후에 쓴 글에서는 일본과 협력할 수 있는 파트너로 간주하는 변화를 보여준다. 이에 대해서는 박영준(2006)을 참고.

계를 강화하는 것이라고 주장했다(坂本多加雄 2001, 246-7).

다나카 아키히코는 탈냉전기의 국제 질서가 경제적 풍요와 정치적 민주주의를 구가하는 '신중세권', 빈곤과 전제 체제를 벗어나지 못한 '혼돈권', 그리고 국가 간 경쟁과 세력균형의 논리가 남아있는 '근대권'으로 재편되고 있다고 분석한 바 있다. 그에 의하면 일본은 신중세권의 범주에 속하며, 한국과 대만은 신중세권과 근대권의 경계에, 중국과 북한은 근대권에 속한 국가로 분류된다.[13] 그에게 일본의 동북아시아 질서 구상이란 신중세권에 속한 국가가 근대권에 대해 어떻게 접근해야 할 것인가의 문제와 다름 아니다. 그에 따르면 일본은 근대권에 속한 동남아 국가들 및 중국, 북한에 대해 이 지역에 남아있는 영토 분쟁, 분단과 분열, 군비경쟁의 양상 등이 지역 평화를 위협하는 것을 저지하면서 이 지역이 평화롭게 신중세권으로 전환될 수 있도록 촉진해야 한다고 보았다. 그러한 전환 과정에서 일본은 국민들의 자유와 안전을 근대권의 혼란 가능성으로부터 보호하기 위해 세력균형을 강구해야 하며, 특히 북한이 군사행동을 도발하지 않도록 한반도에서 군사태세를 강구하는 것을 측면 지원해야 한다고 했다. 또한 중국이 이 지역 내의 패권국이 되지 못하도록 미연에 방지하는 역할을 해야 하며, 이를 위해 미일안전보장체제가 원활하게 작동되도록 보완해야 한다고 했다.[14] 나아가 일본은 동아시아 지역의 다자간 안보 협력에도 적극적으로 관여해 아시아 지역포럼 같은 다각적 안전보장 대화의 창설과 가동에 역할을 해야 한다고

13_2006년 5월12일 서울대 일본학연구소 개소 기념 심포지엄에서 다나카 아키히코는 필자와의 토론 과정에서 21세기 이후 한국이 신중세권의 영역에 진입했다고 견해를 수정한 바 있다.

14_다나카 아키히코가 이러한 입장에 기초해 일본 정부가 승인한 2004년 방위계획대강 기초 작업에서 중요한 역할을 한 것으로 알려지고 있다.

제언하고 있다.

이상에서 살핀 바와 같이 현실주의자들은 자유주의자들과 비교하면 중국과 북한을 잠재적 위협으로 제기하면서 이에 대비하는 국내·국제적 차원의 대책을 강력하게 제시하고 있는 특징을 보여 준다. 그런데 현실주의자들도 자유주의자들이 제기했던 것과 마찬가지로 동북아 지역 내에서 일본과 여타 국가들 간의 양자 대화, 그리고 다자간 차원의 안보 대화 확대 등을 통한 지역 내 평화와 안정 질서 유지에 상당히 적극적인 정책 제언을 하고 있다. 그러나 현실주의자들은 이와 같은 동북아 지역의 관계 개선과 평화 질서 구축은 결국 일본의 국가이익에 이바지하는 것이라고 하며 국익 우선주의적인 입장을 갖고 있는 특성을 보여 주기도 한다.

V. 맺음말

일본 식자들 사이에서 자유주의(평화주의)와 현실주의의 간극은 역사에 대한 인식에서부터 미일동맹, 그리고 일본의 외교정책에 이르기까지 서로 좁혀질 수 없는 것으로 간주되어 왔다. 평화주의자들은 자신들의 평화 구상이 평화적 수단에 의한 것임에 반해 현실주의의 외교정책론이나 국제 질서 구상은 군사력 수단에 의한 것이라고 비판하면서, 양자의 담론 간에 근본적인 차이점이 있음을 부각시키려 했다(岡本三夫 2005). 이상에서 살핀 바에 의하면 일본의 평화 구상과 동북아 정책론에 관한 자유주의와 현실주의의 담론 사이에 기본적인 인식의 차이가 존재하는 것이 사실이다. 예컨대, 자유주의는 국제 질서의 주요 행위자로서 국가만이 아닌 시민 개인이나 NGO

등 비국가 행위자를 중시한다. 이에 반해 현실주의자들은 외교정책의 주체를 국가로서 전제하고 논의를 전개하는 차이점을 보여 준다. 자유주의자들은 국가이익의 개념을 그다지 언급하고 있지 않으나, 현실주의자들은 국가이익의 정의에서부터 외교정책론에 대한 논의를 전개하고 있다. 자유주의자들은 동아시아 국제 질서에 있어 특정 국가를 강한 위협의 대상으로 거론하기보다는 일본의 전후 책임 반성과 일본 군사정책의 제약을 오히려 강조한다. 그러나 현실주의자들은 일본 외부의 세계에서 북한이나 중국과 같은 위협 요인을 발견하려는 경향을 보여준다. 이러한 차이들은 일본 국제정치학 내에 국제 질서를 바라보는 현실주의와 자유주의의 대립 축이 존재하고 있음을 보여 주고 있다.

그러나 유의해야 할 점은 실제적인 동북아 정책론과 평화 구상으로 들어갈 경우 자유주의와 현실주의 간에 정책의 간극이 좁혀지고 있다는 점이다. 자유주의의 담론들이 아시아에 대한 신뢰 회복을 위해 일본의 역사 문제에 대한 반성과 사죄 표명이 필요하다고 주장하고 있다면, 현실주의자들 가운데에서도 유사한 주장이 발견된다. 헌법 개정에 대해서는 두 가지 담론 사이에 명확한 차이가 발생하고 있으나, 자위대의 규모와 역할에 대해 전수 방위의 준수를 요청하는 점은 양 담론이 일치하고 있다. 또한 동아시아의 평화와 안보 확보를 위해 다자간 안보 협의체의 구성이 필요하다고 인식하는 점도 일치한다. 미일동맹이 동아시아 지역의 평화 질서 유지를 위해 기능해야 한다는 점에서도 양 담론은 점차 수렴되는 경향을 보여 준다. 요컨대 동북아 평화 질서 구상에 대해 양 담론은 초기에는 명확한 경계선을 갖고 있었으나 점차 외교정책론이 수렴되는 양상을 보이고 있는 것이 아닌가 생각된다. 현실주의 담론의 대표적 대변자인 기타오카 신이치는 2003년 11월14일, 동경대 법학부에서 진행된 필자와의 인터뷰에서 현실주의 정책론도 사실상은 이상주의적 성격을 가질 수 있으며, 실현 수단으로 소프트 파워에 의존할 수 있다고 토로한 바 있다. 이와 같은 현실주의와 평화주의의 수렴화 경향이 현재 일본의 동북아 정책에 어떠한 영향을 주고 있는가는 향후 검토해야 할 과제의 하나이다.

2009년 8월의 중의원 총선거 결과 오랜 기간에 걸친 자민당의 시대가 막을 내리고 민주당에 의한 정권 교체가 실현되었다. 일본 정치에서 통상 자민당이 보수 우파 혹은 현실주의의 성향을 보였다고 한다면 민주당이 진보 성향에 가까운 중도파 및 자유주의의 성향을 지닌 것으로 이해되어 왔다. 자민당 우위의 정치 구도에서 일본이 중국위협론과 북한위협론에 기초해 전력 증강을 추진하고, 자위대 활동의 국제적 반경을 확대하고, 미일동맹을 강화하는 등 현실주의 경향을 갖는 안보 정책을 추진해온 것이 사실이다. 반면, 민주당은 선거공약 및 그간의 정책 구상을 통해 역사 문제에 대한 무라야마 담화의 계승, 한국 및 중국 등을 포함한 동아시아 공동체 구상, 전수방위의 원칙 견지, 대등한 미일동맹, 유엔 중심주의에 입각한 자위대의 해외 활동 등을 표방해 왔다. 이러한 민주당의 대외 정책 구상은 앞에서 살핀 자유주의자들의 평화론 및 지역 질서 구상과 적지 않게 공명(共鳴)하는 듯이 보인다. 물론 민주당 내에서도 현실주의에 보다 가까운 성향의 정치인들이 적지 않아 외교 안보 정책의 사안에 따라 자민당과 유사한 입장을 취하게 될 가능성도 적지 않다. 이 점이 민주당 내의 자유주의적 성향이 현실주의적 경향으로 수렴되는 한 양상으로도 이해될 수 있을 것이다. 어떻든 위에서 논한 자유주의와 현실주의의 지역 구상 담론이 자유주의를 바탕으로 현실주의적 경향도 수렴하고 있는 것으로 보이는 일본 민주당의 외교정책을 파악하는 데 유효한 준거로서 의미를 갖는다고 볼 수 있다.

제2부

한반도 평화체제 구축의 쟁점과 과제

4장

한반도 평화체제 논의의 쟁점과 전개 과정

박종철

I. 머리말

한반도 평화체제의 목표는 한반도에서 불안정한 정전 상태를 종식시키고 전쟁 발생 가능성을 제거함으로써 남북한 공존의 틀을 마련하는 것이다. 한반도 평화체제는 명시적·묵시적 규범, 원칙, 규칙, 정책 결정의 절차 등을 포함한 평화체제(peace regime)를 마련하는 것이다. 한반도 평화체제는 평화협정 체결, 평화체제의 보장, 군비 통제를 필요로 한다.

그동안 한반도 평화체제에 대해 정부 및 학계 차원에서 다양한 방안들이 제안되었으나 실천에 옮겨지지는 못했다. 이것은 한반도 평화체제 정착이 방안의 문제가 아니라 관련국들의 이해관계가 얽힌 실천의 문제이기 때문이다. 그리고 한국, 북한, 미국, 중국이 참여한 4자회담에 의해서 한반도 평화체제가 논의되기도 했으나 관련국들의 견해 차이로 결렬되었다.[1]

그런데 2차 북핵 위기를 해결하기 위한 6자회담의 9·19공동성명(2005.9.19)에 한반도 평화체제 문제가 포함되었다. 9·19공동성명은 북핵 포기를 위해 대북 경제·에너지지원, 관련국 간 관계 정상화, 한반도 평화체제 구축, 동북아 다자안보대화체제 구축 등을 도모하는 입체적 접근 방식을 마련했다. 이에 따라 한반도 평화체제는 비핵화 과정과 관련되게 되었다.

이점을 염두에 두고 다음 사항을 중심으로 한반도 평화체제와 관련된 쟁점의 논의 과정을 살펴보고자 한다.

첫째, 한반도 평화체제 문제가 비핵화와 연관된 과정을 분석하고자 한다. 2002년 10월 2차 북핵 위기가 발생함으로써 참여정부의 한반도 평화정착 구상은 핵 문제에 압도되었다. 그러나 핵 문제의 해결 과정에서 9·19공동성명에 한반도 평화체제 문제가 포함되었다. 이것은 한편으로는 한반도 평화체제 문제를 위한 새로운 계기가 되었다. 그러나 비핵화와 한반도 평화체제 문제가 밀접하게 관련됨으로써 비핵화에 대한 한반도 평화체제 문제의 종속화 현상이 초래되었다.

따라서 한반도 평화체제 문제가 비핵화와 관련되게 된 맥락을 이해하는 것이 필요하다. 이것은 앞으로 한반도 평화체제 논의의 기본 방향을 설정하기 위해서도 필요하다. 특히 비핵화의 조건으로 북한 체제 보장과 한반도 평화체제를 제기하는 데 성공한 북한의 입장을 이해하는 것이 중요하다. 그리고 비핵화를 비확산 문제로 취급했던 미국이 비핵화를 한반도 평화와 및 동북아 안보와 관련지어 생각하게 된 배경을 이해하는 것도 중요하다. 아울러 비핵화와 한반도 평화체제의 선순환 구조를 마련하고자 한 한국의

1_4자회담은 1997년 12월부터 1999년 8월까지 6차례 개최되었다. 4자회담의 개최 배경과 운영에 대해서는 박종철 외(1999), 1-49쪽을 참조하기 바람.

입장을 이해해야 한다.

둘째, 앞으로 한반도 평화체제를 논의하는 협상 틀이 될 한반도평화포럼(가칭)의 구성에 대해 전망하고자 한다. 6자회담과 한반도평화포럼과의 관계, 한반도평화포럼의 구성국, 한반도평화포럼의 구성 시기 및 추진 방식 등과 관련해 제기된 사항들을 검토하고자 한다.

셋째, 한국전쟁의 종전선언과 평화협정과의 관계, 3자 또는 4자 정상의 종전선언 등의 의미를 정리하고자 한다.

넷째, 한반도 평화체제의 실효성과 관련된 한반도 군비 통제 현황을 검토하고자 한다. 한반도 군비 통제는 한반도 평화체제 구축을 보장하는 것일 뿐만 아니라 한반도 평화체제의 진전을 위해 필요한 조건이기도 하다.

II. 비핵화와 한반도 평화체제의 연계

북핵 문제에 의해 압도되었던 한반도 평화체제 문제는 비핵화와 연관되어 일괄적으로 논의되게 되었다. 4차 6자회담에서 채택된 공동성명(2005. 9.19) 4항에서 "직접 관련 당사국들은 적절한 별도 포럼에서 한반도의 영구적 평화체제에 관한 협상"을 하도록 명시되었다. 한반도 평화체제 문제가 북핵 문제의 해결 과정과 밀접하게 연관된 것이다. 특히 한반도 평화체제는 비핵화의 진전 상황과 북미 관계 정상화와 밀접하게 관련되게 되었다.

이것은 몇 가지 의미를 지니고 있다. 첫째, 한반도 평화체제 논의가 어떤 형태로든지 시작될 수 있는 계기가 마련되었다. 그동안 한반도 평화체제에 대해 다양한 방안이 제시되었음에도 불구하고 관련국 간 입장 대립과 여건 부족으로 논의가 진척되지 않았다. 그런데 6자회담에서 공식적으로 평화체제 문제가 언급됨으로써 논의를 시작할 수 있는 기회가 마련되었다. 둘째, 한반도 평화체제가 비핵화와 연계되었다. 비핵화는 한반도 평화체제의 이정표와 지표를 제시하게 되었다. 비핵화가 순조롭게 추진될 경우 한반도 평화체제를 촉진할 수 있지만, 그렇지 않을 경우 한반도 평화체제를 지연시키는 외적 요인으로 작용하게 되었다. 셋째, 한반도평화포럼이라는 다자회담 방식으로 한반도 평화체제가 논의되게 되었다. 이것은 앞으로 남북 당사자 원칙 및 국제 협력과 관련해 복잡한 문제를 내포하고 있다. 넷째, 한반도 평화체제 논의의 복잡화이다. 한반도평화포럼이 6자회담, 동북아안보 실무그룹, 6자외무장관회담 등과 직간접적으로 관련을 맺게 됨으로써 논의 구조가 복잡하게 되었다.

특히 이 가운데 비핵화와 한반도 평화체제가 연계되었다는 점이 중요하다. 한반도 평화체제 문제가 비핵화와 연계된 가장 중요한 이유는 북핵 문제가 대두된 이후 북한이 일관되게 평화체제 문제를 비핵화의 전제 조건으로 요구했기 때문이다. 북한은 북핵 문제를 세계적 비확산 문제라는 관점으로부터 북한 체제 보장과 한반도 평화에 관련된 문제라는 관점으로 전환시키는 데 성공했다. 2차 북핵 위기 이후 핵 문제를 체제 보장 및 한반도 평화 문제와 연계하고자 한 북한의 주장을 미국과 한국이 수용함으로써 9·19 공동성명에 비핵화와 병행해 한반도 평화체제 문제가 포함되었다.

1. 북한의 입장

북한은 핵 개발이 미국의 대북 봉쇄 및 압박에 따른 방어적 목적을 지닌 것이며 핵 문제 해결을 위해서는 북한 체제 보장이 전제되어야 한다고 주장해 왔다. 이러한 북한의 입장이 반영되어 1차 북핵 위기를 봉합한 제네바합의에도 경수로 건설 등 경제적 보상과 함께 북한 체제 보장과 북미 관계 정상화라는 항목이 포함되었다.

2002년 10월 2차 북핵 위기가 발생한 후 북한은 핵 문제가 북한 체제 보장과 북미 관계 정상화라는 맥락에서 해결되어야 한다는 점을 지속적으로 주장했다. 북한은 핵 포기를 위해서는 미국의 대북 적대시 정책이 포기되어야 하며, 이것은 북한에 대한 불가침 확약, 북미 외교 관계 수립, 북한과 주변국과의 경제협력 방해 중지를 의미한다고 주장했다(박종철 2004, 114-32). 그리고 북한은 4차 6자회담이 개최되기 전 발표된 외무성 담화에서 핵 문제 해결을 위해 평화체제 수립과 북미 평화공존을 위한 법적·제도적 장치의 구축이 필요하다고 역설했다(『조선중앙통신』 05/07/22).

북한은 1970년대 이후 한반도 평화 정착을 위한 방법으로 북미평화협정을 주장했다. 그런데 2차 북핵 위기 이후 북한은 북미평화협정 자체보다 북미 관계 정상화를 주장했다. 북한은 북미 관계 정상화가 북한의 주권 존중, 불가침, 내정불간섭 등을 포함함으로써 실질적으로 북미평화협정과 같은 결과를 수반할 뿐만 아니라 오히려 더 포괄적인 것이라고 판단했다.[2] 이것은 북한의 입장에서 보면 제네바합의에도 불구하고 북미 관계 진전이 선행되지 않는 한 경수로 건설과 같은 경제 보상이 계획대로 이행되지 않을 수 있다는 경험의 결과였다. 또한 9·11테러 후 미국이 반테러·비확산에 우

2_북한의 입장을 대변하는 재미 친북학자 한호석(2005)은 9·19공동성명이 북한과 미국의 상호 주권 존중, 상호 불가침, 상호 내정 불간섭을 보장함으로써 평화공존을 가능하게 하는 문건이라고 해석했다.

선순위를 두고 아프가니스탄과 이라크에 대해 군사적 공격을 감행한 점이 북한으로 하여금 체제 보장과 대미 관계 정상화의 필요성을 절감하게 했다.

그리고 북한은 체제 보장 방법으로 북미 관계 정상화와 함께 한반도 평화체제를 요구했다. 한반도 평화체제가 실현될 경우 자연적으로 북한 체제 인정, 소극적 안전보장(negative security assurance)[3], 주한미군의 위상 변화, 한미연합사 해체, 한미동맹의 성격 변화 등이 초래된다. 북한은 이점에 주목해 한반도 평화체제를 비핵화의 조건으로 제시함으로써 북한 체제 보장과 대미 관계 진전을 희망했다. 특히 북한은 2005년 7월 초 4차 6자회담을 앞두고 베이징에서 개최된 북미 양자 접촉에서 "북미 관계가 적대 관계가 아니라는 것을 증명하려면 평화협정이 체결되어야 한다"고 주장했다(이종석 2008, 13).

2. 미국의 입장

한국전쟁 이후 미국은 정전체제의 무력화를 시도하면서 북미평화협정 체결을 주장하는 북한의 요구에 소극적으로 대해 왔다. 미국은 복잡한 이슈들이 관련되어 있는 평화체제 구축보다는 한반도의 긴장 완화와 신뢰 구축에 중점을 두어 왔다. 물론 미국이 한반도의 안정과 북한 관리를 위해서 군

3_미국은 북미공동성명(1993.6.11)에서 북한에 대한 핵무기 또는 재래식 무기 공격을 배제할 것, 북미합의문(1994.8.12) 및 제네바합의(1994.10)에서 북한에 대한 핵무기 공격을 배제할 것 등 북한에 대한 소극적 안전보장을 약속했다. 그리고 9·19공동성명에서 핵무기 또는 재래식 무기로 북한을 공격하지 않겠다는 소극적 안전보장이 재확인되었다.

사적 문제에 대한 북미 대화의 필요성을 인정했을 수는 있다. 그러나 미국이 동맹국인 한국을 배제하고 평화체제 문제에 대해서 직접 북한과 협상할 필요까지는 없었다. 더욱이 한국전쟁 동안 미국이 북한에 대해 단독으로 전쟁 선포를 하지 않았으며 유엔의 깃발 아래 미군이 참전했기 때문에 미의회가 북미평화협정을 비준할 법적 근거도 없다.

그러나 미국은 9·19공동성명에서 비핵화와 한반도 평화체제를 일괄적으로 처리하는 것으로 정책을 변경했다. 북핵 문제와 한반도 평화 문제를 일괄 해결하려는 미국의 포괄적 대북 정책은 2005년 2기 부시 행정부의 출발 때부터 모색된 것으로 보인다. 1기 부시 행정부 기간에 6자회담이 가동되었으나 북핵 문제 해결의 돌파구는 보이지 않았고 오히려 상황이 악화되었다. 또한 이라크 문제의 장기화, 이란 문제 등으로 2기 부시 행정부는 북핵 문제의 외교적 해결의 필요성을 느꼈다. 이러한 상황에서 미국은 기존의 비확산 차원의 접근에서 벗어나서 포괄적인 맥락에서 북핵 문제를 바라 볼 필요성을 인식했다.

이러한 미국의 정책 변화를 제안한 것이 미 국무부 사문관 젤리코(Philip Zelikow)의 '대담하고 새로운 대북 접근법'(a broad new approach)인 것으로 알려졌다. 젤리코의 대북구상의 핵심은 북핵 포기를 위해 한반도평화협정을 포함하는 포괄적 안보 조치를 논의할 수 있다는 것이었다(Sanger 2006).

젤리코의 대북 구상은 2007년 6자회담의 2·13 합의 후 『워싱턴포스트』(*Washington Post*)에 기고된 그의 칼럼에서 엿볼 수 있다. 젤리코에 의하면 부시 행정부는 2005년부터 북핵 문제 해결을 위해 외교적 전략과 방어적 조치(defensive measures)를 결합한 이중 정책(two track policies)을 실시했다. 미국은 한편으로 북한의 달러 위조, 마약 및 미사일 수출 등 미국의 이익을 침해하는 행위에 대해 방코델타아시아(BDA) 동결 등 규제 조치를 실시하는 방어적 조치를 실시했으며, 이와 함께 한반도는 역사적으로 동북아 강대국들의 이해가 충돌하는 각축장이었으며, 북핵 문제도 동북아 지역의 복잡한 역학 관계의 재편이라는 맥락에서 접근해야 한다는 점을 인식했다는 것이다. 이러한 시각에서 미국은 북핵 문제 해결을 위해 한반도 평화체제를 통해 동북아 국가들의 새로운 협력 관계를 유도하는 외교적 전략을 모색했다는 것이다(김태현 2007; Zwlikow 2007).

이러한 배경 하에 미국은 4차 6자회담을 앞두고 비핵화와 평화체제 문제를 관련국과 검토했다. 6자회담 미국 측 수석대표인 크리스토퍼 힐의 2005년 8월 17일 미 CSIS 연설에 의하면, 미국 대표단은 북한 대표단과 베이징에서 공식회담 2주 전에 평화협정 문제를 논의했으며, 4차 6자회담 기간 중 한미가 평화협정 문제를 검토했고 중국과도 이 문제에 대해서 협의했다는 것이다(『연합뉴스』 05/08/18). 이후에도 미국은 비핵화, 한반도 평화, 동북아 안보의 큰 그림에 대해서 중국과 협의했다. 부시 대통령은 후진타오 중국 주석과의 워싱턴회담에서 북핵 문제 해결, 북한의 개혁 가능성, 한반도 평화협정 등에 대해서 논의했다(Zoelick 2007).

비확산 차원에서 북핵 문제에 접근하던 미국이 이 문제를 북한 체제 보장과 한반도 평화 정착의 맥락에서 접근하기로 한 데에는 몇 가지 요인이 작용했다. 우선 미국은 북핵 문제의 돌파구를 마련하기 위해 북한의 체제 보장 요구를 부분적으로 수용했다. 또한 미국은 북핵 문제 해결 과정에서 한반도 및 동북아 질서의 안정을 중시하는 중국, 한국, 러시아의 입장을 반영했다. 아울러 미국은 미국의 강경 입장 때문에 6자회담이 교착상태에 있다는 참여국의 인식에 제동을 걸 필요가 있었다. 그리고 2기 부시 행정부에서 국무부, 국가안전보장회의 등에 포진한 아시아 전문가들이 북핵 문제의 궁극적 해결을 위해 한반도 평화 정착이 필요하다는 것을 주장한 점도 작

용했다.[4]

그리고 미국은 북핵 문제가 한반도 평화 및 동북아 안보와 관련된 것이라는 점을 인식했다. 미국은 한미동맹의 위상 변화와 주한미군의 역할 변화 등을 초래할 한반도 평화체제에 대한 소극적 입장에서 벗어나서 이 문제에 적극적으로 대응하기로 했다. 미국은 한반도 평화체제로 인해 초래될 한반도 및 동북아 차원의 안보 질서 재편에 대해 수동적으로 대응하기보다는 선제적으로 접근함으로써 주도력을 유지하고자 했다(서재진 2007; 조민 2007).

아울러 미국은 세계적 차원의 군사 변환 및 해외주둔미군재배치검토(GPR: Global Posture Review)의 맥락에서 주한미군의 배치 조정, 한미미래동맹 정책구상 등을 추진하는 것과 관련해 한반도 평화 정착의 필요성을 인정했다. 미국이 주한미군을 과거와 같이 붙박이형에서 벗어나서 기동성과 신축성을 지닌 형태로 변화시키기 위해서는 한반도 평화체제의 정착이 필요하다. 미국의 입장에서 보면 한반도에 평화가 정착되어야 대북 억지를 위주로 했던 주한미군의 전략적 기동성이 확보될 수 있다.

3. 한국의 입장

참여정부에서 한반도 평화체제 구축은 12대 국정 과제 가운데 우선 과제였다. 그러나 참여정부는 포괄적 국가 전략인 평화번영정책의 틀 속에서 대북 정책과 한반도 평화체제 문제에 접근했다. 평화번영정책은 한반도의

4_2기 부시 행정부의 대외 정책 분야의 인적 구성에 대해서는 Beck and Sumpter(2005), pp. 31-54를 참조.

평화와 번영을 목표로 설정했다. 한반도 평화와 번영이 상호 긍정적 영향을 주고받음으로써 평화와 번영의 선순환적 관계를 형성하고자 했다. 그리고 6·15공동선언이 평화 안보 문제에 대한 내용을 결여하고 있다는 점을 감안해 경제·사회·문화적 협력과 함께 평화 정착이 중시되었다. 그리고 평화번영정책은 동북아 차원에서 한반도 안보와 경제문제를 해결하고자 했다. 평화번영정책은 동북아 차원으로 시야를 확대함으로써 한반도의 평화와 발전을 지속적으로 가능하게 하는 외적 환경을 조성하는 데 관심을 두었다.

그리고 평화번영정책은 중점 추진 과제로 북핵 문제의 평화적 해결, 한반도 평화체제 구축과 동북아 안보 협력, 남북 경제 공동체 형성과 동북아 경제협력의 3대 분야를 설정했다. 그 가운데 한반도 평화체제와 관련해 남북한 신뢰 구축과 군비 통제, 평화협정 체결, 동북아 안보 협력을 세부 과제로 설정했다(박종철 2003, 56-80).

그러나 2차 북핵 위기의 해결이 우선 과제로 대두됨에 따라 동북아 구상과 한반도 평화체제 정착은 우선순위에서 밀리게 되었다. 참여정부는 단계적·점진적 접근 전략에 입각해 북핵 문제의 해결과 평화 증진, 여러 분야의 협력 증진을 통한 평화체제 토대 마련, 평화협정 체결과 평화체제 구축 실현으로 방향을 조정하지 않을 수 없었다. 북핵 문제의 평화적 해결을 위해 노력하고 이를 해결하는 과정에서 평화체제로의 전환을 위한 국제적 여건을 마련하지 않을 수 없게 된 것이다. 더욱이 이라크 전쟁의 발발과 북한의 핵실험 등으로 한반도 위기가 고조됨에 따라 참여정부는 평화체제의 구축보다 한반도 위기관리와 북핵 문제의 평화적 해결에 중점을 두게 되었다.

미국이 4차 6자회담 직전인 2005년 7월 중순, 핵 포기를 전제로 한반도 평화체제 수립 문제를 논의할 의사가 있음을 한국 측에게 밝힘에 따라 한국은 이를 환영하고 이를 구체화하기 위한 방침을 정했다. 첫째, 4차 6자회담에서 평화체제 문제가 논의되는 것을 찬성하되, 구체적 협의는 6자회담보다 당사국 간 별도의 포럼에서 논의하도록 한다는 것이다. 이것은 당사국의 범위에서 러시아와 일본을 제외하고 남북한, 미국, 중국을 당사국으로 한정하려는 의도였다. 둘째, 주한미군 문제는 한미 양자 간 사안이기 때문에 논의에서 제외되어야 한다는 것이다. 셋째, 평화협정의 체결 후 휴전선이 남북한 경계선으로 바뀔 경우 그것은 남북한이 공동으로 관리해야 한다는 것이었다. 이러한 원칙이 지켜지면 한국의 참여가 보장되는 한 논의의 형식에는 구애받지 않는다는 입장을 정했다(이종석 2008, 13-4).

한국은 미국과 비핵화와 평화체제를 병행해 추진하는 방안을 논의했다. 한미 정상은 여러 차례의 회담을 통해서 한미동맹 조정, 북핵 문제, 한반도 안보 문제 등에 대해 의견을 조율하고 공동 방안을 모색했다. 특히 경주에서 개최된 한미정상회담(2005.11.17)에서 채택된 '한미동맹과 한반도 평화에 관한 공동선언'은 중요한 의미를 지녔다.

경주에서 열린 한미정상회담은 9·19공동성명 후 개최됨으로써 핵 문제 해결의 돌파구 마련 후 합의의 이행, 한미동맹의 방향, 남북 관계와 한반도 평화체제 등에 대해서 청사진을 마련했다. 이 선언은 한미 간 포괄적·역동적·호혜적 동맹 관계를 재확인함으로써 참여정부 기간의 한미 간 불협화음을 해소하고 한미동맹의 조정 방향을 확인했다. 이 선언은 남북 관계 발전과 북핵 문제 진전이 관련되어 있으며, 북핵 문제 해결이 한반도 평화체제 수립에 기초를 제공한다는 점을 지적했다. 더욱이 한미 정상은 한반도 평화체제 이행이 평화통일에 기여한다는 데 동의했다. 이 선언은 한미 정상이 최초로 공식 문건을 통해서 비핵화와 남북 관계, 한반도 평화체제의 관련성을 언급했다는 의미를 지녔다.

그리고 한미 정상은 2006년 9월 14일 워싱턴회담에서 한미동맹 조정,

전시작전통제권 환수 등의 문제와 함께 9·19공동성명의 이행을 위해 '공동의 포괄적 접근'을 마련할 것에 대해 합의했다. '공동의 포괄적 접근'은 북미대화, 핵 폐기에 대한 보상과 체제 보장, 단계적 이행 등을 포함한 것이었다. 포괄적 접근에는 경제적 보상과 함께 북한 체제의 보장, 한반도 평화체제 구축 등 안보 문제가 망라되었다. 이후 2006년 10월 북한의 핵실험에 의해서 유엔의 대북결의안 채택과 함께 국제사회의 대북 압박이 가중되었다. 그러나 한미가 합의한 공동의 포괄적 접근은 2007년 2·13합의를 이끌어내는 밑바탕이 되었다.

한편 9·19공동성명에 의해서 북핵 문제 해결의 돌파구가 마련되자 노무현 정부는 한반도 평화체제 구축을 위한 여건이 형성되었다고 판단하고 한반도평화포럼의 구성과 남북한평화회담을 연계시키기 위한 방안을 적극적으로 모색했다. 2006년 2월 개최된 대통령 주재 국가안전보장회의는 2006년 안보 정책의 목표로 북핵 문제 해결 구도 수립, 한반도 평화체제 전기 마련, 한미동맹 조정 협상 마무리, 지속적 신뢰 구축을 위한 남북 관계의 질적 도약, 대북 인도주의 현안의 적극적 타개, 국방 개혁의 가시적 성과 도출, 안보 정책에 대한 국민 신뢰 제고 등 6대 과제를 선정했다(『동아일보』 06/02/17). 또한 통일부는 2006년 연두보고에서 대북 정책의 목표를 신뢰 구축에 역점을 둔 대북 정책, 한반도 평화의 제도화, 실사구시에 바탕을 둔 남북 경협, 인권 문제에 대한 인도주의적 해결을 위한 노력, 남북 관계 진전과 북핵 문제 해결의 선순환 구조로 설정했다(통일부 2006).

4. 비핵화와 평화체제의 순서

비핵화와 평화체제가 연계됨에 따라 비핵화의 이행과 평화체제 구축의 순서(sequence)가 쟁점이 되었다. 9·19공동성명은 비핵화와 평화체제 구축의 상호 관계, 이행시기, 이행 조건 등을 명시하지 않았기 때문에 이에 대한 논란이 제기되었다.

비핵화와 한반도 평화체제의 선후 관계에 대해서 '선 비핵화, 후 평화체제 구축', '선 평화체제 구축, 후 비핵화', '비핵화와 평화체제 구축의 조율'의 3가지 경로를 상정할 수 있다.

첫 번째는 '선 비핵화, 후 평화체제 구축'이다. 이것은 비핵화를 완료하고 북한과 미국의 신뢰가 조성되어 실질적으로 평화체제 조건이 성숙한 후에 최종적으로 한반도 평화협정을 체결하고 평화체제를 정착시키는 방안이다. 이 방안에 의하면 비핵화 과정에서 남북군사회담에 의한 군사적 신뢰 구축이나 한반도평화포럼 구성 등이 가능하지만 평화체제 구축의 구체적 문제는 북핵 폐기 이후에 이루어지게 된다. 미국이 이 방안을 선호하고 있다. 그러나 비핵화만 진행되고 이에 상응하는 북미 관계 정상화와 평화체제 구축에 진전이 없을 경우 북한이 비핵화에 협력하지 않을 가능성이 있다. 따라서 북한의 반대를 고려할 때, '선 비핵화' 방안의 실현 가능성은 희박하다.

두 번째 방안은 '선 평화체제 구축, 후 비핵화'이다. 이것은 비핵화에 진전이 없는 상황에서 평화체제 구축을 먼저 실시함으로써 북한 체제를 보장하고 북핵 폐기의 여건을 조성하는 것이다. 북한은 '선 평화체제 구축' 입장을 선호한다. 그러나 미국이 비핵화가 이루어지지 않은 상황에서 한반도 평화체제 구축에 동의할 가능성은 없다. 따라서 '선 평화체제 구축' 방식의 실현 가능성도 낮다.

세 번째는 '비핵화와 평화체제 구축의 조율'이다. 이것은 '선 비핵화'와 '선 평화체제 구축'의 입장을 조율한 것으로 핵 폐기, 평화체제 구축, 북미 및 북일 관계 개선을 단계적으로 연계한 것이다. 이것은 핵 폐기의 진행 과정을 기준으로 이에 상응하는 수준에서 평화체제 구축과 북미 관계 진전을 추진하는 것이다. 한국은 비핵화와 평화체제 구축을 적절한 형태로 병행하는 입장을 선호한다.

그런데 2·13합의 및 10·3합의에 의한 비핵화 과정이 핵 프로그램의 폐쇄 및 봉인, 불능화(disablement), 신고, 폐기로 세분화됨에 따라 어느 시점에서 한반도 평화체제 논의를 시작할지가 쟁점이다. 2·13합의에 의해 2007년 상반기 중 핵 프로그램의 폐쇄 및 봉인이 이루어졌다. 그러나 10·3합의에 따라 2007년 말까지 완료될 예정이었던 불능화 및 신고가 지연되었다.

이러한 상황에서 비핵화의 일정을 어느 정도 이행하면서 어느 시점에서 어떤 형태로 한반도 평화체제 논의를 시작할지에 대해 당사국들의 견해가 다르다.

미국은 비핵화 과정을 고려하되 북한의 의무 이행이 확실시된 후에 한반도평화협상을 시작하기를 희망한다. 버시바우(Vershbow) 주한미대사는 외교안보연구원 주최의 회의(2007.10.27)에서 "북한의 비핵화에 상당히 진전이 있어야 하며, 핵시설의 불능화 후에 평화협상을 개시할 수 있다. 미국은 불능화가 완료되고 완전한 핵 프로그램의 신고도 이루어져야 평화협상이 가능하다고 여긴다"고 언급했다. 미국은 비핵화의 진전에 중점을 두고 한반도평화협상의 개시 시점에 대해서는 유보적인 입장을 보이고 있다.

반면, 한국은 비핵화의 이행과 병행해 가급적이면 빠른 시일 내에 한반도 평화체제 구축을 위한 협상을 개시하기를 희망했다. 송민순 외교통상부

장관은 2007년 말까지 불능화가 이루질 것으로 전제하고 "불능화가 가시적인 진전을 보이는 시점에서 평화체제 협상을 개시하는 것이 목표"라고 언급했다. 이것은 가능하면 2007년 말 이내에 한반도평화협상이 시작되기를 희망한다는 것으로 해석되었다(송민순 2007). 또한 중국의 닝푸쿠이 주한중국대사는 "불능화 문제가 실질적 진전을 이룰 때 평화협상을 시작하는 것이 좋을 것 같다"라고 함으로써 한국과 비슷한 입장을 보였다.

2008년 4월 초 북미 간의 싱가포르합의에 따라 플루토늄 신고에 우선순위를 두고 우라늄농축프로그램(Uranium Enrichment Program), 시리아와의 핵 개발 협력 문제는 차후로 미루어졌다. 이에 따라 추후 6자회담에서 신고, 검증, 3단계 핵 폐기가 논의될 것으로 예상된다(김진무 2008).

따라서 앞으로 6자회담이 개최되면, 한반도포럼 구성, 6자외무장관회담 등이 구체화될 것으로 보인다. 북핵 검증 및 핵 폐기 논의가 실질적 단계에 들어감에 따라 비핵화와 평화체제의 이행 순서가 다시 쟁점으로 부각할 것으로 예상된다.

III. 한반도평화포럼의 구성 문제

9·19공동성명에서 '직접 관련 당사국'들이 별도의 포럼을 구성해 한반도 평화체제에 대해 협상하기로 함에 따라 '한반도평화포럼'(가칭)의 구성과 역할이 핵심 과제가 되었다. 분명한 것은 한반도평화포럼이 다자회담이라는 것이다. 또한 한반도평화포럼은 6자회담과는 다르며 6자회담의 참가국이 자동적으로 구성국이 되지는 않는다. 한반도평화포럼의 당사국 문제는

정전협정의 당사자, 평화협정의 성격, 평화 보장의 당사자 등과 관련해 가장 민감한 사안이다.

한반도평화포럼의 당사자 문제와 관련해 우선 북한의 입장 변화를 살펴볼 필요가 있다. 이 문제에 대한 북한의 입장은 국제 안보 및 대내외 상황에 따라 남북협상, 북미협상, 다자협상을 중심으로 전술적으로 변해왔다.

첫째, 한국전쟁 이후 1970년대 초반까지 북한은 대남통일전선 구축의 차원에서 남북평화협상을 제안했다. 이 시기에 북한은 남북평화협상을 주장해 내부 체제를 강화하고 4·19, 5·16 등 한국의 불안한 정치 상황을 고려해 대남통일전선을 구축하고자 했다.

둘째, 1970년대 중반 이후 북한은 미국과의 군사 대화 및 북미평화협정 체결을 지속적으로 주장했다. 북한은 미국의 베트남 철수와 베트남 공산화를 목격하면서 베트남 모델을 한반도에 적용해 북미평화협정을 체결하고 주한미군 철수를 달성하려고 했다. 북한은 1974년 북미평화협정을 제안했으며, 이후 이것을 상황에 맞게 조금씩 변형시켰다. 1984년 북미평화협정과 남북불가침선언의 병행 제안은 북미평화협정에 주안점을 두되, 버마 랭구운테러 등으로 인한 국제사회의 비난 여론을 무마하고 남한과의 대화를 염두에 둔 것이었다. 1994년에 제안되고 1996년에 구체화된 '새로운 평화보장체계'는 북미잠정협정과 북미공동군사기구의 구성을 목표로 했다. 이것은 제네바합의에 의해 1차 북핵 위기가 해결된 상황에서 미국을 상대로 안보 대화 통로를 확보하고 미국으로부터 체제를 보장받으려는 것이었다. 또한 1992년 남북기본합의서에 의해 남북한 간에는 불가침선언이 채택되었다는 점도 고려되었다(허문영 2007).

셋째, 북한은 1996년 4자회담을 수용함으로써 북미협상 일변도에서 다자회담을 수용하는 것으로 입장 변화를 보였다. 북한이 4자회담을 수용한 이유는 형식적 다자회담 내에서 실질적 북미협상을 염두에 둔 전술적 변화, 미국으로부터 경제적 지원 기대, 남한 및 중국과의 관계 개선 필요성 등이었다고 할 수 있다. 북한은 '북미 공동코뮤니케'(2000.10.12)에서도 4자회담이 한반도 평화체제를 위한 방안의 하나라는 점을 인정했다(박종철 2006).

넷째, 2002년 2차 북핵 위기 이후 북한은 다시 북미평화협상에 주안점을 두었다. 9·11테러 이후 미국이 반테러·비확산의 기조 하에 대북 압박정책을 실시하자 북한은 북미협상에 초점을 되었다. 이러한 북한의 주장은 북미불가침조약 체결 제안(조선외무성 대변인 2002), 한반도 평화체제 수립 제안(조선외무성 대변인 2005) 등으로 나타났다.

다섯째, 북한이 9·19공동성명에서 한반도 평화체제 문제를 논의하기 위한 틀로 한반도평화포럼을 수용한 것은 북미 양자협상의 입장에서 벗어나서 다자협상의 틀을 수용했다는 것을 의미한다. 물론 북한이 다자협상을 수용한 것이 북미협상을 염두에 둔 전술적 변화인지 아니면 진정한 입장 변화인지는 아직 불분명하다. 그러나 북한이 핵 문제를 6자회담이라는 다자회담을 통해 협의하는 한편, 한반도 평화 문제에 대해서도 다자회담의 틀을 수용했다는 점이 주목된다. 북한은 핵 문제와 한반도 평화 문제를 다 같이 다자회담을 통해 해결하고자 하는 것이다. 이것은 1차 북핵 위기 시 핵 문제는 북미 양자협상에 의해서 해결하는 한편, 한반도 평화 문제는 4자회담이라는 다자회담에 의해서 접근하는 이원적 입장을 보였던 것과 대비된다(Kurata 2007).

주목할 점은 북한이 2005년부터 남·북·미의 3자 평화협정의 가능성을 비공식적으로 언급했다는 점이다. 2005년 2월 북한의 유엔 차석대사 한성렬은 주미한국대사관 고위 외교관에게 남·북·미 3자 평화협정을 제기했다고 한다. 또한 북한은 4차 6자회담시 한국과의 접촉을 통해 한국의 평화협정 참여를 반대하지 않으며 남·북·미 3자회담을 언급했다(이종석 2008, 20).

북한이 3자회담을 제안한 이유는 분명하지 않다. 북한은 미국과 한국의 반대로 북미평화회담의 실현 가능성이 없다는 판단 하에 3자회담을 고려했을 수 있다. 또한 북한이 한국의 당사자 자격을 인정한 것도 흥미롭다. 북한은 김대중 정부 이후 한국의 대북 화해·협력 정책과 미국의 대북 압박에 대한 한국의 반대 입장을 긍정적으로 평가했을 수 있다. 북한은 한국을 평화체제 논의에 포함시킴으로써 한국이 미국과 북한 사이에서 조정 역할을 해주기를 기대했을 수 있다(이상현 2006, 232-3). 또한 한미동맹 조정과 한국의 전시작전통제권 환수도 북한이 한국의 당사자 자격을 인정하게 한 요인일 수 있다. 그리고 북한이 중국을 평화체제 논의에서 제외한 배경도 궁금하다. 북한은 대중국 경제 의존 심화, 유엔 안보리 대북결의안에 대한 중국의 찬성, 북미평화협상에 대한 중국의 반대 등에 대한 반발로 평화회담에서 중국을 배제하고자 했을 수 있다.

한국은 그동안 평화협정에서 남북한이 주도적 역할을 하고 미국과 중국이 적절한 역할을 하는 형태를 염두에 두어 왔다. 한국은 남북 당사자 원칙에 입각해 남북협상에 주안점을 두되 여기에 국제 협력을 적절하게 강구하는 방식을 선호했다. 이것은 한반도 평화체제 문제에서 남북 협력과 국제 협력을 접목한 것이다. 한국의 이러한 구상은 4자회담에서 남북협상이 주가 되고 미중이 보장하는 2+2 방식을 추진했던 것에서 나타난다.

그런데 2+2 방식이 실현 가능성이 없다는 견해도 있다. 2+2 방식은 한국의 주도권을 보장하는 데에는 효과적이지만, 현실적으로 북한이 남북평화협정을 수용할 가능성이 없기 때문에 실현 가능성이 없다는 것이다. 한국이 북미평화협정을 수용하지 않는 것과 마찬가지로 북한은 남북평화협정을 수용할 가능성이 없다는 것이다. 또한 2+2방식은 한반도 문제에 대해서 책임을 지고 있는 미국과 중국을 평화 보장자의 역할에 한정시킴으로써 문제가 있다는 지적도 있다. 2+2는 미중의 평화 보장자 역할론에 입각해 미국과 중국이 한반도 평화에 대한 실질적 의무는 지지 않으면서 한반도 긴장의 당사자에서 한발 비켜서서 그들의 요구만을 주장하는 것으로 귀결될 우려가 있다는 것이다. 특히 한반도 평화 정착을 위해 북한 체제 보장, 주한미군의 위상 변화 등에 대해 실질적 책임이 있는 미국이 국외자가 되는 구조는 현실적으로 한반도 평화를 보장하지 못한다는 것이다(이삼성 2005).

그런데 한국의 2+2 입장이 4차 6자회담에서 한반도 평화체제 문제가 논의되기 시작한 2005년 7월부터 3자 또는 4자회담으로 변했다고 한다. 우선 한반도 평화 문제와 직접 관련이 있는 당사국으로 참여 범위를 한정함으로써 러시아와 일본을 제외하고 남·북·미 3자회담 또는 남·북·미·중 4자회담을 고려했다. 그리고 실현 가능성이 없는 남북평화협정이나 북미평화협정 대신 남·북·미 3자협정 또는 남·북·미·중 4자협정에 대해서 긍정적으로 검토했다는 것이다. 그리고 평화협정의 체결 방식으로 남·북·미(중) 기본 협정을 체결하되, 부속 협정으로 남북협정과 북미협정을 체결하는 이원 구조를 상정했다는 것이다(이종석 2008, 16-22).

미국이 한반도평화포럼의 구성국의 범위에 대해 어떤 구상을 가지고 있는지는 분명하지 않다. 미국이 북미 양자협상을 배제하고 한반도평화포럼을 다자회담으로 운영하기를 원한다는 점은 분명하다. 미국은 한반도평화포럼의 구성국으로 남·북·미·중을 염두에 두고 있다고 할 수 있다. 9·19 공동성명 이후 종전선언에 이르기까지 미국의 입장을 검토하면 3자 또는 4자회담을 염두에 두고 있다고 할 수 있다. 그런데 미국이 4자회담의 6차 회의 직전 1999년 7월 한국에게 4자협정, 남북협정, 북미협정의 3개 협정의 동시 체결을 구상했다는 지적이 있다(이종석 2008, 20). 앞으로 미국이 이러한 입장을 어느 정도 유지할지 주목된다.

중국은 한국전쟁 참여, 북한에 대한 영향력, 한반도 및 동북아 질서 재편에서의 역할 등을 고려해 한반도평화포럼의 당사자가 되어야 한다고 여기고 있다. 북한이 중국을 배제하려는 입장을 직간접적으로 표명할 경우 중국이 북한에 대해 여러 가지 압력을 행사할 가능성도 있다.

Ⅳ. 종전선언의 배경과 쟁점

1. 종전선언의 대두 배경

한반도 평화체제와 관련해 부시 대통령이 종전선언을 제안함으로써 종전선언의 의미와 성격, 종전선언의 참가국, 종전선언과 정전협정 및 평화협정과의 관계 등에 대해 여러 견해가 표명되었다. 종전선언이 한반도 평화체제에 이르는 여러 가지 대안 가운데 하나로 제기되어 문제가 복잡해졌다.

먼저 부시 대통령이 종전선언을 제기한 배경을 살펴볼 필요가 있다. 부시 대통령은 2006년 11월 18일 하노이 APEC 회의를 계기로 열린 한미정상회담에서 종전선언 문제를 처음으로 제기했다. 한미정상은 공동기자회견을 개최해 북한의 핵실험에 대한 국제사회의 압박(유엔의 대북결의안 1718, PSI 실시)을 지지하는 한편, 6자회담 개최를 촉구하는 강온병행정책에 대해 합의한다고 밝혔다. 그리고 한미 정상은 북한이 핵을 포기할 경우 경제 지원, 안전보장, 평화체제 문제를 추진할 것이라는 점에 대해 합의했다. 공동

기자회견에서 부시 대통령은 종전선언이라는 표현을 사용하지 않았으며, 북한과의 안보 협의(security arrangements with North Korea)라는 다소 애매한 표현을 사용했다(청와대 2006; The White House 2006).

종전선언에 대한 구체적 언급은 백안관 대변인 토니 스노우(Tony Snow)가 한미정상회담의 내용에 대해 언론 브리핑을 하면서 이루어졌다. 그는 "북한이 핵을 폐기하거나 포기하면 한국전쟁 종전선언(declaration of the end of the Korean War), 경제, 문화, 교육, 기타 분야의 협력을 포함해 일련의 조치를 취할 수 있다는 점이 정상회담에서 논의되었다"고 설명했다. 이 언급으로 인해서 종전선언 문제가 쟁점으로 부각되었다(Snow 2006a). 하노이 APEC 회담 기간 동안 부시 대통령은 후진타오 주석과의 회담(2006. 11.19)에서도 북핵 폐기 시 한국전쟁의 종전선언(an official end to the Korean War)을 할 수 있다는 점을 언급하며 이 점에 대한 중국의 의사를 타진한 것으로 알려졌다(Snow 2006b).

그러면 왜 이 시점에서 부시 대통령이 종전선언이라는 의외의 제안을 했을까? 이때는 북한이 2006년 10월 핵실험 이후, 유엔 대북결의안(1718)이 채택되어 국제사회의 대북 압박이 고조된 상황이었다. 북한은 핵실험이라는 카드를 확보한 상황에서 10월 말 6자회담에 복귀하겠다는 의사를 표명했다. 미국은 북한의 핵실험이라는 위기 상황에 대해 압박과 대화의 이중전략을 구사했다. 미국은 유엔 안보리 결의안을 만장일치로 채택함으로써 북한의 핵실험에 대해 국제사회의 일치된 견해를 이끌어 냈다. 특히 중국의 지지를 얻음으로써 6자회담 내에서도 통합된 의사를 바탕으로 북한을 압박할 수 있는 발판을 확보했다. 북한이 핵실험 카드로 협상력을 제고한 반면, 미국은 유엔 결의안을 통해 협상력을 제고함으로써 힘의 균형이 이루어졌다. 미국은 이와 동시에 북한에게 인센티브를 제안하며 대화의 문을 열어

놓았다. 미국은 경제적 보상과 함께 북한이 원하는 평화 보장을 제공하겠다는 유인책을 제시했다. 미국의 종전선언은 젤리코보고서 이후 논의된 한반도 평화체제 구축과 동북아 질서 재편에 대한 미국의 구상을 반영한 것이라고 할 수 있다. 미국은 한반도 평화체제에 이르는 길이 복잡하고 시간이 많이 걸릴 것이라는 점을 감안해 그 중간 단계로 종전선언을 검토했다고 할 수 있다.

종전선언 문제는 2007년 9월 7일 호주 APEC을 계기로 개최된 한미정상회담에서 10개월 만에 다시 논의되었다. 이 회담은 6자회담의 10·3합의와 2차 남북정상회담을 앞두고 한미 간 정책 조율을 했다는 점에서 중요하다. 이 회담에서 6자회담의 후속 조치 이행에 관한 협의가 이루어졌으며, 특히 남북정상회담과 관련해 한미 간 의견 조율이 이루어졌다. 그리고 한국전쟁 종전선언의 의미와 한반도 평화체제 협상의 시점에 대해서 중요한 점이 언급되었다. 청와대 안보실장의 설명에 의하면 부시 대통령은 남북정상회담을 지지하고 "한국전쟁을 종결시키기 위해 김정일 위원장 등과 함께 서명하는 것으로 한국전쟁을 종결시켜야 하며 종결시킬 수 있다는 메시지를 전달해 달라"고 노무현 대통령에게 부탁했다. 한미 정상은 비핵화가 한반도 평화체제 협상의 개시를 위해 필요하며, 비핵화의 진전에 따라 한반도 평화체제를 위한 협상을 가능한 한 조속히 출범시키자는 데 합의했다는 것이다(청와대 안보실장 2007).

그러나 한미정상회담 후 마련된 공동기자회견을 보면, 종전선언의 형태와 조건에 대해서 한미 정상간 완전하게 견해의 일치가 이루어지지는 않은 것 같다. 공동기자회견에서 부시 대통령이 "북한 지도자가 핵무기 프로그램을 완전 공개하고 폐기하면 한반도에서 새로운 안보 협정을 이룰 수 있다"(when the North Korean leader fully discloses and gets rid of his nuclear weapons programs, that we can achieve a new security arrangement in the Korean Peninsula)고 언급하자, 노무현 대통령은 좀 더 명확한 표현을 요청했다. 노무현 대통령은 부시 대통령이 지난 하노이 정상회담에서 언급했던 한국전쟁의 공식 종전에 대한 의지를 재확인했다는 점을 지적하고 "종전선언을 당장 할 수 있느냐"(a declaration to end the Korean War just now)고 반복해서 질문했다. 노무현 대통령은 부시 대통령이 종전선언의 구체적 내용과 시기에 대해서 언급해 주기를 요청했다. 부시 대통령은 "한국전쟁을 종결시킬 수 있는 평화조약의 서명 여부는 김정일 위원장에게 달려 있다. 김정일 위원장은 검증 가능한 방법으로 핵무기를 폐기해야 한다"고 대답했다.[5] 이 문제와 관련해 한미 두 정상의 공동기자회견 직후 백악관 대변인팀의 기자브리핑에서 기자들은 한미 정상간 견해 차이에 대해서 끈질기게 질문했으나 명확한 설명은 없었다(The White House 2007).

시드니 한미정상회담에서 종전선언 문제가 10개월 만에 다시 부상했지만 전보다 구체화되지는 않았다. 한미가 종전선언에 대해서 지니고 있는 인식에 차이가 있었다고 볼 수 있다. 당시 상황은 2·13합의의 초기 조치 이행이 늦어지기는 했지만 그런대로 이행되고 있었으며 2단계 조치에 대한 합의가 필요한 시점이었다. 부시 대통령 입장에서는 6자회담의 후속 합의를 위해 김정일에 대한 확실한 유인책이 필요했다. 이런 이유 때문에 부시 대통령은 김정일 위원장과의 종전선언 서명식을 제안했다고 할 수 있다. 부시

5_부시 대통령의 답변의 원문은 다음과 같다. "I said it's up to Kim Jong-il as to whether or not we're able to sign a peace treaty to end the Korean War. He's got to get rid of his weapons in a verifiable fashion. And we're making progress toward that goal. It's up to him." The White House(2006) 참조.

대통령은 이런 의사를 남북정상회담을 통해 김정일 위원장에게 타진해 보기를 원했다. 그러나 부시 대통령이 종전선언의 구체적 의미와 파장 등에 대해서 심각하게 고민한 것 같지는 않다.

노무현 대통령은 종전선언을 통해 북미 관계를 진전시키고 종전선언의 주도적 역할을 할 수 있기를 희망했다고 할 수 있다. 한국은 종전선언을 통해 비핵화, 북미 관계 진전, 남북 관계 진전이 선순환을 이루는 상황을 연출하기를 희망했다. 한국은 가급적이면 종전선언을 빠른 시일 내에 함으로써 6자회담의 후속 합의를 도출하고 핵 문제의 부담에서 벗어나서 남북 경협과 평화 정착을 앞당기기를 희망했다. 더욱이 남북정상회담을 앞둔 노무현 대통령은 부시 대통령으로부터 종전선언에 대한 확실한 언질을 받아서 이것을 김정일 위원장에게 전달하기를 희망했다.

2. 종전선언의 쟁점: 성격, 시기, 형식

종전선언은 성격, 시기, 형식 등과 관련해 많은 쟁점을 제기했다.

첫째, 종전선언의 성격에 대한 것이다. 종전선언은 법적 구속력이 지닌 조약(treaty)이나 협정(convention)이 아니다. 종전선언은 정치적 구속력을 지녔지만 이행의 보장력이 약한 신사협정(gentlemen's agreement), 공동선언(joint statement), 정치 선언(political declaration)이라고 할 수 있다(조성렬 2007). 종전선언은 법적 구속력은 없지만 최고 지도자들이 서명할 경우 정치적 구속력을 지닌다.

그러면 종전선언은 평화협정과 어떤 관계가 있을까? 종전선언은 평화협정 체결과 분리된 것인가, 아니면 종전선언은 평화협정의 일부인가. 일반적으로 종전이 선언되면 전쟁이 종결되고 평화협상이 진행된다. 그러나 실제 전쟁이 종료되고 평화협상이 진행되는 것에는 여러 형태가 있다. 예를 들면, 전쟁 도중에 잠시 정전 기간을 거쳐 종전을 하고 평화협상을 하는 경우도 있다. 이럴 경우 종전선언에 의해 개시되는 종전 상태는 정전 상태에서 평화 상태에 이르는 중간 단계에 해당한다. 개념적으로 볼 때 '정전 상태(정전협정)→종전 상태(종전선언)→평화 상태(평화협정)'를 가정할 수 있다.

그러나 한반도의 경우는 특수하다. 한반도의 경우 정전체제와 군사력의 균형에 의해 정전 상태가 관리되는 사실상의 종전 상태(de facto termination of war)가 50년 이상 지속되고 있다. 한반도의 경우 종전선언을 할 역우 사실상의 종전 상태는 법적 종전 상태(de jure termination of war)가 된다(백승주 2006, 262-76).

둘째, 종전선언의 시기를 둘러싸고 논란이 발생했다. 종전선언을 조기에 실시해 평화협정의 동력을 제공하자는 '입구론'과 종전선언은 평화협정의 마무리 단계에 할 수 있다는 '출구론'이 대립했다. 또한 이 문제는 종전선언을 평화협정과 분리된 것으로 볼 수 있다는 '분리론'과 두 가지가 연결된 것이라는 '연결론'과도 관련되어 있다.

종전선언의 입구론은 종전선언과 평화협정의 분리론에 입각하고 있다. 입구론은 개념적으로 종전선언을 평화협정과 분리하자는 것이다. 그리고 평화협정을 체결하기까지 오랜 시간이 걸린다는 점을 감안해 종전선언을 먼저 실시함으로써 평화협상을 시작하고 북미 관계와 남북 관계를 병행해 진전시키자는 것이다. 가능하다면 종전선언을 북핵 불능화 및 신고가 완료되는 2007년 말이나 2008년 초에 실시함으로써 비핵화의 추동력도 확보하자는 것이다.

한국 정부는 부시 대통령이 종전선언 문제를 처음 제기한 이후 가급적

빠른 시일 내에 종전선언을 성사시키기를 희망했다. 한국정부가 희망하는 구도는 '핵 불능화→종전선언→핵 폐기 협상 완료→평화협정 체결 및 북미 수교'였다고 할 수 있다(송홍근 2007, 20-1). 백종천 청와대 외교안보실장은 한 강연에서 3국 혹은 4국 정상들의 종전선언은 평화협상을 시작하자는 관련국들의 정치적·상징적 선언을 의미한다고 함으로써 종전선언의 입구론을 지지했다(이무형 2007). 김만복 국정원장은 "종전선언은 그 자체가 목적이 아니라 평화체제를 구축하기 위한 하나의 과정이다. 따라서 종전선언은 한국전쟁의 종결을 선언함과 동시에 새로운 한반도 평화체제 협상을 시작한다는 의미를 내포한다"고 함으로써 입구론을 지지했다(김만복 2007).

반면 종전선언의 출구론은 종전선언과 평화협정은 분리될 수 없으며 종전선언은 평화협정의 마무리 단계에서 가능하다는 것이다. 종전선언이 여러 가지 문제를 내포하고 있기 때문에 조기에 성사되기 어렵다는 것이다. 한국전쟁 후 전쟁 책임, 전쟁배상, 북한 체제의 공식 인정, 북미 관계 설정, 남북 관계, 통일 문제 등 복잡한 정치적 문제 때문에 평화협정이 바로 체결될 수 없었는데, 종전선언은 이런 문제를 다시 부각시킨다는 것이다. 종전선언은 전쟁 상태를 평화 상태로 만들어가는 과정의 첫 번째 단계이며 분리될 수 없다는 것이며, 아울러 종전선언 이후 평화협정 체결까지 오랜 기간이 소요될 수 있는데 그 과정이 불안정하다는 것이다. 그리고 비핵화와 남북 관계, 북미 관계 정상화, 평화체제는 맞물려서 돌아가는 것이라는 것이다.

부시 대통령이 종전선언을 평화협정과 분리해 생각했는지 아니면 종전선언을 평화협정과 비슷한 것으로 생각했는지는 불분명하다. 또한 부시 대통령이 종전선언을 법적 성격을 지닌 것으로 생각했는지, 아니면 정치적 의지를 표현하는 선언으로 생각했는지도 불분명하다. 다만 부시 대통령은 종전선언이라는 표현 대신 안보 협정(security arrangement)과 평화조약(peace treaty)이라는 표현을 사용했으며, 종전선언이라는 표현은 토니 스노우 대변인의 브리핑에서 언급되었다는 것을 주목해야 한다. 이런 점을 고려할 때 미 행정부 내에서 종전선언의 의미와 시기 등에 대해서 구체적 복안이 있었던 것은 아닌 것 같다. 다만 논란이 제기되자 미국은 종전선언 또는 평화체제 논의의 선결 조건으로 북핵의 완전하고 검증 가능한 폐기를 강조했다(유상욱 2007). 버시바우(Vershbow) 주한미대사는 "2008년 비핵화 3단계로 들어서면 그 때 종전선언 논의가 가능하고 북미 관계 정상화 논의도 가능하다"고 말했다(『연합뉴스』 07/10/08). 부시 대통령이 종전선언을 제기했지만, 시간이 흐를수록 미국은 종전선언을 평화협정과 분리하는 것에 대해 유보적 입장을 취하고 평화체제의 조건으로 비핵화를 강조했다.

한국정부 내에서 외교통상부는 종전선언의 조기 선언보다는 정치적·군사적·법적 조건이 갖추어져야 한다는 점을 강조했다. 송민순 외교통상부 장관은 평화체제를 위한 협상 끝에 조건이 갖추어진 후 나온 결과가 종전선언이라고 말했다. 평화협상을 개시하는 선언을 시작점을 알리는 '입구'에서 할 수는 있지만 전쟁을 끝낸다는 의미의 종전은 그 협상의 '끝'에서 도출될 결과라는 것이다. 그리고 송민순 장관은 평화체제 협상을 개시하는 방식으로 4자정상회담보다 외교장관급협의가 우선되어야 한다고 했다.[6] 이러한 견해는 종전선언은 평화협정과 분리될 수 없고 평화협정의 앞 부문에 해당하며, 평화협상의 개시 선언은 실무적으로 평화협상을 시작을 알리는 것이고, 종전은 평화협상의 결과라는 입장이다.

6_송민순 장관은 외교통일부장관 내외신 브리핑(2007.10.24; 2007.10.31)과 서울외신기자클럽(SFCC) 초청 오찬 간담회(2007.11.5)에서 이러한 입장을 밝힌 바 있다.

셋째, 종전선언의 형식에 관한 문제이다. 노무현 대통령은 한미정상회담에서 부시 대통령이 언급한 종전선언에 대한 내용을 토대로 김정일 위원장과 이 문제에 대해서 협의했다. 그 결과 남북정상회담의 합의문(10·4선언)에 "직접 관련된 3자 또는 4자 정상들이 한반도 지역에서 만나 종전을 선언하는 문제를 추진하기 위해 협력하기로" 한다는 합의가 도출되었다.

3자 또는 4자정상회담의 대상과 그 이유에 대해서 정확한 내용을 알 수 없지만 김정일 위원장은 중국을 배제한 3자를 염두에 둔 반면, 노무현 대통령은 남한과 북한, 미국, 중국을 염두에 둔 것으로 여겨진다.

남북정상회담 후 3자 또는 4자정상회담을 성사시키기 위해 남북 간 접촉이 활발하게 이루어졌다. 남북국방장관회담(2007.11.27), 김양건 북한통일전선 부장의 방한(2007.11.29~12.1) 등을 통해 남북 간 입장 조율이 이루어졌다. 남북한은 제2차 국방장관회담 합의서 제4조 2항에서 "쌍방은 종전을 선언하기 위한 여건을 조성하기 위해 필요한 군사적 협력을 추진해 나가기로 했다"고 명시했다. 종전선언 여건 조성을 위한 협력 방안과 관련해 북한은 북미 군사 대화를 염두에 두었을 수 있다. 또한 문성묵 국방부 북한정책팀장은 남북국방장관회담 종결회의(2007.11.29) 직후 가진 브리핑에서 남북 협력 방안으로 "예를 들면 현재 유엔사가 맡고 있는 비무장지대(DMZ)의 관리 권한을 남북이 공동으로 할 수 있는 문제가 될 수 있다"고 말했다. 종전선언 이후 DMZ 설정을 규정한 정전협정을 평화협정으로 바꾸려면 현재 유엔사가 맡고 있는 관리 권한을 남북 군사 당국이 공동으로 행사하는 것이 전쟁을 종결하는 데 기여할 수 있다는 것이다(『연합뉴스』 07/11/30).

한편 3자 또는 4자 정상선언과 관련해 송민순 외교통상부 장관의 방미(2007.11.7), 백종천 청와대 외교안보실장의 방미(2007.12.3) 등을 통해 한미 간 조율이 이루어졌다. 한국이 중간 역할을 하면서 남북한과 미국의 3자 간

간접 접촉이 진행된 것이다. 한미 간 의견 조정은 한미외무장관회담(2007. 11.7)에서 이루어졌다. 한미 외무장관은 "적절한 시점에 전반적인 비핵화 진전을 위한 정치적 추동력이 필요하다는 평가가 관련국들 간에 내려질 경우 최고위층의 정치적 의지를 결집하는 방안을 검토한다"고 합의했다. 이것은 비핵화 과정이 예상보다 복잡하기 때문에 우선 평화체제 논의의 시점을 정하지 않고 비핵화에 우선한다는 것이다. 예를 들면, 불능화가 마무리되고 핵 폐기가 시작되는 적절한 시점을 고려할 수 있다는 것이다. 그리고 종전선언과 같은 특정한 문건의 채택보다는 정치적 의지를 결집한다는 포괄적인 내용의 공동 입장 표명을 염두에 두었다. 또한 정상회담이나 정상선언이 아니더라도 정치적 의지를 결집하기 위해서 외무장관회담 등과 같은 다른 방안도 검토할 수 있는 것으로 여겨졌다(『연합뉴스』 07/11/09).

종전선언에 대해 여러 가지 논란이 제기되자 노무현 대통령은 종전선언의 명칭에 집착하기보다는 북핵 폐기와 평화협정을 추진하기 위한 동력을 제공하기 위해서 4자 정상선언이 필요하다고 말했다. 비핵화 및 평화체제 협상의 마지막 단계에서 4자 정상이 만나는 것이 아니라 비핵화와 평화협정 협상의 추진 과정에서 일종의 이정표로서 4자 정상선언을 염두에 둔 것이다. 그리고 종전선언의 법적 성격, 평화협정과의 관계 등의 문제를 고려해 종전선언이라는 명칭 대신 '한반도에서의 전쟁 종식과 평화 구축을 위한 정상선언'이라는 표현이 적절하다는 입장을 표명했다. 이렇게 보면 4자 정상선언은 법적 성격을 지닌 종전선언이라기 보다는 비핵화, 평화협정, 북미 관계 정상화 등을 지지하고 협의를 촉진하기 위한 4개국 정상의 공동선언과 같은 것이라고 할 수 있다(노무현 2007).

한편 2008년 4월 부시 대통령과 이명박 대통령이 한미정상회담 후 가진 기자회견에서 부시 대통령은 북핵 해결을 전제로 김정일 위원장을 만날 의사가 있느냐는 기자의 질문에 대해서 한마디로 "아니다(no)"라고 대답했다(『중앙일보』 08/04/21). 따라서 종전선언 및 3자 또는 4자정상회담은 부시 대통령의 관심에서 멀어졌다고 할 수 있다. 그런데 앞으로 6자외무장관회담에서 평화체제 논의의 시작을 알리는 선언을 하는 방안도 검토될 수 있다. 또한 북한 지도자와 회담 가능성을 언급한 오바마 민주당 후보가 미국의 차기 대통령으로 당선될 경우 관련국의 정상회담과 평화선언 문제가 다시 부각될 가능성도 있다.

V. 맺음말

앞으로 비핵화와 평화체제 구축을 어떤 순서와 어떤 방식에 의해 종합적으로 추진할 것인가 하는 것이 주된 과제이다. 비핵화와 평화체제 이행에 대해서 '선 비핵화, 후 평화체제 구축', '선 평화체제 구축, 후 비핵화', '비핵화와 평화체제 구축의 상호 조율'의 3가지를 상정할 수 있다. 이 가운데 가장 바람직한 것은 '비핵화와 평화체제 구축의 상호 조율'이다. 이것은 미국의 '선 비핵화' 입장과 북한의 '선 평화체제' 입장을 조정해 핵 폐기와 평화체제 구축, 북미 관계 개선을 단계적으로 연계한 것이다. 이것은 핵 폐기의 진행 과정을 기준으로 이에 상응하는 수준에서 평화체제 구축과 북미 관계 진전을 추진하는 것이다. 구체적으로 불능화 및 신고가 마무리되고 핵 폐기 과정에 돌입하는 시점에서 한반도 평화체제 협상을 추진하는 것이 바람직할 것이다.

그리고 앞으로 다음과 같은 기본방향에 입각해 한반도 평화체제 구축을 추진하는 것이 바람직하다.

첫째, 한반도평화포럼의 구성 및 운영이 어떤 형태로 되든지 실질적으로 남북한의 주도권이 보장되어야 한다. 한반도평화포럼의 참여국으로 남·북·미·중의 4자가 될 가능성이 크다. 이 경우 북한이 대미 협상에만 주안점을 두고 한국을 소외시킬 가능성에 대한 대비책을 마련해야 한다. 회담의 운영 방식으로는 전체회의 하에서 북미회담, 남북회담, 미중회담의 양자회담을 병행하는 방식이 검토될 수 있다. 이럴 경우 4자회담의 본회담에서 논의될 사항과 양자 간의 논의 사항을 분리함으로써 당사국 간 이슈를 구분할 수 있다. 그러나 이 경우 전체회의와 복수의 양자회담을 조정할 장치가 마련되어야 한다.

둘째, 한반도 평화체제 구축은 다층 구도로 추진되어야 한다. 우선 남북한 간에는 남북군사회담 등을 통해 한반도 평화체제 구축의 여건을 조성하는 한편, 남북한 군비 통제 방안이 논의되어야 한다. 그리고 한반도평화포럼에서는 한반도평화협정의 방식, 내용, 평화체제의 관리 방안 등이 논의되어야 할 것이다. 6자회담에서는 한반도 평화체제의 국제적 보장 방안이 논의될 것이다. 아울러 한반도 평화체제 구축 여건을 조성하기 위해서는 북미 대화를 통해 북미 관계의 진전과 북미 국교 정상화를 위한 논의가 필요하다.

셋째, 평화체제 구축 방식 및 평화 관리 방안에 대해서 신축성 있는 입장을 보이는 것이 바람직하다. 평화체제 구축의 구체적 방식, 평화협정의 서명 방법, 보장 방법 등에 대해 특정한 방안을 설정하기보다는 관련국의 입장과 실효성 등을 고려해 실현 가능한 대안을 모색하는 개방적 입장이 요청된다.

넷째, 한반도평화협정의 체결과 군비 통제를 병행적으로 추진해야 한다. 한반도평화협정 체결과 군비 통제의 순서에 대해서 군비 통제를 완료한 후 한반도평화협정을 체결하자는 견해가 있다. 이러한 견해는 북한에 대한 불신 및 평화체제의 불완전성 때문에 군비 통제가 실질적으로 이행되지 않는 한 평화협정 체결만으로는 평화가 정착되지 않는다고 여긴다. 그러나 남북 관계의 진전과 한반도 평화체제 구축의 필요성에 대한 국제적 공감대를 감안할 때, 군비 통제를 완료한 후 평화협정을 체결하자는 주장은 현실성이 없다. 반면 북한의 입장은 군축을 먼저 실시함으로써 실질적으로 한반도 평화에 대한 위협 요소를 제거하자는 것이다. 한반도 평화체제 구축 및 평화 관리에 대한 구체적 방안이 없이 군축을 먼저 실시하자는 북한의 입장도 현실성을 결여하고 있다. 따라서 한반도 평화체제 구축의 기본 구도에 대한 협상과 군비 통제를 병행 실시하는 것이 바람직하다.

5장

북한의 한반도 평화관

유호열

Ⅰ. 서론

최근 한반도를 둘러싼 동북아 국제 정세와 남북 관계는 새로운 전환기를 맞이하고 있다. 북한 핵 문제 해결을 위한 6자회담 틀에서 북한의 핵 포기를 위한 문제 인식의 원칙적 합의뿐만 아니라 천안함 사건 이후 한반도를 둘러싼 대내외 정세가 다시 급격하게 움직이고 있다. 이에 남북한 대결과 갈등의 오랜 분단 시대에 대한 시각을 미래지향적 한반도 평화체제 구축이 절실한 과제로 부각되고 있다.

분단 상태의 두 국가의 평화와 번영이라는 국가적 목표는 주변 강대국의 동북아 전략과 이해관계에 따라 조정되는 피동적 역할을 극복하는 데 근본적 한계를 지닌다. 민족적 구심력보다는 주변 강대국에 견인당하는 국제적 원심력에 의해 한반도의 평화와 번영의 미래는 불확실하다. 이러한 국제 관계 및 남북한 관계의 변화는 한반도 평화와 통일의 관점에서 볼 때 기회로 작용할 수 있다. 한반도 문제는 남북한이 주체적으로 풀어가야 할 민족적 문제이자 동시에 미·일·중·러 주변 4국의 국가이익이 걸려있는 국제적 문제이다. 이에 대한 북한의 평화관의 분석과 평가는 평화를 기초한 통일의 로드맵 구성에 중요한 구성 요소일 것이다.

북한은 평화라는 개념과 인식을 철저하게 자기중심적 관점에서 규정하고 시대별 상황 변화에 따라 필요한 정책과 전략을 수립하고 추진했다.

김일성이 통치하던 시절의 북한에서는 진정한 평화란 적어도 언술상으로나마 한반도에서의 전쟁 발발의 위협이 제거되고 통일이 달성되어야 가능하다고 주장했으나, 1990년대 중반 이후 김정일의 선군정치와 강성대국론이 등장하면서 군사력과 억지력 강화를 통한 평화관으로 대체되고 있음을 알 수 있다.

II. 정전 이후~1960년대: 주한미군 철수와 남북평화협정 제안

북한은 1960년대 초반 이래로 평화체제 구축 문제를 제기해 왔는데 이는 정전 이후 전쟁 발발 가능성을 제거하기 위한 그들의 논리에서 그 기원을 찾을 수 있다. 이에 다음 두 가지 ①남북평화협정 체결 주장, ②북미평화협정 동시 체결 및 포괄적 평화보장체계 수립 주장을 살펴보도록 하겠다.

정전 이후 1970년대 초반까지 북한의 평화관은 주한미군 철수와 남북평화협정 제안이 중심을 이루었다. 이는 전쟁 발발 가능성을 제거하기 위해 주한미군이 한반도에서 철수하고 남북 간의 군축이 이루어져야 한다는 주장을 주요 골자를 이루고 있다. 당시에 중심이 되었던 평화와 통일은 단순히 통일을 평화적으로 달성한다는 의미가 아니라 통일 없이 평화가 없다는 개념으로, 통일과 평화가 별개의 사안이 아니라는 인식 하에 개념상 이들 사이의 과도기도 인정하지 않고 있다. 이러한 논리적 방식의 이해는 해석의 변형과 왜곡의 가능성을 안고 있다.

- 1953.8(조선노동당 중앙위원회 제6차 전원회의[1]): 정전은 완전한 평화는 아니지만 조선 문제의 평화적 해결의 시작이며 제네바정치회의에서의 주동적 역할 제시.
- 1954.4.26(제네바정치회의): 제네바정치회의의 기본 목적은 전(全)조선 자유선거의 실시를 통한 통일 정부의 형성과 미군과 유엔 참전국의 완전 철거였으며, 이와 관련한 6개항의 방안 제시(외국 군대 6개월 내 철거, 남북 군대 각각 10만 명으로 감축 및 긴장 완화를 위한 남북협정 체결 등).
- 1955.8.14(8·15 10주년 기념 보고): 현실 조건에 맞는 새로운 군축 제안(조선 문제의 평화적 조정을 위한 아시아 국가들의 극동회의 소집, 외군 철수

1_"정전은 우리에게 있어서 커다란 승리입니다. 정전은 비록 조선에 완전한 평화를 가져오지는 못했지만 그러한 정접협정의 체결은 조선 문제의 평화적 해결의 첫걸음으로 되며 긴장된 국제 정세의 완화에 기여한 첫 모범으로 됩니다. 우리는 정전협정을 체결함으로써 우리 조국의 통일 문제를 평화적으로 해결할 수 있는 가능성을 얻게 되었습니다.……미제국주의자들은 정치회의를 앞두고 벌써부터 뒷골목에서 소란을 일으키고 있습니다. 정치회의 소집의 중요한 목적이 조선에서의 외국 군대 철거에 관한 문제라는 것을 정전협정에서 동의하고 서명까지 해놓고도 악명 높은 전쟁상인 미국 국무장관 덜레스는 매국노 리승만과 더불어 남조선에 미국 침략 군대를 영원히 주둔시킬 것과 만일 필요한 때에는 정전협정을 파괴하고 또다시 조선에서 범죄적 침략 전쟁을 도발할 것을 목적으로 한 소위 '한미호상방위조약'이라는 것을 체결했습니다." 김일성(1979a), 396-8쪽 인용.

조치 강구, 남북 간 무력 불행사 선포, 남북한 군대 최소한도로 축소, 조국 통일 문제 토의를 위한 남북한당국대표자회의 소집 등 제시).

- 1956.4.7(조선노동당 3차 당대회 총화): 1957.9(최고인민회의 제2기 제1차); 1957.12(당중앙위 확대전원회의 보고); 1958.9(공화국 창건 10주년 보고): 평화통일과 평화 보장을 위한 군축 평화 제안(외국 군대 철수, 남북 군대 10만 이하 감축, 무력 불행사, 타국과 체결한 군사조약 폐기, 유관국회의 소집, 원자무기 철거).
- 1956.5.31(정부성명): 무력 불행사(남조선 당국을 반대해 무력을 먼저 사용하지 않음), 무력 축소(1956년 8월 31일까지 8만 명 병력 일방적 감축).
- 1958.2.5(정부성명): 외국 군대 철거(중국 지원군 포함), 남북 군대 최소한도 축소
- 1958.7.12(외무성 성명): 원자 및 신형 무기 철수
- 1955.3(최고인민회의 1기 9차); 1957.9(최고인민회의 2기 1차); 1959.10(최고인민회의2기 6차): 군축, 평화, 통일 관련 결정서, 호소문, 편지 등 문건 채택.
- 1960.8.14(8.15광복 경축대회 보고): 미제 철수, 평화적 통일, 남북 연방제 제안, 남북 군대 10만 이하 감축

김일성은 1962년 10월 22일부터 3일까지 개최된 최고인민회의 제3기 제1차 회의에서의 연설에서 주한미군 철수를 조건으로 '북남평화협정' 체결을 제의했는데, 이를 계기로 북한은 평화협정 체결을 위한 대남 선전 공세를 적극적으로 전개했다.[2]

당시 중심이 되었던 북한의 평화관은 철저히 자주적인 남북 관계를 제시하는 듯한 발언을 했지만, 국제정치적 환경에 대한 것을 배제하지 않고

있다.[3]

III. 1970~80년대: 조미평화협정 및 다자회담

1970~80년대 북한의 평화관은 1971년 남북 대화의 개시와 함께 군비축소 논의가 구체화되고 남북평화협정을 대신해 조미평화협정 및 3자회담 제안을 중심으로 전개되었다.

- 1973.3(남북조절위원회 2차 회의): 5개항 군비축소안(무력 증강과 군비경쟁 중지, 외군 군대 철거, 군대와 군비의 축소, 외국으로부터의 무기 반입 중지, 평화협정 체결).
- 1973.4(최고인민회의 5기 2차): 군비축소 5개항과 미군철수 시 북한군 20만 이하로 감축 제의.

2_이 연설은 당시 내각 수상인 김일성이 "조선민주주의인민공화국 정부의 당면과업에 대하여"에 명시되었다. 동 연설에서 김일성은 "미국 군대를 철거시키고 북남이 서로 상대방을 공격하지 않을 때 평화협정을 체결하며, 북남조선의 군대를 각각 10만 또는 그 이하로 축소해야 할 것입니다"라고 언급했다(조선중앙통신사 1963, 33; 국토통일원 1988a, 1167).

3_"우리 혁명이 승리하기 위해서는 세 가지 혁명력량이 잘 준비되어야 합니다. 그 첫째는 북조선의 혁명력량이며, 둘째는 남조선의 혁명력량이며, 셋째는 국제적 혁명량입니다.……우리 혁명이 승리하기 위해서는 국내에서 혁명력량이 강화될 뿐만 아니라 국제적 혁명력량도 더욱 자라야 합니다.……우리는 130만의 로동당들을 다 맑스레닌주의 사상으로 무장시켜야 하며 그들을 우리 혁명의 최고 참모부인 당중앙위원회두리에 철석같이 묶어세워야 합니다. 이렇게 하면 우리는 조선로동당을 핵심으로 한 1,200만의 강철의 대오를 가지게 될 것입니다." 김일성(1979c), 448-9쪽 인용.

- 1973.6.25(조국의 자주적 평화통일을 위한 5대 방침[4]): 북남 사이의 군사적 대치 상태와 긴장 상태의 완화.
- 1974.3.25(최고인민회의 5기 3차): 조미평화협정 체결 제안[5](유엔군 모자를 벗기고 철수).
- 1975.10.9(조선로동당 창건 30돐 기념대회): 자주, 독립, 사회주의 건설.[6]

4_"우리가 내놓은 조국통일5대방침은 북과 남 사이의 군사적 대치 상태의 해소와 긴장 상태의 완화, 북과 남 사이의 다방면적 합작과 교류의 실현, 북과 남의 각계각층 인민들과 각 정당, 사회단체 대표들로 구성되는 대민족회의 소집, 고려련방공화국 국호에 의한 유엔 가입을 그 내용으로 하고 있습니다.……북과 남이 방대한 무력을 가지고 군사적으로 대치해 있는 그 자체가 우리나라의 평화를 위협하는 큰 요인으로 되고 있을 뿐 아니라 오해와 불신을 낳는 근원으로 되고 있습니다. 이 근본적인 문제가 풀려야만 북과 남 사이의 긴장 상태와 불신임을 없애고 신뢰의 분위기를 조성할 수 있으며 호상 신뢰의 기초 위에서 모든 문제를 성과적으로 해결해 나갈 수 있습니다. 속에 칼을 품고 평화통일을 하겠다고 하며 대화를 한다는 것 자체가 어울리지 않습니다. 속에 품고 있는 칼을 내놓지 않고서는 서로 믿음의 분위기를 마련할 수 없으며 북과 남 사이의 합작과 교류를 실현하는 문제를 비롯해 나라의 통일과 관련된 크고 작은 어떤 문제도 원만히 풀어나갈 수 없습니다. 그렇기 때문에 우리는 나라의 평화통일을 이룩하기 위한 첫걸음으로서 무력 증강과 군비경쟁의 중지, 모든 외국 군대의 철거, 군대와 군비의 축소, 외국으로부터의 무기 반입의 중지, 평화협정의 체결을 내용으로 하는 5개 항목의 제안을 여러 차례에 걸쳐 남조선 당국에 제기하겠습니다." 김일성(1979b), 77-82쪽 인용.

5_"미합중국 국회에 보내는 편지"에서 최초로 조미평화협정 체결을 제의했으며, 30차 유엔총회(1975.9)에 제출한 각서를 통해 조미평화협정이 체결되어야 한다고 주장했다. 조미평화협정의 내용으로 북한은 ①상호 불가침 서약 및 직접 무력 충돌 위험 제거, ②무력 증강 및 군비경쟁 중시(조선 경외로부터 일체의 무기·작전 장비·군수물자 반입 중지), ③한국 주둔 외국군으로부터 유엔군 모자 제거 및 완전 철수, ④외국군에 의한 조선의 군사기지화 및 작전기지화 방지 등을 들고 있다. 국토통일원(1988b), 858쪽 참조.

6_조국 통일을 위한 투쟁에서 우리 당이 일관하게 견지하고 있는 기본 방침은 나라의 통일을 그 어떤 외세의 간섭도 없이 조선 인민 자신에 의해 자주적으로, 민주주의적 원칙에서 평화적 방법으로 실현하는 것입니다. 우리 당은 이 기본 방침에 따라 우리나라 정세 발전의 요구와 우리 민족의 의사를 정확히 반영해 그 누구에게나 다 접수될 수 있는 가장 공명정대하고 합리적인 조국 통일 방안들을 숨낳이 내놓았으며 그 실현을 위해 할 수 있는 모든 노력을 다했습니다.……

• 1979.1(조국통일민주주의전선 중앙위): 상대방을 위협하는 군사행동 중지, 외부로부터의 무기 반입 중지, 군사 충돌의 가능성제거 등 제기.

1970년대 중반에 들어 북한은 기존의 남북평화협정 체결 주장을 철회하고 북미평화협정 체결을 공식 입장으로 채택해 평화를 지향하는 이미지를 부각시키기 위한 정책을 전개하기 시작했다. 이에 따라 북한은 1974년 3월 25일 최고인민회의 제5기 제3차 회의에서 채택된 "미합중국 국회에 보내는 편지"에서 최초로 대미 평화협정 체결을 제의했으며, 제30차 유엔총회(1975. 9)에 제출한 각서를 통해 한국전쟁 및 정전협정의 '실질적 당사자'는 북한과 미국이므로 북미 간에 평화협정이 체결되어야 한다고 주장했다.[7]

정리하면, 주한미군 철수에 고무된 북한은 1973년 6월 23일 '고려연방제'안을 발표하고 1974년 1월 18일자 박정희 대통령이 제의한 남북 상호불가침협정 체결을 거부하는 동시에, '대미 평화협정 체결(1단계)→미군 철수(2단계)→남측 정권 타도(3단계)→공산화 통일(4단계)'이라는 베트남 공산화 과

조국의 자주적 평화통일을 이룩하기 위해서는 무엇보다 먼저 통일의 기본 장애물인 외세의 침략을 없애야 합니다. 우리나라의 자주적 평화통일을 방해하는 주된 외세는 미제국주의입니다. 미제는 무력으로 남조선을 강점하고 30년 동안이나 우리의 부모형제처자들이 남북으로 갈라져 민족 분렬의 고통을 겪고 한 장본인이며 오늘 '두개 조선' 정책을 들고 나와 우리나라의 영구 분렬을 꾀하고 있는 원흉입니다.……우리 당과 공화국 정부는 조국의 자주적 평화통일을 실현하기 위해 남조선을 강점하고 있는 미제 침략군에게서 '유엔군'의 모자를 벗기고 그들을 모두 철거시키기 위한 투쟁을 꾸준히 벌려왔습니다.……우리는 조선민주주의인민공화국과 미국 사이에 평화협정을 체결함으로써 조선에서 새 전쟁의 위험을 없애고 항구적인 공화국 정부의 일관한 정책입니다. 조선민주주의인민공화국과 미국 사이에 평화협정이 체결되고 남조선에서 미국 군대가 철거한 다음에는 북과 남 사이의 군사적 대치 상태를 해소하기 위한 구체적 조치를 위해야 합니다." 김일성(1979d), 224-7쪽 인용.

7_UN Document A/C. 1/1054, 24 September 1975, p. 12.

정을 한반도에 적용하려는 의도에서 대미 평화협정 체결을 제의했던 것이다.

- 1980.10.10(6차 당대회 보고)[8]: 고려민주연방공화국 창립 방안을 통한 군축[①분단국가에서 분쟁을 피하고 평화적으로 통일 문제를 해결할 수 있는 방도(사상과 제도를 강요하지 않음으로써) ②통일국가의 평화를 위협하는 내적 근원 제거(남북 군대 각각 10~15만으로 감축, 군사분계선 폐지, 군사시설 제거 민간 군사훈련 폐지, 군대 통합과 민족연합군 조직) ③정치 군사적 동맹이나 블록에 가담치 않는 중립국가로서 평화 보장의 국제적 환경 조성]과 비

8_우리는 조국 통일 문제 해결에서 일관하게 견지해 온 우리 당의 근본 립장과 1970년대에 들어서면서 급변하는 국내외 정세 발전의 요구를 반영해 조국 통일의 기본 강령으로서 자주, 평화통일, 민족대단결의 3대 원칙을 제시했습니다.……자주, 평화통일, 민족대단결의 3대 원칙을 기본 내용으로 하는 남북공동성명이 발표됨으로써 우리 당이 제시한 조국 통일 3대 원칙은 북과 남이 공동으로 확인하고 내외에 엄숙히 선포한 민족 공동의 유일한 통일 강령으로 되었습니다.……조국의 자주적 평화통일을 이룩하기 위해서는 우리나라에서 긴장 상태를 완화하고 전쟁 위험을 제거해야 합니다.……우리나라에서 긴장 상태를 완화하고 전쟁 위험을 제거하는 문제는 오직 정전협정을 평화협정으로 바꿈으로써만 해결될 수 있습니다.……조국의 자주적 평화통일을 이룩하기 위해서는 미국의 '두개 조선' 조작 책동을 저지시키며 조선의 내정에 대한 미국의 간섭을 조작해 단일민족인 우리 민족을 영구히 둘로 갈라놓으려는 미국의 분렬 정책은 조선 인민의 한결같은 지향과 시대의 흐름에 어긋나는 것이며 이것은 그 무엇으로써도 결코 정당화될 수 없습니다.……조선의 통일 문제는 외세의 지배와 간섭을 종식시키고 조선민족의 자주권을 완전히 실현하며 북과 남 사이의 불신과 대립을 없애고 민족적 단합을 이룩하는 문제입니다.……최고민족련방회의와 그 상임기구인 련방상설위원회는 련방국가의 통일정부로서 전민족의 단결, 합작, 통일의 념원에 맞게 공정한 원칙에서 정치 문제와 조국 방위문제, 대외 관계 문제를 비롯해 나라와 민족의 전반적 리익과 관계되는 사업을 추진하고 모든 분야에서 북과 남사이의 단결과 합작을 실현해야 할 것입니다.……고려민주련방공화국은 어떠한 정치군사적 동맹이나 뿔럭에도 가담하지 않는 중립국가로 되어야 합니다. 서로 다른 사상과 제도를 가지고 있는 북과 남의 두 지역을 하나의 련방국가로 통일하는 조건에서 고려민주련방공화국이 중립국가로 되는 것은 필연적인 것이며 또 현실적으로 가장 합리적인 것입니다. 김일성(1979e), 364-73쪽 인용.

핵평화지대 창설 제안.

- 1984.1.10(중앙인민위원회, 최고상설회의 연합회의): 3자회담 제안 및 조미평화협정 체결(전쟁 종결 법적 선포, 공고한 평화로의 전환, 외국 군대 철거)과 북남불가침선언(무력 불사용, 군대, 군비축소) 동시 채택.
- 1986.6.23(정부): 조선반도비핵지대 창설 관련 제안[조선반도의 비핵 평화를 위한 국제회의(1986.9)]과 평양국제회의 선언(비핵지대, 평화지대화, 핵무기 개발, 시험, 생산, 저장 금지 등).
- 1986.12.30(최고인민회의 8기 1차 시정연설): 비핵지대, 평화지대 조성 강조.
- 1987.7.13(외교부 성명); 1988(신년사): 핵무기 철거 및 비핵평화지대 창설.
- 1987.7.23(정부 성명): 단계적 군축 제안 성명[①1988~91년 3단계 무력 축소, 1992년부터 각각 10만 명 이하 병력유지 ②미군과 핵무기도 단계적 철수, 군사기지 철폐 ③판문점중립국감독위원회의 검증 ④비무장지대를 평화지대로 조성 ⑤북·남·미·중립국 감독위원회(방청) 국가들의 다국적 군축 협상(제네바) 제안 ⑥1987년 말까지 북한군 10만 명 일방 축소].
- 1988.11(중앙인민위원회, 최고상설회의, 정무원연합회의—포괄적 평화 보장 방안): 단계적 미군 철수와 남북 간 군축 방안[통보, 검증(중립국감독위원회)]과 남북 당면 정치 군사적 대결 상태 완화를 위한 방안(상호 비방 및 중상 중지, 비무장지대의 평화지대화, 대규모 군사 연습의 중지, 적대적 군사행동 중지 등) 제시.
- 1988.7.20(최고상설회의): 북남국회회담제의와 북남 불가침에 관한 공동선언 초안(무력불사용, 분쟁의 평화적 해결, 외국 침략과 무장 간섭 행위에 불가담, 불가침 경계선).

1984년 1월 10일 중앙인민위원회·최고인민회의상설회의 연합회의에서 "서울 당국과 미합중국 정부 및 국회에 보내는 편지"(소위 3자회담 제의 서한)를 채택했는데, 여기에서 "우리(북한)와 미국 사이에 평화협정을 체결하고 미군을 남조선에서 철거시키며 북과 남 사이에 불가침선언을 채택하는 것"을 강조하는 등, '남북불가침공동선언 및 북미평화협정의 동시 체결'을 제의했다(조선중앙통신사 1985, 255; 통일원 1991, 319).[9] 이 제안에서도 평화협정은 주한미군 철수를 위한 수단으로 제시되어, 북한의 '선(先) 평화협정 체결, 후(後) 주한미군 철수' 전략에는 근본적인 변화가 없었으며, 이 제안을 계기로 북한은 평화협정 체결을 통한 주한미군의 조기 철수를 유도하기 위해 대미 접촉 및 의회 차원의 민간 외교를 강화하기 시작했다.

IV. 1990년대~현재: 포괄적 평화보장체제 수립

1990년대 북한은 사회주의권의 붕괴에 따른 국제 및 한반도 정세 변화에 대응해 남북 대화 및 새로운 군축 제안을 통해 평화를 달성하고자 했다. 또한 1991년 9월 17일 남북한 유엔 동시 가입을 계기로 유엔과 북한 간 비정상적 관계가 더 이상 지속되어서는 안 된다고 강조하면서, 이러한 비정상적 관계 청산의 일환으로 정전체제의 평화체제로의 전환 및 유엔군사령부 해체,

9_1984년 1월 25일 최고인민회의 제7기 제3차에서 "조선에서 평화의 담보를 마련하며 조국의 자주적 평화통일을 촉진할 데 대하여"라는 보고에서도 남북불가침공동선언 및 조미평화협정 체결을 반복 제의했다.

조미평화협정 체결, 주한미군 철수 등을 포괄적으로 주장하기 시작했다.[10]

- 1990.1.1(신년사): 콘크리트 장벽 철거와 자유왕래과 전면 개방, 남북 최고위급당국및정당수뇌협상 소집 제안(장벽은 북남 대결과 북침 전쟁을 위한 요새화된 진지로서 평화를 위협하는 중요한 수단임).
- 1990.5.24(최고 9기 1차 회의): 조국통일5대방침(긴장 상태를 완화하고 평화를 보장하는 것이 통일을 평화적으로 실현하기 위한 선결 과제이며 이를 위해 북남불가침선언과 조미평화협정을 체결해야 하며 남북 무력 대폭 감축, 남한에서의 핵무기와 미군 철수).
- 1990.5.31(중앙인민위, 최고상설회의, 정무원 연합회의): 조선반도의 평화를 위한 군축 제안.
- 1992.2(북남합의서, 비핵화공동선언): 군축 평화 제안의 통일 지향적 성격.

그 후 북한은 1993년 10월 5일 송원호 외교부 부부장의 제48차 유엔총회 기조연설(통일원 1993, 54)과 1993년 12월 24일 부트로스 갈리 유엔 사무총장의 방북 환영 연회에서 김영남 외교부장의 만찬사(통일원 1993, 73-4), 1994년 6월 3일 유엔 사무총장에게 보낸 김영남 외교부장의 편지(통일원 1994, 157-60) 등을 통해 정전협정의 평화협정으로의 대체 및 유엔군사령부 해체 등을 요구했다.

10_예컨대 〈조선중앙방송〉 1994년 9월 19일자 보도는 "북과 남 사이에는 이미 오래 전에 불가침을 공약한 합의서가 채택되어 있는 만큼 우리와 미국 사이에 평화 보장 체계까지 수립된다면 그것은, 조선반도에서 공정하고 철저한 평화 보장 체계까지 수립된다면 그것은, 조선반도에서 공정하고 철저한 평화 보장 장치를 마련하는 것으로 될 것이다"라고 주장했다.

당시 북한은 90년대 이후 한반도에서의 평화는 조미평화협정의 체결을 통해 이루어질 수 있다고 파악했다. 한반도 비핵화의 틀에서 남한에서 미군의 핵무기가 철거되어 통일의 평화적 환경이 조성되어야 가능하다고 파악하고 있었으며 평화협정에서는 한반도 통일 문제에 관해 미군이 더 이상 간섭하지 않을 것을 확약하는 내용이 포함되어야 진정한 평화협정이 될 것이라고 주장했다.

한편 1993년 3월 12일 북한의 NPT탈퇴선언으로 북한 핵 문제가 국제사회의 최대 현안 중 하나로 부각되고, 이를 해결하기 위한 북미고위급회담과 실무접촉이 1993년 6월부터 1994년 10월까지 뉴욕과 제네바에서 개최되자, 북한은 조미평화협정 체결 문제를 미국과의 협상 의제로 삼으려는 의사를 본격적으로 내비치기 시작했다.[11]

그 후 북한은 1994년에 들어서면서 본격적으로 평화협정 체결을 주장하기 시작했다. 북한은 1994년 4월 28일 외교부 대변인 성명을 통해 현재의 정전협정이 이미 '빈 종이 장'이 되었으므로 북미 간 대립 관계를 해소하고 평화를 보장하기 위해서는 정전협정을 평화협정으로 대체하고 현재의 군사정전기구를 대신하는 '새로운 평화보장체제'를 수립할 필요가 있다면서 이 문제를 협의하기 위한 협상을 시작할 것을 미국에 제의했다. 특히 1995년 6월 29일에는 유엔군사령부 해체와 주한미군 철수를 규정한 1975

11_예컨대, 북한은 1993년 7월 14~19일 간 제네바에서 개최된 제2단계 북미고위급회담에서 미국에 대해 정전협정의 평화협정으로의 대체를 요구했다. 또한 1993년 11월 12일 북미회담 북한 측 대표인 강석주 외교부 제1부부장은 북한 핵 문제와 북미 관계 개선 문제의 '일괄타결'(a package deal)을 위한 방안을 보장하는 대가로 미국에 대해 북미수교, 국가 승인, 정전협정의 평화협정으로의 대체 중 적대적 정책 해소를 요구했다. 민족통일연구원(1994), 59-60쪽을 참조.

년 11월 제30차 유엔총회 결의 채택 20주년에 즈음해 북한은 이를 통해 미국의 잘못으로 인해 현재의 정전체제가 "복구할 수도 재생할 수도 없는 존재"가 되었기 때문에 이를 새로운 '평화 보장 체계'로 교체할 수밖에 없다고 강조하는 동시에, 미국이 당장 평화협정을 체결할 수 없는 형편이라면 먼저 유엔군사령부라도 해체해야 한다고 주장했다(『로동신문』 95/06/30).

V. 결론

북한은 1990년대 이후 한반도에서의 평화는 조미평화협정의 체결을 통해 이루어질 수 있다고 파악했다. 한반도 비핵화의 틀 속에서 남한에서 미군과 핵무기가 철거되어 통일의 평화적 환경이 조성되어야 가능하다고 파악하고 있으며, 평화협정에서는 한반도 통일 문제에 관해 미군이 더 이상 간섭하지 않을 것을 확약하는 내용이 포함되어야 진정한 평화협정이 될 것이라고 주장해 왔다.

6·15 시대의 한반도 평화는 남북 간 우리 민족끼리의 민족 공조의 정신과 김정일의 선군정치가 주도한다고 주장했으며 1990년대부터 세계 각지에서의 새로운 분쟁과 전쟁이 발생했음에도 불구하고 한반도에 평화가 유지되는 것은 김정일의 선군정치로 국력이 비상히 강화되었기 때문이다. 따라서 김정일 시대의 북한의 한반도 평화관은 정치적 선전·선동 차원에서의 통일 구상에서 군사적 억지력 강화를 통한 강성대국 평화관으로 바뀌어가고 있음을 알 수 있다.

6장

한반도 평화체제 구축과 한미동맹

쟁점과 대책

이인호

I. 문제의 제기

북한 외무성은 2010년 1월 11일 성명을 통해 한국전쟁 60주년이 되는 금년에 평화협정을 체결하자고 주장했다. 북한은 2009년 12월 9일 방북한 보스워스 대북정책특별대표를 통해 평화협정 체결을 6자회담 재개의 전제조건으로 제시한 바 있다.

그런데 북핵의 평화적 해결과 한반도 평화협정 논의를 위한 6자회담은 오바마 행정부 출범 직후인 2009년 5월 북한의 핵실험과 이에 대한 UN 안보리의 대북 제재 조치, 그리고 2010년 3월 26일 발생한 천안함 사건 등으

• 본 논문은 필자의 "한반도 평화체제 구축에 따른 한 · 미동맹관계의 쟁점과 대책," 『국방연구』, 제51권 제2호(2008.8), 3-28쪽을 수정 보완한 것임.

로 아직 열리지 못하고 있다.

그러나 한반도 평화체제에 관한 논의는 2005년 9·19공동성명과 2006년 부시 대통령의 한국 종전선언 가능성 언급, 2007년 2·13합의, 2007년 10월 2차 남북정상회담 등 일련의 한반도 관련 회담과 합의에서 북핵 문제와 더불어 핵심으로 부상되어 왔다.

특히 2·13합의는 북핵 문제 해결과 함께 북한의 미국 및 일본과의 관계 개선, 그리고 한반도 정전체제의 평화체제로의 전환 문제 등을 동시 병행적으로 추진하려는 것이다. 앞으로 천안함 사건이 어느 정도 해결되면서 6자회담이 재개되어 북핵 문제 해결에 대한 새로운 합의가 도출되고 북미 및 북일 관계 개선이 급속히 진전되면 동북아 냉전 질서가 무너지고 한반도 및 동북아 차원의 새로운 질서 만들기가 본격화될 것이다. 이는 1990년대 초 한중, 한러 관계 정상화를 넘어서는 파장을 가져올 것이다. 이러한 동북아 질서 재편이 한반도의 평화와 통일의 기회를 가져다줄 수도 있지만 한국이 소외된 채 강대국들만이 주도할 경우 자칫 한반도 평화체제 구축과 동북아의 새로운 질서가 분단 고착화와 국제적 고립으로 이어질 위험성도 배제할 수 없다.

한반도를 둘러싼 국제 정세 변화에 따라 한반도 평화체제에 관한 논의가 본격화 될 경우 한반도 안보 및 한미동맹 재조정과 관련된 만만치 않은 사안들이 현실적으로 남아 있다. 향후 한반도에서 정전체제가 평화체제로 전환될 경우 한반도의 군사적 긴장이 가시적으로 완화될 것으로 예상된다. 이 경우 유엔사 및 한미연합사 체제의 변화는 불가피할 것이며 주한미군의 철수 및 한미동맹 재조정에 관한 논의가 현안으로 떠오를 것으로 보인다. 이러한 맥락에서 종전선언과 평화협정의 체결 및 평화체제 구축에 따른 한미동맹 관계의 쟁점에 대한 검토와 면밀한 대비책의 필요성이 제기되고 있다.

II. 한반도 평화체제 논의의 배경과 평화체제의 개념

1. 한반도 평화체제 논의의 배경

1990년대 초 냉전 체제의 종식과 더불어 한반도에서도 정전체제의 평화체제로의 전환에 관한 논의가 활발하게 진행되어 왔으나, 관련 당사국 간의 의견 대립으로 실질적인 진전을 이루지 못했다. 그러나 2005년 6자회담에서 한반도 평화체제에 관한 구상이 명문화되면서 한반도 평화체제 구축을 통해 북한의 비핵화와 한반도와 동아시아의 갈등 구조를 풀려는 구상이 부시 행정부로부터 나왔다. 이런 구상은 2005년 6자회담의 9·19공동성명에서 명문화되었다. 9·19공동성명은 6자회담의 진전 상황에 따라 '적절한 시점'에 한반도 평화체제 구축을 위한 논의가 시작될 것임을 예고했다. 최근 『워싱턴포스트』(*Washington Post*)의 글렌 케슬러(Glenn Kessler) 기자는 2007년 9월 4일 발간한 『측근(The Confidante): 콘돌리자 라이스와 부시행정부의 유산 만들기』라는 저서를 통해 라이스 장관이 9·19공동성명 이후 필립 젤리코(Philip D. Zelikow) 자문관의 도움을 받아 북한과의 평화협정을 체결하겠다는 구상에 중점을 둔 새로운 대북 정책을 입안했으며 부시 대통령도 이에 대해 관심을 보였던 것으로 밝혀졌다(Kessler 2007). 부시 행정부의 대북 정책의 변화는 공화당이 중간선거 패배 이후 대내외의 정책적 압박 상황에서 단순히 핵 비확산을 위한 목적이 아니라 한반도에 화해와 평화의 길을 열고 동아시아의 미래 안보 협정을 형성하는 차원에서 비롯된 것이다(Zoellick 2007).

그리고 북한이 미사일 발사 실험과 핵실험을 자행한 뒤 국제적으로 대북 비난 여론이 비등하는 가운데, 부시 대통령은 2006년 11월 18일 하노이 APEC 한미정상회담에서 대변인을 통해 "북한이 핵을 포기하면 미국이 한국전쟁 종료를 선언할 수 있다"는 발언을 했다. 9·19공동성명의 연장선상에서 나온 부시 대통령의 '종전선언' 발언은 한반도 평화체제 구축 논의로 이어질 수 있게 하면서 6자회담에서 '한반도평화포럼' 구성에 대한 기대를 고조시켰다. 결국 같은 달 미국과 북한은 베이징에서 비밀리에 전격 회동해 회담 재개를 집중 협의했으며 이는 6자회담의 재개로 이어졌다. 이후 6자회담은 급물살을 타듯 진행되었다. 오직 6자회담의 틀 내에서만 북미 양자회담이 가능하다던 미국 측은 북한의 양자 접촉 제의에 응하기 시작해 탄력적인 모습을 보이기 시작했다. 해가 바뀌어 2007년이 되자마자 북한과 미국은 아무도 예상하지 못했던 제3의 장소인 베를린에서 전격 회동했다. 사흘에 걸친 양자 접촉 끝에 북한이 진정한 핵 폐기를 위해 취해야 할 초기 조치와 이에 대한 미국의 상응 조치를 둘러싼 모종의 합의가 도출됐다. 우여곡절이 있었지만 결국 북한에 대한 다양한 '지렛대'를 보유한 5개국의 동시적 압박과 설득이 효과를 발휘하기 시작했고, 2차 북핵 위기가 처음 발발한 지 만 4년 4개월 만에 2007년 2·13합의라는 소중한 외교적 성과를 얻어냈다. 2·13합의는 북핵 문제의 종착점이 종전선언을 필두로 평화협정 체결에 따라 이루어질 북미 관계 정상화임을 재확인했다.

이러한 흐름 속에서 한반도 평화체제 논의에 기름을 부은 것은 2007년 10월 2일부터 4일까지 개최된 2차 남북정상회담이었다. 지난 2000년 제1차 남북정상회담의 화두가 '남북 간 교류와 협력'이었다면, 2차 남북정상회담의 성패를 좌우할 핵심 의제는 한반도 평화체제 관련 논의로 집중되었다.[1] 남북정상회담에서 노무현 대통령과 김정일 국방위원장이 10·4공동선언에서 "평화체제 구축과 종전선언 논의를 위해 노력한다"는 점을 강조했다.[2] 이는 북핵 문제는 6자회담에서 해결하는 것으로 전제하고 다음 단계라고 할 수 있는 종전선언과 평화체제 의제에서 남북이 이니셔티브를 쥐겠다는 전략으로 해석되었다.

그러나 이후 6자회담이 중단된 상태에서 2008년 남한의 정권 교체, 2009년 오바마 행정부 출범과 북한의 로켓 발사 및 2차 핵실험에 따른 국제사회의 대북 제재와 북한의 반발 등 외교 정세가 큰 변화를 겪으면서 평화체제 논의는 다시 수면 아래로 가라앉았다.

2009년 말부터 북한은 한반도 평화협정에 관한 문제를 다시 제기하기 시작했다. 2009년 12월 8~10일 평양을 방문한 보스워스 대북특별대표에게 북한은 평화협정 체결을 6자회담 재개의 전제 조건으로 제시했다. 그리고 2010년 1월 11일 북한은 외무성 성명을 통해 "조선전쟁(6·25전쟁) 발발 60년이 되는 올해 정전협정을 평화협정으로 바꾸기 위한 회담을 조속히 시작할 것으로 정전협정 당사국들에 정중히 제의한다"고 밝혔다(『연합뉴스』 10/01/11). 물론 우리 정부는 평화협정 문제는 6자회담이 재개되고 나서 비핵화 과정이 추동될 때 직접 당사국들의 별도의 회담에서 논의할 사안이라며 북한에 성명에 대응했다. 그런 가운데 2010년 3월 26일 발생한 천안함 사건으로 6자회담 재개를 위한 논의조차 불가능해졌다. 그러나 천안함 사

1_2007년 8월 8일 남북이 공동 발표한 합의서는 평양회담이 "역사적인 6·15남북공동선언과 우리 민족끼리 정신을 바탕으로 남북 관계를 보다 높은 단계에로 확대 발전시켜 한반도의 평화와 민족 공동의 번영, 조국 통일의 새로운 국면을 열어나가는 데 중대한 의의를 가지게 될 것"이라고 밝혔고, 이는 8월 14일 개성 실무접촉에서 재확인되었다(『연합뉴스』 07/08/08).

2_남북정상회담 10·4선언 4항에는 "남과 북은 현 정전체제를 종식시키고 항구적인 평화체제를 구축해 나가야 한다는 데 인식을 같이하고 직접 관련된 3자 또는 4자 정상들이 한반도 지역에서 만나 종전을 선언하는 문제를 추진하기 위해 협력해 나가기로 했다"고 명시되어 있다(『동아일보』 07/10/05).

건이 발생한지 8개월이 지난 현재 북한을 비롯한 중국, 미국 등이 6자회담 재개를 원하고 있고, 한국도 북한이 천안함 사건에 대해 어떤 형태로든 책임 있는 태도를 표명하면 6자회담에 임하겠다는 입장이다.

한국과 미국은 현재 '선(先) 천안함 해결, 후(後) 6자회담 재개'라는 입장에는 변함이 없으나 천안함 충격 여파도 위력이 약화되고 있는 가운데 중국이 적극 중재에 나서고 있고 북한도 대미·대남 유화 공세를 펴고 있는 실정이다. 오바마 행정부도 동맹국인 한국의 입장을 고려해 적극적인 태도는 자제하고 있으나 내심 6자회담 재개를 바라고 있다. 따라서 6자회담은 당장 재개될 것 같지는 않지만 한국과 미국이 천안함 사건을 무한정 끌고 갈 수 없는 입장이기 때문에 현재 6자회담 재개를 위한 적절한 시기를 저울질하고 있는 상황이다.

향후 6자회담이 재개되어 평화협정 문제가 논의되더라도 종전선언을 포함한 평화체제 구축 문제는 북한의 비핵화, 관련 당사국들의 이해 차이, 남북 관계 및 한미동맹에 미치는 영향 등 복잡한 관계가 얽혀 있기 때문에 이 문제 앞에는 수많은 난관이 가로놓여 있다고 할 수 있다.

2. 한반도 평화체제의 개념

일반적으로 평화(peace)란 분쟁(conflict)의 반대되는 개념으로 '평온하고 화목한 상태' 혹은 '전쟁 없이 세상이 잘 다스려지는 상태'로 정의되고 있다(송대성 1998, 12). 그러나 요한 갈퉁(Johan Galtung)은 평화를 소극적 평화(negative peace)와 적극적 평화(positive peace)로 구분한다. 소극적 평화는 단순히 '전쟁이 없는 상태' 혹은 '폭력이 행사되지 않는 상태'를 의미한다.

그리고 적극적 평화란 단순히 전쟁이 없다는 개념을 뛰어넘어 전쟁을 발생하게 하는 원인까지 제거된 구조적 폭력이 없는 상태를 의미한다(한용섭 2004, 153; Galtung 1996, 1-4).

현 상황에서 한반도 평화란 어떤 개념을 가지고 있을까? 한반도 평화 개념에 대해서는 남북한이 상이한 개념을 가지고 있다. 남한의 평화 개념은 소극적 의미에서는 한반도에서 전쟁이나 무력 충돌 없이 국내적·국제적으로 사회가 평온한 상태를 의미하며, 적극적 의미에서는 전쟁의 원인이 제거되는, 즉 북한의 대남 적화통일 정책을 포기하는 것을 의미한다. 이에 비해 북한의 평화 개념은 소극적 의미에서는 한반도에서 군사행동이 중지된 가운데 평화 상태를 회복한 상태를 의미하고, 적극적 의미에서는 한반도에서 주한미군이 철수되고 군사행동이 중지된 가운데 평화 상태를 회복한 상태를 의미하고 있다(송대성 1998, 8-12). 결국 남북한의 한반도 평화에 대한 서로 상이한 개념은 한반도 평화체제 구축을 어렵게 만드는 하나의 요소로 작용한다.

그러면 한반도 평화체제란 무엇인가. 일반적으로 평화체제(peace regime)란 "전쟁의 법적 종결 및 전쟁 방지와 평화 유지를 위한 제도적 장치를 의미"한다. 그리고 평화체제 구축이란 이 같은 "제도적 장치를 마련함으로써 정전 상태를 평화 상태로 전환하고, 상호 적대적 관계를 초래했던 긴장 요인들을 해소함으로써 항구적 평화 정착을 위한 제도적 발전을 실현하는 행위"라고 할 수 있다. 따라서 한반도 평화체제는 3가지 요소로 구성되는데, 즉 정전협정의 평화협정으로의 대체, 남북 간 군사적 긴장 완화와 신뢰 구축, 그리고 북핵 문제의 평화적 해결과 북미·북일 관계 정상화이다(허문영 2007b, 52).

한반도 평화체제에 관한 다양한 의견을 종합하면 다음의 3가지 특성을 갖고 있는 것으로 이해된다. 첫째, 과정적 특성으로서의 평화체제이다. 한반도 평화체제는 현재의 정전협정을 평화협정으로 대체하는 전쟁의 법적 종결만을 의미하는 것이 아니라 남북 및 주변 관련국이 함께 긴장 요인을 포괄적으로 해결하면서 평화를 제도화하고 정착시켜 나가는 장기적 과정이라 할 수 있다. 둘째, 한반도 문제이자 국제적 사안이라는 이중성을 지니고 있다. 한반도 평화문제는 정치·군사·경제 등 다양한 분야에서 민족 내부적 요소와 미북 간, 북일 간 안보 현안 등 국제적 요소들이 상호 얽혀 있는 국제 문제적 성격도 가지고 있다. 셋째, 과도기적 특성이다. 한반도 평화체제는 남북한의 궁극적 통일의 제도적 기반을 제공하는 과도기적 체제이다(조민 2007, 91; 허문영 2007b, 53).

그리고 평화체제는 평화협정보다는 포괄적 개념이다. 평화협정은 군사적으로 대치하고 있는 나라나 지역에서 군사행동을 중지하고 평화 상태를 회복하거나 우호 관계를 발전시키기 위해 맺는 협정이며, 관련국 간 협정을 통한 정치적 일괄 타결 방식을 추구한다. 그리고 평화협정은 국제 법률상의 용어로 전쟁 종결을 일반적으로 취하는 합의 방식이자 조약이나. 따라시 한반도 평화협정 체결은 한반도 평화 구축을 위한 법적·제도적 차원에서의 환경 조성을 통해 추진될 수 있다. 이에 반해 평화체제란 정치적 용어로서 국제정치학자들이 사용하는 안보 레짐(security regime)을 의미한다. 로버트 저비스(Robert Jervis)에 따르면 안보 레짐이란 "타국이 상호적으로 행동하리라는 믿음 하에 자국의 행동을 제한하는 근거가 되는 일련의 원칙(principles), 규칙(rules), 규범(norms)"을 말한다(Jervis 1983, 173). 여기서 평화체제란 안정적이고 지속적으로 평화에 대한 해결할 수 있다는 기대감이 명시적이든 묵시적이든 형성된 제도적 장치를 의미한다. 따라서 한반도 평화체제는 한반도 질서를 규정해 온 정전 상태가 평화 상태로 전환되고, 안보 및 남북 관계, 그리고 대외 관계에서 이를 보장하는 제도적 발전이 이루어진 상태라고 할 수 있다. 그리고 한반도 평화체제 구축은 한반도 평화 상태를 만들어 가고(peace making), 이를 제도화하는 과정(peace process)을 말한다(박영호 2003, 63). 한반도 평화체제의 개념과 평화체제 구축을 이렇게 규정할 경우 한반도 평화체제는 기존의 정전체제를 대체하는 동시에 적극적 의미에서 한반도 평화의 여건을 창출하고 궁극적으로는 남북한 통일을 성취하는 것까지를 포함하는 포괄적 개념이라 할 수 있다.

III. 한반도 평화체제에 대한 관련국의 입장

1. 북한의 입장

평화체제 구축에 대해 북한은 정전협정 체결 직후부터 꾸준히 정전협정의 평화협정으로의 전환을 주장해 왔으나 입장은 상황에 따라 변화해 왔다.

한반도 평화체제에 대한 북한의 입장 변화에 대해 윤덕민 교수는 5단계를 거치면서 변화해 왔다고 주장한다(윤덕민 2006).[3] 윤 교수는 한반도 평화

3_통일연구원은 북한의 평화협정에 대한 입장이 ①남북평화협정 체결, ②북미평화협정 체결, ③남북불가침공동선언 및 북미평화협정 동시 체결, ④포괄적 평화보장체계 수립 주장 등으로 4단계의 변화 과정을 보여 왔다고 주장한다(강원식 외 1995, 5-12).

체제 구축에 대한 북한의 입장이 ①남북 동등성 원칙 추구(1954~60년), ②남북평화협정 체결(1962~74년), ③북미평화협정 체결(1974~84년), ④남북불가침공동선언 및 북미평화협정 동시 체결(1984~93년), ⑤포괄적 평화 보장 체계(1993년~현재) 등으로 변화해 왔다는 것이다.

북한의 이러한 입장 변화는 대외 정책 환경과 자신의 역량에 따라 대남 목표와 전략을 조정한 결과로 평가된다. 북한은 1954년 한국전쟁 처리를 논의하기 위한 제네바회의에서 '두개의 조선'을 합법화하고 북한의 국가로서의 지위를 얻기 위해 노력했고, 평화 문제와 관련해서는 남북한 동등성 원칙을 추구했다. 그러나 이 당시 북한에게는 전후 복구가 정책의 최우선 순위에 올라 있었기 때문에 통일 문제나 평화 문제에 대해서는 적극적이지 못했으며 단지 선전적인 차원에서 머물러 있었다.

북한은 1962년 개최된 최고인민회의에서 남북평화협정의 체결을 제의하면서 그 조건으로 주한미군의 철수를 요구했다. 북한은 1972년 7·4공동성명 후에도 기본적으로 동일한 내용의 남북평화협정 체결을 남한에 요구했다. 이 당시 북한의 남북평화협정 제안은 대남 평화 공세의 일환이었으며 주한미군의 철수를 위한 명분 축적용이었다.

북한은 1974년 이후부터 1980년대 중반까지 기존의 남북평화협정 체결 주장을 철회하고 북미평화협정 체결을 주장했다. 북한은 1974년 최고인민회의에서 채택된 "미의회에 보내는 편지"에서 최초로 북미평화협정을 제기하고, 이후 집요하게 북미평화협정 체결을 주장해 왔다. 북한의 제안은 주한미군 철수를 조건으로 한 기존의 남북평화협정 체결 주장과는 달리, 먼저 북미평화협정을 체결하고, 후에 주한미군 철수를 실현하겠다는 의사를 표명한 점에서 특징이 있다고 할 수 있다.

1980년대 중반부터 남북한이 유엔에 동시 가입하고 남북기본합의서가 채택된 1990년대 초까지 북한은 남북불가침공동선언 및 북미평화협정 동시 체결을 제기했다. 북한은 1984년 "서울 당국과 미합중국 정부 및 국회에 보내는 편지"를 통해 '남북불가침공동선언 및 북미평화협정의 동시 체결'이라는 소위 '3자회담'을 제안했다. 1991년 9월 남북한 유엔 동시 가입을 계기로 유엔과의 비정상적 관계 청산의 일환으로 정전체제의 평화체제로의 전환 및 유엔군사령부 해체, 북미평화협정 체결, 주한미군 철수 등을 포괄적으로 주장하기 시작했다. 또한 북한은 1991년 한국과 '기본합의서'에 합의한 이후, 남북불가침선언이 이미 이루어진 것으로 간주하고, 이후부터는 한국을 철저히 배제한 가운데 북미평화협정이 체결되어야 한다는 입장을 강조하기 시작했다. 북한이 미국을 평화협정 체결 당사자로 간주하는 것은 미국이 한반도에서 정세를 긴장시키고 전쟁 위험을 조성하며 통일을 방해하는 장본인이기 때문이라는 것이다. 반면, 남한은 정전협정의 체결 당사자는 아니지만 미국의 전쟁 정책에 적극 추종해 한반도 긴장을 조성하고 있으며 실제로 군사적으로 대치되어 있기 때문에 불가침선언을 해야 한다는 주장이다(심병철 2003).

북한은 1993년 북한 핵 문제가 국제사회의 최대 현안으로 부각되면서, 북미 간 고위급회담이 개최되자, 북미 간 평화협정 체결을 본격적으로 주장하기 시작했다. 특히 1994년 4월 북미평화협상을 제의하면서 군사정전위원회로부터 북한군 철수, 중국의 군정위 대표단 소환 등 정전위의 무력화를 위한 일련의 조치들을 취했다. 또한 북한은 1996년 4월 조선인민군 판문점 대표부 대변인 명의로 군사분계선과 비무장지대 유지 및 관리 임무를 포기한다고 선언했다. 이 모든 조치들은 북미평화협정 체결을 위한 명분 축적용으로 활용하려는 의도에서 행해진 것이었다.

북한은 미국의 부시 행정부 출범 이후 2002년 켈리 특사의 방북과 북한의 고농축우라늄(HEU) 이용 의혹 제기를 계기로 북미 관계가 악화되자, 즉시 위기감을 느낀 북한은 외무성 대변인 성명을 통해 미국의 '대북 불가침 조약'을 요구했다. 한편 그동안 6자회담에서는 한반도 평화체제 구축 문제는 중심 이슈로서 다루어지지는 않았으나, 2005년 9월 제4차 6자회담에서 발표된 9·19공동성명은 "직접 관련 당사국들이 적절한 별도 포럼에서 한반도의 영구적 평화체제에 대한 협상"을 갖기로 합의했으며, 이는 2007년 2·13합의에서 재확인되었다.[4] 9·19합의 이후 북한은 계속해서 북핵 해결을 위해 미국은 정전협정을 평화협정으로 바꾸는 데 적극 나서야 한다고 촉구하고 있다(『연합뉴스』 07/07/01). 그런데 2007년 10월 2차 남북정상회담에서 양국 정상은 "남과 북은 현 정전체제의 종식과 항구적인 평화체제 구축에 인식을 공유, 직접 관련된 3자 또는 4자 정상들과 종전선언 추진에 협력"한다고 선언함으로써, 북한은 남북이 평화체제 당사자라는 점을 처음으로 인정했다(『조선일보』 07/10/05; 남북정상회담 준비기획단 2007, 11). 이러한 북한의 입장 변화가 근본적인 것인지는 현재로서는 불분명한 바 앞으로 후속 조치를 지켜보아야 할 것이다.

이상 평화체제에 대한 북한의 입장을 정리하면, 북한은 그동안 북미평화협정을 주장해 왔다. 그러나 10월 2차 정상회담에서 남북한과 미국, 또는 남북한과 미국, 중국 등 3자 혹은 4자가 한반도 평화체제 논의 및 평화협정 체결 당사자는 될 수 있다는 입장을 확인했다. 이러한 입장 변화가 근본적인 것인지는 현재로서는 불분명한 바, 향후 후속 조치를 지켜보아야 할 것이다. 그리고 북한은 평화체제 전환 문제를 주한미군 철수 및 유엔사 해체

4_북한이 한반도 평화체제 구축 문제를 6자회담 틀 밖에서 별도 포럼을 통해 논의하고자 하는 궁극적 목적은 북미평화협정을 통해 주한미군의 철수를 종용하기 위한 전략의 일환인 것이다.

와 연계하고 있고, 평화체제를 핵 문제 해결의 중요한 전제 조건으로 간주한고 있다고 말할 수 있다.

2. 한국의 입장

한국은 그동안 정전협정의 체결 당사자가 아니란 이유로 정전체제를 평화체제로 전환하는 실질적인 회담에 참석할 수 없다는 북한 측의 주장에 대해 당사자로서 참여 자격을 정당화하는 데 그쳤다.

한국 정부의 한반도 평화체제에 대한 입장은 박정희 전 대통령의 1974년 6월 18일 연두기자회견에서 처음으로 밝혀졌다. 당시 박정희 대통령은 무력침범 절대불가 약속, 상호 내정간섭 중단 등을 골자로 하는 '남북 간 상호불가침협정 체결'을 제의했다.[5] 이후 박정희 정권은 '남북한 당사자 해결 원칙에 입각한 정전협정 대체 방안을 모색할 용의'가 있음을 발표했고, 1979년 7월 지미 카터 미국 대통령과의 정상회담 후 공동성명을 통해 남북한과 미국이 참여하는 3자회담으로 긴장 완화 방안을 마련하자고 제의한 바 있다.

노태우 정부는 북한을 경쟁과 대결의 상대이자 민족 공동체의 동반자로 인정했다. 노 전 대통령은 1990년 광복절 45주년 경축사를 통해 '남북평화협정'을 제의했다. 1980년대 이후 남한의 경제력이 북한을 압도하기 시작하면서 대북 정책은 보다 진취적 형태로 발전했고 이는 1990년 공산권

5_한반도 평화체제에 대한 한국의 입장에 대해서는 허문영(2007a), 61-5쪽과 박종철(2005) 참고.

국가들과의 수교 및 남북한 유엔 동시 가입 등 북방 정책으로 가시화됐다.

김영삼 정부는 1995년 광복절 50주년 경축사에서 한반도 평화체제 구축 3원칙을 제시했다. 김 전 대통령은 남북 당사자 해결 원칙, 남북한 간의 기존 합의를 존중하는 주변국의 협조와 지원을 활용, 남북한 간의 실질적인 평화체제 구축 노력을 지속할 것을 선언했다.[6] 김영삼 정부는 이것에 기초해 북미평화협정을 방지하고 한반도 긴장 고조를 완화하기 위한 일환으로 1996년 4월 4자회담을 제안한다. 4자회담의 취지는 한반도 문제의 국제화 현실을 수용하되 최종적으로는 남북 당사자 원칙에 의해 해결하겠다는 것이었다.

김대중 정부는 과거와 차별화된 대북 정책을 전개했다. '포용정책' 또는 '햇볕정책'으로 명명된 김 전 대통령의 정책은 교류 및 협력을 통해 북한의 점진적 변화를 유도하고 궁극적으로는 평화공존과 통일의 기반을 구축하기 위한 노력으로 요약된다.

노무현 정부는 한반도 평화체제 구축을 북한의 변화와 남북 관계 진전 상황, 그리고 동북아 정세와 주변국의 이해관계를 종합적으로 고려하면서 단계적으로 추진하고자 했다. 노무현 정부는 한반도 평화체제는 단순히 정전협정의 평화협정 전환 문제에 국한된 것이 아니라 남북 군사 신뢰가 구축되면서 평화의 제도화가 이뤄지는 장기적 과정으로 보았다. 그리고 평화체제 구축 과정에서 남북이 당사자가 되고 국제사회가 이를 지지하고 보장해야 한다는 입장을 견지했다(국가안전보장회의 2004, 36-7). 노 전 대통령은 취임 이후 한반도 평화 정착을 위해 북핵 문제와 남북 관계라는 두 수레바

6_김영삼 정부의 한반도 평화체제 구축 3원칙은 ①남북 당사자 해결, ②기존 남북합의서 존중, ③관련국 협조와 뒷받침으로 구성되어 있다.

퀴가 같이 돌아가야 한다고 강조해 왔다. 북핵 관련 6자회담과 남북 대화의 병행, 북핵 문제 해결과 남북 관계 발전이 선순환 구조를 이루는 것을 추구한 것이다.

이명박 정부의 평화체제에 관한 입장은 대체로 평화체제 논의에는 반대하지 않으나 '선 북핵 문제 해결, 후 평화체제' 논의의 입장에 있다고 할 수 있다.

요컨대, 평화체제에 대한 한국의 입장은 정전협정을 평화협정으로 대체하는 데 그치는 것이 아니라, 남북 분단 상태를 평화적으로 관리하면서 남북한 간 군사적 신뢰 구축, 교류 협력의 증대 및 동북아 정세와 주변국의 이해관계를 종합적으로 고려하면서 점진적이고 단계적으로 실현해 나가야 한다는 입장이다.

3. 미국의 입장

미국은 지금까지 한반도 평화체제 구축 문제에 대해선 '남북한 당사자 해결 원칙'이라는 한국 측 입장과 같이 해왔다. 휴전선을 경계로 군사적으로 대치하고 있는 남북한의 직접 참여가 없는 평화란 무의미하다는 취지다. 그렇기 때문에 미국은 1970년대 이후 북한의 북미평화협정, 북미잠정협정, 남·북·미 3자회담 등의 제의에 대해 거부 입장을 분명히 해 왔으며 북미평화협정 체결에 대해서도 줄곧 반대해 왔다.

미국의 이 같은 생각엔 동맹국인 한국의 당사자 지위를 배제하기 어렵다는 점과 북한의 전략에 말려들지 않겠다는 측면도 있다. 미국의 세계 전략 차원에서도 북미 간의 평화협정 체결은 불가능하다는 판단도 작용하고 있다.

평화협정이 논의될 경우 주한미군의 주둔 여부는 물론이고 유엔군사령부와 한미연합사의 지위도 새롭게 정립해야 한다. 한미동맹과 미일동맹에도 변화가 수반될 수밖에 없다. 따라서 미국은 미국의 보장 하에 남북이 논의하는 형식은 가능하다는 입장이다.

그동안 평화협정에 가장 근접했던 안은 클린턴 행정부 때인 2000년 10월에 발표된 북미공동성명이었다.[7] 여기에선 '정전협정의 평화협정으로의 전환'까지 합의하고 이를 위해 4자회담을 열기로 했으나 2개월 뒤에 있는 대선에서 부시의 공화당이 승리함으로써 무위에 그쳤다.

부시 행정부는 북한을 '악의 축'으로 규정하면서 대북 관계 개선에 부정적 시각을 보여 왔으나, 2006년 11월 하노이 한미정상회담에서 "북한이 핵을 포기하면 종전선언과 평화조약을 체결할 용의가 있다"고 획기적인 제안을 내놓았다. 2007년 2·13합의에서도 '한반도 평화체제 협상 착수'를 별도 항목으로 포함하고 있다.

미국은 한반도 평화체제 구축은 남북 대화를 통해 이루어져야 한다는 점을 계속 강조해 왔고 평화협정 체결 조건으로 북한의 '선 핵 폐기'를 계속 고수하고 있는 상황이다.[8] 이러한 입장은 지난 2007년 9월 7일 APEC 한미

7_북한의 김정일 위원장의 특사인 조명록 국방위원회 부부장이 방미 중 발표한 공동성명에는 한반도 평화체제 관련 "쌍방은 조선반도에서 긴장 상태를 완화하고 1953년의 정전협정을 공고한 평화 보장 체계로 바꾸어 조선전쟁을 공식 종식시키는 데 4자회담 등 여러 가지 방도들이 있다는 데 대해 견해를 같이 했다"라고 명시되어 있다(U.S. Department of State 2000).

8_알렉산더 버시바우 주한미대사는 세종연구소 주관 '서울·워싱턴 포럼' 연설에서 한반도 평화체제 논의에 대해서는 "북한이 비핵화를 이루지 않고 보상받을 수 있다고 생각한다면 지금껏 (6자회담에서 나온) 진전은 신기루처럼 사라질 수 있다"며 "비핵화 없이 한반도 평화체제 전환, 북미 관계 정상화는 상상할 수 없다"고 언급했다(『조선일보』 07/05/16).

정상회담에서 부시 대통령이 "나의 목표는 평화조약을 통해 한국전쟁을 종결시키는 것이며, 이를 위해서는 김정일 위원장이 핵 프로그램을 검증 가능하게 폐기해야 한다"(『연합뉴스』 07/09/07)고 언급하면서 재확인했다. 따라서 부시 행정부의 기본적인 입장은 북핵 문제 처리 과정과 한반도 평화체제 문제가 유기적으로 결합되어야 한다는 생각을 가지고 있다. 즉, 미국은 북핵 문제와 평화체제 논의가 상호 선순환 구조 하에 놓여서 북핵 문제의 완전한 해결이 자연스럽게 한반도 평화체제를 가속화시키는 연결 구조가 생겨나야 한다는 전략적 입장이다.

오바마 행정부는 북핵 문제와 평화체제 구축을 '포괄적 패키지'에 포함시키고 있다. 오바마 대통령은 지난 12월 보스워스 특사를 통해 김정일 국방위원장에게 전달된 친서에서 "북한이 비핵화를 위한 돌이킬 수 없는 조치를 취할 때 북한과 평화협정에 대한 논의를 시작할 수 있다"고 밝혔다(Niksch 2010, 5). 이는 이명박 정부의 '선 비핵화 논의, 후 평화협정'과 같은 입장이다.

4. 중국의 입장

중국의 대한반도 정책의 목표는 북핵 문제의 평화적 해결, 남북한 간의 긴장 완화 및 관계 개선을 통한 한반도의 평화적 현상 유지이다. 중국은 한반도의 안정과 현상 유지가 자국의 국가이익과 안전에 필수적인 요인으로 인식하고 있기 때문이다.

중국은 1996년 4자회담에 적극적으로 참여해 자국의 이익이 반영되는 방향으로 한반도 평화체제 구축 문제에 대한 입장을 개진했으며, 6자회담

과정에서도 한반도 정전협정을 평화협정으로 전환하자고 제안하는 등 동북아 평화체제 구축에 적극적이다.

한반도의 평화를 실현하는 일은 중국의 정치·경제·안보적 이해와 일치하기 때문에 중국은 한반도에 정전체제를 대체할 영구적 평화의 기제를 구축하는 과정에서 결코 방관자가 될 수 없다는 것이다. 이에 대한 이유로 현대국제관계연구원의 푸멍즈(傅夢孜) 원장은 중국은 ①정전협정의 서명자로서 평화체제로의 전환에 있어서도 당사자이고, ②한반도 평화와 동북아 평화 메커니즘의 확립은 중국의 전반적인 외교적 조치의 핵심 고리이고, ③중국의 지속적인 경제성장은 동북아 지역 발전과 한반도 평화 증진의 원천이 되며, ④한반도 평화 정착 과정에서 정치적·외교적으로 유리한 위치에 있기 때문에 관련 당사국 모두를 조정하는 데 건설적 역할을 할 수 있기 때문이라는 것이다(Fu 2007, 128). 닝푸쿠이(寧賦魁) 주한중국대사는 2007년 10월 4일 남북정상공동선언 발표 직후 "정전협정을 평화협정으로 바꾸는 것은 한반도와 동북아의 항구적 평화를 유지하는 데 중요한 일이라고 생각한다"고 말하고, "중국은 이 과정에서 건설적이고 적극적인 역할을 할 것"이라고 언급했다. 닝푸쿠이 대사의 언급은 중국이 배제된 3자의 종전선언과 평화협정은 수용할 수 없다는 입장을 분명히 한 것이다(『조선일보』 07/10/08). 즉, 중국은 한반도 정전체제를 평화체제로 전환하는 과정에서 정전협정 체결 당사국으로서 건설적인 역할을 행사하기를 바라면서 새로운 평화체제가 구축될 때까지는 관련 당사국 모두가 정전협정을 준수해야 한다는 입장을 견지하고 있다는 것이다.

IV. 한반도 평화체제 구축에 따른 한미동맹 관계의 쟁점

한반도 평화협정이 체결되고 평화체제로의 전환이 이뤄지는 과정에서, 정전협정을 유지·관리하는 임무를 가지고 있는 유엔군사령부의 해체 여부, 주한미군 주둔 문제, 한국군 전시작전통제권 환원 문제 등이 핵심 쟁점으로 떠오를 것이며 이에 대한 대응 전략이 필요하다.

1. 유엔군사령부 해체 여부

정전협정이 평화협정으로 대체되면 현재 정전협정을 유지·관리하는 유엔군사령부(UNC: United Nations Command)의 존속 명분이 없기 때문에 유엔군사령부가 해체되어야 한다는 견해가 전문가들 사이에 지배적인 가운데, 북한도 줄곧 유엔군사령부 창설 당시부터 불법적 내정간섭 도구로 해체되어야 마땅하다는 입장을 견지해 왔다.

유엔군사령부는 한국전쟁 기간 동안 한국전 참전 16개국을 총괄하는 통합사령부로 1950년 7월 7일 유엔 안보리 결의 제84호(S/1588)에 의거해 7월 24일 일본 동경에서 창설되었으며 1957년 7월 현재의 용산기지로 이전했다.[9]

9_유엔군사령부가 1950년 7월 7일 유엔 안보리 결의에서는 통합군사령부(Unified Command)라는 명칭으로 사용되었으나, 이후 7월 24일 유엔군사령부(United Nations Command in Korea)로 명칭이 수정되어 오늘날까지 호칭되고 있다. 안보리 결의안 S/1588은 제성호(2000), 458-9쪽과 이시우(2003) 참조.

유엔사는 다음과 같은 임무와 기능을 수행하고 있다. 첫째, 1950년 채택된 일련의 유엔 안보리 결의안에 따라 북한의 침략을 격퇴하고 한국 방위에 관한 계획을 발전시키고 유사시를 대비하는 기능이다. 둘째, 유엔사는 유엔 안보리가 위임한 권한에 따라 1953년 7월 27일 정전협정에 서명하고 사실상 휴전선 이남의 정전 업무를 관장하게 되었다. 셋째, 유엔사는 한국 내 유엔군 부대에 대한 작전통제권을 행사한다. 따라서 한반도에서 전쟁이 재발할 경우 참전 16개국을 포함한 유엔 회원국들이 전투부대를 파견 시 이 부대들은 UNC 사령관의 작전통제를 받게 된다. 넷째, 주일 유엔군 기지의 유지 및 활용 기능도 수행한다. UNC와 일본 정부는 1954년 2월 19일 'UNC 주둔지위협정'을 체결해 유엔사는 일본 내 유엔 기지를 일본 정부의 사전 허가 없이도 사용할 수 있게 되었다(이상철 2003, 309-11).

유엔사는 1978년 11월 한미연합사령부(CFC: ROK-US Combined Forces Command)가 창설될 때까지 한국군에 대한 작전통제권을 행사하고, 한국군과 주한미군의 지휘 체계를 연결시켜 주는 법적 매개 역할을 했다. 한미연합사 창설 이후 유엔사는 권한 대부분을 CFC로 이관하고 현재까지 정전협정 관리 임무만 주로 맡아 왔다(백진현 2003, 11-2).

평화협정이 체결되는 경우 정전협정의 집행기관인 유엔군사령부는 자동적으로 해체되는 것인가. 정전협정을 평화협정으로 대체할 경우 유엔사의 위상 문제에 대해서는 대체로 3가지 시각이 존재한다. 그것은 첫째, 유엔사는 자동적으로 해체된다는 견해, 둘째, 유엔사가 정전협정 서명 당사자이기 때문에 정전협정이 평화협정으로 대체될 경우 더 이상 존속할 명분이 없다는 입장, 셋째, 유엔사의 존속은 통일로 가는 길목에서 장애물로 작용할 소지가 있다는 견해이다(정경영 2007, 58-9). 그러나 유엔군사령부는 정전협정을 유지하고 관리하는 것 이외에는 다른 기능이 없기 때문에 정전협정이 평화협정으로 대체되면 명목상으로 존재하는 유엔군사령부는 그 임무를 다하고 더 이상 주둔할 근거가 없어지게 되므로 해체되는 것이 당연하다는 입장이 대체적인 시각이다.

그러면 평화협정의 체결로 유엔군사령부가 해체되어야 한다면 어떤 절차를 거쳐야 하는가. 유엔군사령부 해체에 대해서는 대체로 두 가지 방안이 있다는 것이다. 첫째, 유엔사는 유엔 안보리 결의에 의해 창설되었기 때문에 그 해체를 위해서는 설치 기관인 유엔 안보리의 결정이 필요하다는 입장과, 둘째, 미국이 유엔사를 해체한 후 유엔 안보리에서 추인받는 방안이다(정경영 2007, 62). 따라서 정전협정이 평화협정으로 대체된다고 해도 유엔사가 반드시 해체되는 것은 아니며, 현실적으로는 유엔사의 실질적인 주체인 미국의 입장 변화와 남·북·미 간의 합의에 의해서 해체될 수 있다.

유엔사가 해체될 경우 어떤 파급 영향은 미칠 것인가. 먼저 유엔사 해체의 경우 한미연합군사령부의 존속이나 주한미군사령부와의 관계 조정 문제가 제기 될 수도 있다. 주한미군 일부 병력이 유엔사 및 한미연합군사령부 보직을 겸임하고 있는데 유엔사는 한미연합군 사령관이 유엔군 사령관 및 주한미군 사령관을 겸임하는 동안 존속하도록 되어 있기 때문이다.

또한 유엔사가 해체될 경우 일본의 유엔사에 대한 기지 제공은 유엔군 철수 90일 이내에 종료하도록 한 조항에 따라 기지 사용권도 소멸된다. 다만 1997년 9월 채택된 '신(新)미일방위협력지침'에 따라 북한의 무력 도발로 한반도에 전쟁이 발생할 경우, 일본의 미군 지원을 통한 후방 지원이 가능토록 미군의 증원 체계를 강화시킨 바 있어, 유엔사가 해체되더라도 주일미군 기지의 사용에는 큰 문제가 없다는 입장도 있다(박원곤 2007).

그런데 미국은 한미연합사 해체 이후 유엔사를 오히려 강화하려는 의도를 가진 것으로 판단된다. 버웰 벨(Burwell Baxter Bell) 주한미군 사령관은 유엔군사령부의 기능 및 역할을 강화하겠다는 의지를 지속적으로 표명하고 있다. 벨 사령관은 2007년 1월 18일 프레스센터 외신기자클럽 초청연설을 통해 "유엔사의 구조와 역할, 임무에 대한 검토가 이루어져야 하며, 전시와 같은 조직으로 평시에 구성하는 것이 중요하다"고 말했다(『연합뉴스』 07/01/18). 벨 사령관은 2006년 9월 29일 기자간담회에서도 "미래 분쟁 시 유엔사가 중요한 역할을 분명히 수행할 것"이라고 언급한 데 이어, 2006년 12월에는 지휘서신(commander's intent)을 통해 유엔사의 역할과 임무를 변경할 계획이라고 언급한 바 있다(『연합뉴스』 06/12/21). 그리고 2007년 1월 9일 내외신 기자회견에서 "유엔군 사령관은 미래 주한미군의 한국군에 대한 지원 역할과 유사한 지원 역할을 하게 될 것"이라고 밝혔다.

벨 사령관의 1월 18일 발언은 유엔사를 전시 조직으로 정비하고 유사시 병력 및 물자 지원 임무를 계속 수행하며 한반도에 전개되는 유엔 회원국 병력에 대한 작전권을 유엔군 사령관이 계속 행사할 수 있어야 한다는 것으로 요약된다. 벨 사령관이 유엔사의 중요성을 지속적으로 언급한 것은 장기적으로 한미연합사 해체 이후까지를 염두에 둔 발언으로 한국군이 전시작전통제권을 환수할 경우 지금까지 유명무실했던 유엔군사령부 기능을 실질적으로 강화하고 미군 주도의 유엔사 다국적군을 통해 한반도 내 작전권을 확보할 의도인 것으로 보인다.

한편, 국방연구원은 2007년 5월 『한반도 안보상황 진전 대비 군사분야 추진전략』 보고서에서 유엔사가 해체되면 새로운 유엔 결의 없이는 국제사회의 군사 지원을 보장받을 수 없게 되어, 한반도 평화의 국제적 보장 장치 마련을 위해 유엔 결의를 통하여 유엔사를 한반도 국제평화보장기구로 전환할 것을 제안하고 있다(『서울신문』 07/07/09).

현재 한미 간에는 한반도 평화체제 전환 이후에 유엔사 향방에 관해서는 구체적인 논의를 진행하지 않고 있다. 유엔사 해체는 한국과 미국 중 어느 일국이 단독·임의로 결정할 수 있는 사안이 아니다. 따라서 유엔사 해체 문제는 유엔군사령관의 임명국인 미국과 유엔사가 주둔하는 한국의 입장이 충분하게 반영되는 가운데 유엔 안보리와의 긴밀한 협의 하에 추진되어야 할 것이다.

2. 주한미군 주둔 문제

정전협정이 평화협정으로 대체된 후 한반도에 평화체제 구축과 유엔군사령부가 해체되는 과정에서 주한미군의 철수 혹은 재조정 문제가 제기될 수 있다. 북한은 최근까지 통일과 관련된 어떤 제안에도 한결같이 주한미군의 철수 문제를 전제 조건으로 주장했다. 북한은 1960년부터 각종 연방제 통일 방안을 제시했으나 그 기본 전제는 항상 주한미군 철수였다. 6·25전쟁 이후 남북한 간에 체결된 3개의 주요 합의(1972년 7·4공동성명, 1992년 남북기본합의서, 2000년 6·15공동선언)에서도 북한은 주한미군 철수를 가장 핵심적인 현안으로 간주했다. 우리 민족끼리 민족의 분단을 극복하고 평화적 통일을 달성하기 위해 주한미군이 우선적으로 철수해야 한다는 주장은 주한미군의 철수를 관철하기 위해 미국과의 평화협정이 체결되어야 한다는 주장으로 구체화된다.

이와 관련, 북한도 1992년 1월 22일 김용순 당비서와 아놀드 캔터(Arnold Kanter) 미국무부 차관과의 첫 북미고위급회담에서, 그리고 2000년 6월 남북정상회담 과정에서 주한미군 철수 대신 동북아평화유지군으로의 성격 전환을 요구하고 있다는 입장을 내비친 적이 있다(『연합뉴스』 06/09/25). 그러나 북한이 미군의 주둔을 끝까지 묵인하겠다는 것은 아니다. 리종혁 노동당 부부장이 1996년 4월에 열린 국제학술회의에서 "주한미군이 평화 유지자로서 역할을 충실히 수행한다는 신뢰감을 북한에 심어줄 경우 북미평화협정 체결 등 구체적 변화가 있을 때까지 미군이 한반도에 주둔해도 좋다"고 밝힌 바 있듯, 북한은 평화협정 체결로 가기 전까지의 단계에서 한반도 평화유지군으로서 주한미군의 존재를 인정할 수 있는 것 같은 입장을 취한 적도 있다(이종선 1999, 29-30). 그러나 주한미군에 대한 북한의 공식 언론매체는 여전히 주한미군의 철수를 주장하고 있다.

평화체제 전환 과정에서 유엔사가 해체되면서부터는 주한미군의 대북 억지력의 기능이 사라지면서 그 성격 변화가 불가피해질 수밖에 없지만, 주한미군은 법적으로 유엔군사령부와 별개로 존재하기 때문에 그 즉시 철수로 이어지지는 않을 것으로 보인다. 즉 유엔군은 한국 정부의 요청에 의하여 유엔 안보리의 조치에 의하여 주둔하는 것이지만 주한미군은 한미상호방위조약에 의하여 주둔하고 있기 때문이다.

주한미군이 남한에 주둔하게 된 계기는 1945년 8월 15일 일본이 항복하자 9월 2일 연합군 최고 사령관의 '일반명령 제1호'(General Order No. 1)에 의거해 38선 이남의 일본군 무장해제를 담당하기 위한 것이었다. 이에 9월 8일 미군이 남한에 진주해 '주한미군사령부'를 설치하고 1948년 8월 15일 대한민국 정부가 수립될 때까지 남한에서 군정을 실시했다. 한국정부 수립 이후 미군정은 1948년 8월 24일 체결된 '한미잠정군사협정'에 근거해 임시군사고문단(PMAG: Provisional Military Advisory Group)을 설치하고 주한미군 사령관은 한국군의 지휘권과 기지 및 시설 사용권을 계속 확보했다. 그러나 1948년 9월 19일 북한에 주둔한 소련군의 철수 발표와 함께 미군의 철수도 계획되어 1949년 6월 29일 500여 명의 군사고문단을 제외한 모든 주한미군 병력을 철수했다(유재갑 1996, 79-81).

주한미군이 한반도에 재진주하게 된 계기는 한국전쟁이었다. 주한미군은 한국전쟁이 발발하자 유엔 안보리 결의안(1588)에 의해 유엔군으로 참전했지만 정전체제 하에서는 한미상호방위조약에 의한 한미 간의 협약에 의해 주둔하고 있다. 한국전쟁이 끝나자 한때 50만 이상이나 되던 미군의 대부분은 철수하게 되고, 남아 있던 미군은 유엔의 정전협정 관리와 북한의 재침 방지를 위한 한미상호방위조약에 근거해 계속 주둔하게 되었다. 또한 한미상호방위조약은 외국 군대의 철수에 대한 협의를 건의하고 있는 정전협정 제60항의 문제를 회피하고, 주한미군의 한국 주둔에 대한 법적 근거가 되기도 한다.[10] 한미상호방위조약은 1953년 10월 1일에 한국과 미국에 의하여 서명이 되었고, 1954년 11월 17일부로 발효되었으며, 이 조약의 제14조에는 미군의 한국 주둔에 관한 규정이 명시되어 있다. 따라서 한미상호방위조약은 한국과 미국의 합법적 주권 행사로 체결된 방어적 성격의 군사동맹으로 제3국은 이에 대해 개입할 권리를 가지지 못한다.

주한미군 문제는 기본적으로 주한미군의 존재가 한반도와 동북아의 평화와 안정에 어떤 역할을 담당하고 있는가라는 관점에서 접근되어야 하며, 대북 군사력 억제력에 관해 충분한 대안이 제대로 갖춰지지 않은 가운데 주한미군 철수가 일방적으로 이루어질 경우 한반도에서 군사적 긴장이 높아짐은 물론 동북아의 안정을 현저히 저해하는 결과가 초래될 것이다. 이러

10_정전협정 60항은 "한국 문제의 평화적 해결을 보장하기 위하여 쌍방 군사령관은 쌍방의 관계 각국 정부에 정전협정이 조인되고 효력을 발생한 후 3개월 내에 각기 대표를 파견해 쌍방의 한 급 높은 정치회의를 소집하고 한국으로부터의 모든 외국 군대의 철거 및 한국 문제의 평화적 해결 등 문제들을 협의할 것을 이에 건의한다"고 되어 있다.

한 관점에서 한반도 평화체제 구축 문제와 주한미군의 장래 및 한미상호방위조약 문제는 분리해서 다뤄야 할 것이다.

그런데 한반도에 평화가 제도적으로 정착되지 않은 상황에서 주한미군은 우리에게 필요한 존재이나 앞으로 한반도 평화체제 구축 과정에서 제기될 남북한 간 신뢰 구축을 위한 군축과 정전협정의 평화협정으로서의 대체 문제와 관련, 주한미군의 역할 및 임무와 구조 등에서 조정이 불가피할 것이다. 따라서 우리는 장기적인 비전을 가지고 한미동맹체제와 주한미군의 역할 조정에 관한 방법론을 강구해 나갈 필요가 있다.

3. 한국군 작전통제권 전환 문제

평화협정이 체결되고 한반도에 평화체제가 구축되는 과정에서 유엔군사령부가 해체될 시 제기될 수 있는 문제는 전시작전통제권 전환이다. 그러나 전시작전통제권 전환 문제와 평화체제 구축 문제는 직접적인 관계가 없고 간접적인 관계만 있다. 즉 전작권 전환으로 향후 유엔사의 정전 관리 업무 내용과 역할에 변화가 일어날 수 있기 때문이다. 현재 한미 간 지휘 체계는 전작권과 연합권한 위임사항(CODA: Combined Delegated Authority)을 가진 한미연합 사령관이 주한미군 사령관과 유엔군 사령관을 겸직하기 때문에 한국군과 주한미군에 대한 접근에 문제가 없다. 그러나 전작권이 전환되면 유엔군 사령관이 유사시 한국군에 대한 작전권을 행사할 수 없어 정전 유지 및 관리 책임은 있는데 수단이 없는 '불일치' 문제가 발생하게 된다. 따라서 전시작전통제권 전환 이후 유엔군사령부의 역할 및 임무 조정을 논의할 한미 간 고위급실무회의가 2007년 4월 초 구성되어 본격 가동 중에 있다(『연합뉴스』 07/04/19).

전시작전통제권은 노무현 정부 당시인 2007년 2월 23일 한미 양국 국방장관회담에서 2012년 4월 17일 한국으로 이양하기로 합의되었다(국정홍보처 2007). 그러나 이명박 정부 출범 이후 한국 정부의 군사적 준비와 북한의 핵실험, 천안함 사건 등의 안보 상황을 종합적으로 고려해 전작권 전환 시기를 2015년 12월 1일로 3년 7개월 연기하기로 이명박 대통령과 오바마 대통령이 2010년 6월 27일 합의했다.

작전통제권이 한국으로 이양되면 한미연합사령부도 해체된다. 한미 양국은 2006년 10월 워싱턴에서 열린 제38차 한미연례안보협의회의(SCM)에서 2009년 10월에서 2012년 3월이라는 폭을 설정하고 2007년 전반기 내 타결하기로 합의했다. 한반도 평화체제 구축 시 유엔사와 한미연합사의 위상이 변화하면 자연스럽게 작전통제권 전환 문제로 귀결되는데, 문제는 작전통제권이 한미 양국의 합의에 의해 2015년에 한국으로 이양하기로 한 마당에 평화체제의 진전 상황에 따라 시기를 재조정할 수 있는가와 어떻게 이양할 것인가 하는 것이다.

한국군에 대한 작전통제권이 유엔군사령관에게 이양(assign)된 것은 한국전쟁 발발 20여 일 뒤인 1950년 7월 14일이다. 당시 이승만 대통령은 맥아더 유엔군 사령관에게 작전지휘권(operational commands)을 위임했다. 그러나 맥아더 사령관은 이를 작전통제권(operational control authority)으로 수정해 회신했다. 정전 당시 한국군 작전통제권의 계속 이양 여부에 관한 협상 끝에 결국 양국 간에 계속 유지하기로 합의했다. 이에 따라 1954년 한미합의의사록 2항에서 "유엔군사령부가 대한민국의 방위를 위한 책임을 부담하는 동안 대한민국 국군을 유엔군사령부의 작전통제권 아래 둔다"고 규정하고 유엔군사령관이 지속적으로 한국군을 지휘할 수 있도록 했다.

1978년 11월 7일 한미연합사령부가 창설되면서 한국군에 대한 작전통제권은 유엔군사령부로부터 한미연합사령부로 이관되었다. 이에 따라 사실상 유엔군사령부는 정전협정의 당사자로서 기능하게 되고, 한국의 방위 책임은 실질적으로 한미연합사령부가 맡게 되었다(이상현 2006, 243-6). 한미연합사 창설로 인해 유엔사는 전·평시 작전통제권을 제외한 정전 관리와 유사시 전투력 제공(force provider) 임무만을 담당하게 되었다. 그러나 1980년대 후반에 들어 작전통제권 전환에 대한 논의가 서서히 고개를 들기 시작했다. 급속한 경제성장에 따른 국력 신장과 아울러 88 서울 올림픽을 통한 국민의 자긍심 고취 등은 이러한 논의를 촉진하는 배경이 됐고, '작전통제권 전환 및 용산기지 이전'이 노태우 대통령 후보의 선거공약으로 제시되기도 했다(전시작전통제권 T/F 2006, 4-5).

미국 역시 1989년의 주한미군감축안을 담은 '넌-워너(Nunn- Warner) 수정안', 1990~92년의 동아시아전략구상(EASI)을 발표하면서 한미는 작전통제권 전환에 대한 공동 연구·협의에 착수했으며 이것은 곧 1994년 평시작전통제권 전환으로 이어지게 된다. 평시작전통제권 전환과 동시에 한국군 장성인 한미연합사 부사령관이 지상구성군 사령관을 겸임하는 등 한국군의 지휘 범위가 확대됐으나, 연합사령관은 평시에도 연합권한 위임사항을 통해 작전계획 발전·연습 등 주요 권한을 행사할 수 있게 됐다.

전시작전통제권에 대한 논의가 본격적으로 시작된 것은 2000년 이후 동맹의 환경이 변화되면서부터이다. 동서 냉전 체제의 와해에 이어 새롭게 등장한 위협의 스펙트럼과 정보화 시대에 싸우는 방법의 변화는 전 세계 모든 국가에 새로운 변혁을 요구하게 되었다. 미국은 9·11 테러 이후 해외주둔미군재배치검토(GPR: Global Posture Review), 군사 변환·전략적 유연성 확보 등을 추진하고 테러와의 전쟁을 수행하면서 동맹국들로 하여금 자국의 역할 확대를 촉구했다. 이러한 변화 속에서 한미 양국은 동맹의 미래에 대한 포괄적 연구와 협의의 필요성을 인식하고, 2003년 한미동맹정책구상회의(FOTA: ROK-US Future of the Alliance)를 출범시키고 2005년에는 안보정책구상회의(SPI: Security Policy Initiative)로 확대·발전시켰다. 2005년 9월 SPI에서 한국 측이 작전통제권 문제를 미국 측에 공식 제의하면서 한미 간의 논의가 시작되었다. 2005년 10월 제37차 SCM에서 양국 국방장관이 전시작전통제권에 관한 협의를 '적절히 가속화' 하기로 합의함에 따라 이 문제에 대해서 본격적 협의가 시작되었다. 그 후 2006년 7월 개최된 제9차 SPI에서 미국은 2009년까지 전작권의 이양이 이뤄지기를 원한다는 입장을 전달했으며, 이는 럼스펠드 서신을 통해서도 확인되었다(『조선일보』 06/08/28). 그 후 2006년 10월 SCM에서 양국 국방장관은 전환 시점에 대하여, 2009년 10월에서 2012년 3월이라는 폭을 설정하고 2007년 전반기 내 타결하기로 합의했다. 그 후 2007년 2월 23일 한미국방장관회의에서 2012년 4월 17일에 한미연합군사령부를 해체하고, 대신 한국의 합동군사령부(JFC)와 주한미군의 한국사령부(US KORCOM)를 각각 창설, 공동방위체제로 전환하고 전시작전통제권을 한국으로 이양하기로 합의했다(『조선일보』 07/02/24; 윤종호 2007, 43). 앞서 언급한 바와 같이 이명박 정부 출범 이후 전작권 전환 시기를 한반도 안보 상황과 한국 정부의 준비 일정 등을 고려해 2015년 12월로 연기하기로 한미 정상 간 합의했다.

전시작전통제권 전환 시점 합의 이후에도 한국의 정치권 일부와 보수단체와 미국의 한반도 문제 전문가들은 북한 핵 문제 미해결, 한국군의 능력 미흡 등을 이유로 전작권 전환을 반대하고 재협상을 요구하고 있는 상황이다(송대성 2010; O'Hanlon 2010). 2012년 이전이나 이후에 평화협정이 체결되고 한반도에 평화체제 구축이 진행되더라도 UNC 해체 문제와 전시작전통제권 전환 문제가 반드시 제기될 것이다. 그러나 작전통제권 전환 및 시기 조정 문제는 한미 간 협의에 의해서 조정될 수 있는 문제이다. 전시작전통제권의 전환 문제는 기본적으로 한미연합군사령부와 한국군과의 관계, 한미연합방위체제 혹은 한미공동방위체제의 틀 속에서 풀어나가야 할 문제로, 한국군의 독자적인 방위 능력 확보, 남북한 관계 발전 등 대내외적 환경과 보조를 맞추어 추진할 사항이다.

4. 새로운 한미공동방위체제 모색

한반도에서 평화체제가 구축되는 과정에서 유엔군사령부가 해체 혹은 변화되고 작전통제권 전환으로 한미연합사가 해체될 경우에 대비해 한미 간 새로운 형태의 공동방위체제의 구축을 필요로 하고 있다. 새로운 형태의 한미 간 공동방위체제 구축은 전시작전통제권 전환으로 연합사가 해체된 이후 주한미군이 철수한다든가 또는 유사시 미 증원 전력이 전개되지 않는 등의 극단적 상황을 전제로 대비하는 것이 아니다. 어디까지나 2006년 제38차 SCM에서 한미가 합의한 바와 같이 '공고한 한미군사동맹의 틀 안에서 미국의 보완전력(bridging capability)과 유사시 압도적인 미 증원 전력의 지원'을 전제로 주도-지원의 공동방위체제를 구축하고자 하는 것이다. 주한미군사령부는 오히려 지금의 행정적 사령부에서 화력이 극대화된 전투사령부로 개편될 예정이다.

현재의 한국군에 대한 작전통제권은 평시에는 한국군 합참의장이, 전시에는 한미연합 사령관이 행사하고 있다. 한미 양국은 안보협의회의, 한미군사위원회 및 한미연합사를 통해 긴밀한 협조 체제를 유지하고 있다. 한국군의 평시 부대 이동, 경계 임무, 초계 활동, 합동 전술 훈련, 군사 대비 태세 강화 등 부대 운영에 관한 권한은 한국군 합참의장에게 귀속된다. 단, 전·평시 원활한 작전을 위해, 평시에도 정보 관리, 연합 훈련, 작계 작성 등 6개항의 소위 연합권한 위임사항은 연합사령관에게 귀속되어 있다.

그리고 전시가 되면 방어준비태세인 데프콘Ⅲ의 발령과 함께 지정된 한국군에 대한 작전통제권은 한미연합사령관에게 이관되며, 한미연합사령부는 한미 SCM/MC의 전략 지시와 작전 지침을 받아 작전통제권을 행사한다.

2007년 2월 23일 한미국방장관회담에서 2012년 4월 17일 10시부로 한국군 부대에 대한 전시작전통제권이 한미연합군사령부에서 한국 합참으로 전환하기로 확정했다. 물론 상기의 일정은 한반도 평화협정 혹은 한국군의 능력 여하에 따라 변동될 여지가 있는 것으로 해석된다.

이제 한반도에 전쟁이 발발할 경우 지금까지는 한미연합군사령부가 한반도 전구사령부(한국 작전지역에서 작전을 책임지고 수행하는 사령부)로서의 역할을 수행해 왔으나 앞으로는 한국 합참이 전구사령부로서 작전을 계획하고 수행해야만 한다. 이를 위해서는 한미연합사를 대신해 한반도 전구작전을 수행할 수 있는 우리 군 스스로의 지휘 조직이 갖춰져야 하며, 한미연합사 작전 계획을 대체하는 전구 작전 계획이 준비되어야 하고 수차례의 연습을 통해 주도-지원의 지휘 관계 하에서 작계를 시행할 수 있는 능력을 갖춰야 한다.

한미는 2007년 1월 전시작전통제권 전환을 위한 연합이행실무단(Combined Implementation Working Group)을 출범시켜, 전략적 전환일정과 한미군사협조체계 전환 및 검증 연습 등이 포함된 이행 계획서를 발전시키고 2007년 6월 28일 상설 MC에서 합의 및 서명 했다. 이 이행 계획서에는 전시작전통제권 전환에 필요한 과제와 한미 담당부서, 추진일정 등이 명시되어 있다(『연합뉴스』 07/06/28). 이 계획서에 따르면 작전통제권 전환은 두 단계로 나눠지는데, 먼저 2009년 말까지 한국의 합참 조직을 합동사령부로 개편하고, 한국군 단독의 작전 계획을 세우며, 한미군사협조체계를 구축하여 최초운용능력(Initial Operational Capability)을 구비하기로 했다. 그리고 2010년부터 2012년 3월까지 5차례의 전환 검증 연습에 주력해 완전운용능력(Full Operational Capability)을 완비한다는 내용이다. 2012년 4월 17일부터 연합사가 해체되고, 한국 합참으로 전시작전통제권이 전환되며, 한반도 유사시에 대비한 '한미연합작전계획 5027-04'는 폐지되고 새로운 작전 계획에 따라 진행된다(『중앙일보』 07/06/29). 한미연합사가 해체되면 한국의 합동군사령부와 주한미군의 한국사령부가 각각 창설된다. 이 사이에 '동맹군사협조본부'(AMCC: Alliance Military Cooperation Center)가 설치 및 운영되며, 이 협조 본부가 한미공동방위체제의 핵심 기구가 된다(박혜경 2006). 동맹군사협조본부는 한미안보협의회와 양국 합참의장이 주관하는 군사위원회의 지휘를 받는다.

현재 한미 양측이 합의해 추진하고 있는 전시작전통제권 전환 이후 미래 한미동맹의 군사 구조는 '한국군 주도-미군 지원'의 형태의 공동방위체제로서 한미 양측이 전·평시 구분 없이 각자 각국 군에 대한 작전통제권을 행사하면서 한반도 방위를 공동으로 책임지는 체제가 된다. 그러나 전시작전통제권이 전환되고 현재의 통합형 연합방위체제에서 새로운 병렬형 공동방위체제로 전환되는 데 대해 여러 가지 우려가 제기되고 있다. 즉, 한미동맹의 결속력 약화, 주한미지상군의 철수를 초래하거나 유사시 미 증원 전력이 전개하지 않을 수도 있으며, 연합 대비 태세도 약화될 것이라는 주장들이 있다(김희상 2006, 90-9).

문제는 정전체제에서 평화체제로의 전환이 이루어지지 않은 상태에서 한미 간 전작권 이행 계획에 의거해 전작권이 이양되는 경우에 대비해야 하는 과제를 검토할 필요가 있다. 첫째, 전시 증원군의 보장과 핵심 전투력 구축이 선행되어야 한다. 한미연합방위체제는 미국의 대한 안보 공약 전반과 안정적 전시 증원을 보장하지만, 전시작전통제권을 한국이 단독으로 행사할 경우 미국은 해외 주둔 미군 재배치를 통해 한반도 방위를 우선적으로 고려하지 않을 수 있고, 이에 따라 주한미군의 규모를 추가로 감축하고 전시 증원 전력을 조정할 가능성이 없지 않다는 점에 유의해야 한다.

둘째, 한미연합사령부 해체 시 정전체제를 유지 관리하는 유엔군사령부와 한국군의 관계가 정립되어야 한다. 따라서 한미연합사령부가 해체될 시 정전체제를 유지 관리하는 유엔군사령부와 한국군의 관계도 명확하게 정리되어야 하는 과제를 안고 있다.

한국군의 전시작전통제권 단독 행사는 사실상 한반도에서의 전쟁 상태 종식을 의미한다. 정전체제에서 평화체제로의 전환 이전에 전시작전통제권이 한국군 단독으로 행사된다면 유엔군사령부 존폐 문제와 관련된 논란이 가중될 수 있다.

V. 결론

작금 한반도에는 북한 핵 문제와 한미동맹의 재조정이라는 두 개의 큰 도전에 직면해 있다. 특히 북한 핵 문제는 한반도의 평화와 안정에 직접 영향을 미치는 사안이다. 북한 핵 문제 해결 없이는 한반도의 평화 정착이 불가능한 현실이며, 따라서 한반도에 평화체제 구축이 절박한 상황인데도 평화체제 구축까지는 길고 험한 여정이 놓여있다.

1953년 정전협정 이후 지금까지 한반도의 항구적인 평화 정착을 위한 많은 방안과 제안이 쏟아져 나왔지만 한반도는 여전히 세계에서 가장 위험한 긴장 지대로 남아있다. 지금까지 한반도에 평화 구조가 정착될 수 없었던 것은 평화 구축에 관한 방법론의 부재나 차이 때문이 아니라 남북한 간 평화공존에 대한 진정한 의지가 결여되어 있기 때문이다.

현재 진행되고 있는 한미동맹 재조정도 한반도 평화체제 구축과 직접 관련되어 있다. 한미동맹, 주한미군, 유엔사 문제 등 한미 군사 관계는 한반도 평화체제 논의의 핵심 요소 중의 하나이다. 국제 안보 환경과 전략의 근본적 변화의 추세에 따라 한미동맹의 목적, 내용, 구조의 재검토가 불가피해졌다면 이러한 한미동맹의 재조정이 한반도 평화체제 구축에 어떤 기회를 제공하고 어떤 위험을 초래할지를 생각해 볼 필요가 있다.

따라서 한반도 평화체제 구축과 한미동맹 관계의 쟁점에 대한 적절한 대비책을 강구할 필요가 있다. 먼저 한반도 평화체제 구축과 관련한 정책 고려 사항으로는 다음과 같은 것을 고려해 볼 수 있다.

첫째, 한반도 평화체제 구축을 위해서는 무엇보다도 남북한 간 군사적 신뢰 구축을 통하여 평화체제로 전환할 수 있는 분위기 조성이 필요하다. 남북한 간의 군사적인 신뢰 구축 문제는 한반도 평화체제 구축에 필수적인 요소임은 말할 것도 없고, 진정한 교류·협력·화해를 달성하기 위해서도 필수 불가결한 요소라고 할 수 있다.

둘째, 한반도 평화체제 구축의 관건은 정전체제를 어떻게 평화체제로 전환할 것인지에 대한 문제가 아니라 평화에 대한 의지의 문제임을 명심할 필요가 있다. 북한이 한국을 배제하고 북미평화협정을 고집하는 한, 북한은 한반도의 진정한 평화체제 구축에 대한 의지가 없는 것이며 이러한 북한에 대해 그 어떤 평화체제 전환 방안을 제시한다 할지라도 남북한 간 이에 대한 합의나 실현 가능성은 거의 없다고 할 수 있다. 마침 2007년 남북정상선언에서 남과 북은 현재의 정전체제를 종식시키고 항구적인 평화체제를 구축해 나가야 한다는 데 인식을 같이했다. 따라서 이 선언으로 북한이 남한을 평화협정 당사자로 진정으로 인정했는지는 향후 후속 회담과 북한의 조치 등을 통해서 확인해 나갈 필요가 있다.

셋째, 한반도 평화체제는 북한의 비핵화와 평화협정 논의를 병행하면서 선순환 방식으로 추진할 필요가 있다. 그동안 평화체제 논의에서 항상 동맹론과 민족론이 충돌했다. 그러나 지금 상황에서는 명분론적 평화체제 논쟁은 정책적 의미를 점점 잃어가고 있는 바, 이제는 새로운 외교 안보 환경에서 비핵화와 평화 정착 목표를 달성할 수 있는 실용적 방안을 모색해야 한다. 따라서 북한의 비핵화와 평화협정, 북미수교 논의를 병행하되, 상호 등가(等價)의 조치를 단계적으로 설정하고 이행 단계별로 철저히 검증하는 식으로 관련국의 입장을 모두 고려하면서 선순환적으로 추진할 필요가 있다.

그리고 평화체제 전환과 관련해 한미 군사 관계 및 주한미군 재조정에 관한 정책은 한미동맹 관계의 중요성을 고려해 신중하게 접근해야 한다. 따라서 평화체제와 관련 한미동맹 재조정에 관한 정책적 고려 사항으로는 다음과 같이 생각해 볼 수 있다.

첫째, 평화체제가 수립될 경우 정전체제 관리 임무를 맡고 있는 유엔사는 당연히 해체될 것이라는 시각이 강하고 북한도 유엔사의 해체를 강력히 주장하고 있지만, 유엔사가 해체될 것인지는 현재로서는 불투명하다. 현재 미국의 입장은 평화협정이 체결되더라도 미국의 군사 전략상 오히려 유엔사를 존속·강화시키려는 의도를 가지고 있다. 따라서 유엔사 해체 문제는 북미 간의 평화협정 체결로 해결될 문제가 아니며 한미 안보 관계에서 조정되어야 할 사안으로서 이와 관련한 한미 간의 긴밀한 공조 체제가 요구된다.

둘째, 주한미군 문제는 한반도 평화체제 전환의 조건이 되어서는 안 되며, 그것은 한미 간의 문제로서 평화체제 문제와도 별도로 취급돼야 할 것이다. 단, 주한미군의 구조·배치에 관해서는 평화체제 구축 문제에 실질적 진전이 이루어질 때 남북한 군사 문제와 함께 논의가 가능하다는 입장을 취할 필요가 있다.

셋째, 전시작전통제권 전환은 지난 반세기를 유지해 온 연합방위태세를 공동방위체제라는 새로운 형식으로 재정의 하는 작업이다. 전작권 전환 시점이 2012년으로 이미 정해졌지만 한미 양국은 시기에 집착하지 말고 여건과 상황 위주로 이 문제에 접근할 필요가 있다. 전작권 전환을 앞두고 한반도 안보 상황에 중대한 변화가 오면 시기 문제는 유연하게 바라보는 융통성을 가져야 한다. 따라서 현재 진행 중인 한국군의 첨단무기체계 선력화에 차질이 생기거나, 2010~12년 3월 사이에 5차례 실시되는 전환 검증 연습 과정에서 미흡한 점이 드러날 경우에는 전시작전통제권의 전환 시기를 조정할 수 있다는 제도적 보완책이 필요하다.[11]

요컨대, 한반도 평화와 관련된 정치·경제·군사적 주요 변수들은 한국전쟁과 냉전 체제의 산물로 볼 수 있으며, 근본적으로 직간접적으로 연계되

11_빅터 차(Cha) 전 백악관 국가안보회의 아시아 담당 보좌관은 한국군의 전투력, 미군 능력 등을 모두 고려해 서 상황이 여의치 않으면 전작권 전환 시기는 재고의 여지가 있다고 본다고 주장하고 있다(『조선일보』 07/05/17).

어 있다고 할 수 있다. 특히, 한미 군사 관계, 즉 유엔사 문제, 주한미군 문제, 작전통제권 문제 등이 모두 한반도 평화체제와 관련되어 있는 것이다. 따라서 여타문제를 고려하지 않고 평화체제 수립만 앞당기게 되면, 한반도 평화와 관련된 제반 요소들 간의 연결 고리를 훼손하게 되고 나아가 한반도 평화체제의 안정성을 저해할 수가 있다. 한미동맹 관계도 이러한 맥락에서 파악해 평화체제 구축과정에서 제기될 유엔사 문제, 주한미군 문제, 한미공동방위체제 문제 등에 대해서 한미 간 사전에 충분한 논의와 합의가 필요하다.

7장

유럽의 인권보호체계와 헬싱키 프로세스의 대북한 적용

허만호

Ⅰ. 서론

북한의 인권 상황 개선을 촉구하는 결의들(resolutions)이 유엔 인권위원회와 유엔 총회에서 채택되었다. 이에 대해 미국의 대북한 압력용 조치로 오해 하는 사람들도 있지만 이는 전적으로 유럽연합(EU)의 인권 정책에 따른 것이다.

유럽연합은 자유(liberty), 민주주의, 법치(法治)와 함께 '인권과 근본적 자유(fundamental freedom)에 대한 존중'을 창설 원칙으로 삼고, 이 원칙들을 유럽연합의 정통성을 위해 필수 불가결한 것으로 간주하고 있다. 이런 점은 1992년에 채택되어 다음 해에 발효된 유럽연합조약(마스트리트조약)에 이미 반영되어 있다. 그리고 인권과 민주주의적 가치들은 유럽연합의 모든 활동 영역에 투영되어 있으며 대외 정책의 초석이 되어 왔다.

사실 유럽연합의 창립 조약인 1957년 로마조약의 서문에 유엔헌장의 조문들이 주요 지침들 중 하나로 기술되어 있다. 그래서 유럽연합은 로마조약 이후로 '세계인권선언'과 그 보완적 인권 규약인 '시민적·정치적 권리에 관한 규약'과 '경제적·사회적·문화적 권리에 관한 규약' 및 여타 국제 인권 협약들, 그리고 '유럽인권협약'(European Convention on Human Rights)과 같은 지역적 인권 문서들에 기술된 모든 인권과 근본적 자유를 신장시키고 보호하기 위해 노력해 왔다. 그 결과 지역적 인권 보호 장치가 그 어떤 대륙보다 발달하게 된 것이다.

아울러 1993년에 코펜하겐에서 개최된 유럽연합 정상회담에서 유럽연합 회원국이 되고자하는 국가들이 갖추어야 할 정치적 요건들로 '후보 국가들이 민주주의, 법치, 인권, 소수자(minorities)에 대한 존중과 보호를 보장하는 제도들의 안정성을 확보해야만 회원 자격을 얻을 수 있다'고 천명했다.

2000년 12월에 니스에서 열린 유럽연합 정상회담에서 유럽연합은 그 때까지 국제·유럽·국가 차원의 문서들에 기술되어 있던 시민적·정치적·경제적·사회적 권리들을 '기본적 인권에 관한 헌장'이라는 단일 문서로 묶었다.

유럽연합은 1995년 5월부터 제3세계 국가들과 양자 간 교역이나 협력에 관한 협정을 맺을 때 전반적으로 인권 조항들을 포함시켰다. 그래서 어떤 특정 부문에 관한 협정들을 제외하고는 모든 일반적 성격의 양자 협정들에 인권 조항들이 포함되었고 20여 개의 협정들이 이미 서명되었다.

이와 같이 유럽의 인권 정책은 유럽 안팎에서 중요한 정책이 되어 왔고 이런 유럽의 인권 정책을 직접적으로는 북한의 인권 신장을 위한 국제적 압력 수단으로 활용할 수 있겠지만, 동시에 아시아에서도 지역인권보호체계를 형성 및 발전시키는 데 중요한 시사점을 끌어낼 수 있을 것이다.

II. 유럽의 인권보호체계

1. 형성 배경

유럽의 지역인권보호체계(Regional Protection Systems of Human Rights)는 유럽인권협약(European Convention for Protection of Human Rights and Fundamental Freedom)이 1950년에 서명되어 1953년부터 발효되면서 가능해졌다. 이 유럽인권협약은 제2차 세계대전 중에 유럽에서 자행된 전대미문(前代未聞)의 인권유린에 대한 자성과 전쟁 재발 방지책, 냉전 상황의 산물이라고 볼 수 있다.

인류 역사에서 대규모의 조직적 인권침해 사례는 적지 않게 있었다. 그러나 제1차 세계대전의 개전과 함께 신생 터키 정부가 저지른 최소한 80~100만 명의 아르메니아 민족 집단 학살과 1937년에 일본 군국주의 정부가 저지른 남경대학살[최소한 34만 명(우 테인 웨이 미국 일리노이대 명예교수 계산)에서 37만 7,400명(중국 측 매장 기록상의 22만 7,400명과 오타 하사오 일본 육군 소령의 고백서상의 15만 명 합산치)]을 능가하는 나치 독일의 조직적 인권침해는 당연히 재발 방지를 위한 제도적 장치를 모색하게 했다.[1]

1_아르메니아 민족 집단 학살과 일본인들에 의한 남경대학살이 국제적 인권보호체계를 확립하기 위한 노력으로 연결되지 못한 것은, 또 다른 연구주제이지만, 피학살자들이 서유럽인들이 아니고 국제적인 현안으로 부각시킬 수 있을 만큼 일반인들에게 충분히 알리지 못한 측면도 있지만, 상황 종결 후 이것이 국제적 인권보호체계 확립의 계기가 되는 데에는 국제적 역학 구조와 피해자 측의 적극적 노력, 즉 정치적 역량이 중요하다는 것을 일깨워 준다. 이런 면에서 인권 문제도 국세적 역학 구조의 결과물이고, 보다 적극적 노력만이 보호체계 확립이라는 '사

또한 전쟁 도발국이 모두 자국 내에서 인권을 존중하지 않았다는 사실에 유의해 전쟁 재발을 방지하는 근원적 방법으로 인권을 존중하는 정부를 만드는 데 주안점을 두게 되었다.

아울러 전후(戰後) 유럽인들은 호전적인 독일과 연합국의 관계를 본질적으로 개선할 수 있는 방법은 독일을 비롯한 유럽의 여러 국가들을 공동의 가치에 따라 지역적 통합을 이루는 것이라고 생각했다. 그래서 1949년에 유럽심의회(Council of Europe), 1952년에 유럽공동체(European Community)가 탄생되었고, 유럽인권협약은 그 방법들 가운데 하나였다.

그런데 보다 현실적인 이유로 당시 서유럽 국가들이 공산 진영의 위협에 대적하기 위해 함께 뭉칠 수 있는 이념적 틀로 공산주의 진영에서 주창하던 '인민민주주의'와 구별되는 진정한 민주주의(genuine democracy) 혹은 실효성 있는 정치적 민주주의(effective political democracy)를 내세우며 자유, 민주주의, 법치와 함께 '인권과 근본적인 자유에 대한 존중'을 그 원칙으로 채택한 것이다.

2. 유럽심의회와 인권

유럽의 지역인권보호체계의 핵심인 유럽인권협약은 유럽심의회의 창조물이지만, 이 유럽심의회는 유럽연합, 유럽안보협력기구(OSCE)와 함께 유럽의 인권 관련 세 주요 기구 중의 하나에 불과하다.

회적 가치'를 창출할 수 있다는 현실론을 제기하게 한다.

유럽심의회는 법치를 존중하고 공통된 정신적·도덕적 전통을 따르는 민주적 국가들의 평화적 결사체로 1949년에 결성되었다. 유럽심의회 조직 정관(Statute) 제1조(a, b항)에는 '유럽심의회의 목적이 인권과 근본적 자유에 대한 유지와 진전을 포함한 제 방법을 통해 이상과 원칙들을 보호하고 신장시키기 위해 회원국 간에 보다 밀접한 유대를 실현하는 것이다'고 기술하고 있다.

그 첫 과실이 1950년 유럽인권협약이다. 그런데 이 협약은 시작에 불과했다. 인권의 보호와 신장을 실제적으로 구현하는 데 한걸음 더 나아갈 수 있는 것은 정부 간 협정을 통해 추가 조치들(additional measures)을 마련해야만 가능했다. 그래서 유럽심의회가 그 목적을 달성할 수 있도록 법제화 양식이 곧 개발되었다.

그 양식으로 조약 혹은 협약과 권고(recommendation)라는 2가지 방법이 사용되었다. 조약들은 물론 국가들이 비준을 했을 때에만 법적으로 구속력을 얻게 되고, 권고는 말 그대로 구속력은 없는 수단을 의미한다. 그런데 양자 모두의 유효성은 해당 국가들의 반응에 달렸고 유럽심의회가 초국가체(超國家體, supra-national body)가 아닌 국가들의 느슨한 연합(loose confederation)이라는 사실을 반영한 것이다. 따라서 유럽연합의 '입법' 활동을 너무 문자 그대로만 생각하는 것은 오류이다. 그럼에도 불구하고 인권을 증진시키기 위한 조치들은 어디선가 논의되어야 하는데 유럽심의회는 그런 이니셔티브들이 관례가 된 장(forum)을 제공함으로써 그 가치를 충분히 증명해 왔다.

새로운 조치들에 대한 제안은 의원총회(Parliamentary Assembly)의 법사위(Legal Affairs Committee)에서 준비되어 왔으며 일반적으로 의원총회에서 유래된다. 그 조치들은 그 후에 정부 차원의 해당 전문가 위원회의 지원을 받는 각료위원회(Committee of Ministers)에 의해 조처(action)로 바뀐다. 그래서 의원위원회(parliamentary committee)가 인권 신장에 필요한 조처를 연구하고 그 결론을 의원총회에 제출하는 정규적 절차가 발달해 왔다. 그러면 의원총회는 각료위원회에 추천을 하게 된다. 만약에 각료들이 그 현안을 지지하면 자신들의 전문가들에게 필요한 법조문을 준비하라고 지시한다. 그 후에 법조문들은 최종 승인을 위해 각료들에게 되돌아간다. 조약과 권고는 매우 유사한 과정을 거치게 되지만 마지막 단계인 각료위원회에서 다른 법적 특성을 드러낸다. 2가지 모두 만장일치의 승인이 필요하다. 그런데 조약 초안의 경우 승인 효과는 문서를 서명에 회부하고 회원 국가들이 비준하는 것인데 비해 권고는 더 이상의 진전이 요구되지 않는다.

유럽심의회는 앞에 소개한 절차를 이용해서 1950년에 유럽인권협약을 체결함으로써 취하게 된 '제1보'를 훨씬 능가해 인권 프로그램을 확장하는 일련의 조치들을 취했다. 이 일련의 조치들 중에는 인권협약 외에 1961년 사회헌장(Social Charter), 1987년 고문방지협약(Convention for the Prevention of Torture) 등에 관련된 추가 의정서들(protocols)이 있다. 유럽심의회가 발기(sponsor)한 100개 이상의 협약들이 발효되었으며 비슷한 수의 권고와 함께 꾸준히 늘고 있다. 물론 일부는 인권 문제가 아닌 유럽 협력 문제와 관련되어 있다. 그렇지만 많은 경우 앞에 예시한 것들과 사생활 문제, 차별 문제, 가족법, 형사소송 등 다양한 인권 문제들과 관련되어 있다.

이런 조치들은 국제적 법제정체(法制定體)를 형성한다. 특히 유럽심의회가 발기한 거의 모든 협약들은 그것이 인권에 관련된 것이든 아니면 다른 현안에 관련된 것이든 회원국 과반수에 의해 비준된 현안들이 높은 비율을 차지한다. 한 가지 더 주목할 사실은 어떤 협약들은 유럽심의회 회원국이 아닌 국가들도 참여할 수 있으며 조약제정권(條約制定權)을 행사하는 유럽공동체도 그 협약들의 당사자가 되어 왔다는 것이다.

새로운 협약이 널리 받아들여지려면 어느 정도의 시간이 걸리지만 널리 받아들여지도록 하는 일은 개별국가들에게만 전적으로 맡겨지는 것은 아니다. 특정 협약의 진전 여부는 조직 내부의 절차를 통해 정규 검토를 받게 되는데 그 과정에서 조직은 국가들의 비준을 격려하고 용이하게 돕기도 한다.

권고의 경우 비준 문제는 제기되지 않는다. 그렇지만 권고는 일반적으로 오랜 기간에 걸친 토론의 결과물이고 무조건적 합의를 반영하고 있다. 더욱이 권고에 대한 정부들의 승낙을 독려하기 위해 각료위원회는 정부들이 특정 권고를 적용하기 위해 취하고 있는 조치들에 대해 각료위원회에 알려줄 것을 정부들에 요청할 수 있는 정관상의 권한을 정기적으로 행사한다. 이것이 적용 과정에 대한 전문가위원회의 모니터링을 가능하게 한다. 이 전문가위원회는 협약의 적용에 대해서도 심사를 한다. 더욱이 몇몇 협약들은 자체적인 모니터링 메커니즘을 갖추고 있다. 그래서 개인 정보 자료보호 문제를 다루고 있는 1981년의 108호 협약(Convention No.108)은 그 협약의 적용을 감독할 위원회를 구비하고 있다. 그리고 사회헌장도 마찬가지다.

그런데 '협약'과 '권고'만이 유럽심의회가 인권 신장을 위해 기여할 수 있는 모든 수단은 아니다. 유럽심의회는 유엔 인권위원회와 '소수자 차별방지 및 보호에 관한 소위원회'의 회기에 참여한다. 1990년 규칙 제456호(Order No.456)에서는 의원총회가 소수자의 권리에 대한 심포지엄을 조직하고 소수민족 분쟁에서 중재·화해 역할을 담당하기로 결정했다. 인권 분야에서의 많은 유사한 이니셔티브 중에 유럽심의회가 동유럽에 민주주의가 싹틀 수 있도록 격려하고 지원한 것은 아시아인들에게 특히 더 주목할 만한 가치가 있다.

예를 들어 1994년에 각료위원회는 민주주의·인권·법치에 대한 회원 국가들의 공약(commitment) 이행에 관계되는 그 어떤 사안에 대해서도 유럽심의회의 한 회원 국가나 사무총장 혹은 의원총회가 문제가 있다고 지적하면 이를 고려하기로 결정했다. 그리고 사안을 고려한 뒤에 각료위원회는 자신의 법적 권한 내에서 적절한 조처를 취하게 된다. 그래서 유럽심의회가 정관 상의 근본적인 방침에 대해, 특히 인권과 근본적 자유를 유지하고 보다 잘 실현하는 문제에 대해 지속적인 공약을 갖고 명확하게 지시하는 일은 있을 수 없다(Merrills 2004a, 275-8).

1) 유럽인권협약(1950년)

유럽인권협약은 이 분야에서 조직의 실제적인 활동을 위한 정신을 제공했다. 이 협약은 유럽인권협약이 만든 유럽 인권위원회와 인권재판소와 기존의 유럽심의회의 각료위원회가 처음 이용했던 감독협정(supervisory arrangements)과 함께 체약국들이 보장하겠다고 약속한 시민적·정치적 권리들의 핵심 목록을 제공했다. 보호된 권리들은 추가 의정서들과 관리협정들을 수단으로 해 정규적으로 확장되었다. 그래서 개인들과 체약국들이 스트라스부르에 들고 올 수 있는 사례들도 그만큼 많아졌다. 유럽인권협약은 대단한 성공을 거두었지만 일이 늘어남에 따라 그에 속한 제도들이 과부하에 걸리게 되었다. 그래서 마지막 의정서(제11호)는 요구되는 범위를 감당할 수 있도록 관리 장치를 재구성했다.

유럽인권협약 가입국이 협약에 명시된 권리를 침해한 경우 협약 제25조에 따른 개인통보제도와 24조에 따른 국가통보제도라는 2가지 절차에 따라 그 책임을 물을 수 있다. 국가통보제도는 현재까지 11건이 활용되었으며 1982년에 터키를 상대로 덴마크, 프랑스 등 서방 5개국이 이 제도를 활용한 것이 마지막 사례다. 그런데 유럽의 지역인권보호체계에서 그 효용성이나 빈도(최근에는 1년에 약 1,000건) 면에서 최고의 정수는 개인통보제도다. 물론 이 제도는 예외적인 사례들도 있지만 원칙적으로는 국내 사법절차를 거친 후에만 취할 수 있는 국내 사법제도의 보충적 제도 혹은 마지막 구제 절차로 볼 수 있다. 그래서 통보 된 안건들 중에서 10%만이 적격 판정을 받는다.

유럽인권협약에 기술된 권리를 실현하는 기구로 유럽인권위원회(European Commission of Human Rights), 유럽인권재판소(European Court of Human Rights) 및 각료위원회가 있다. 이 기구들은 모두 프랑스 스트라스부르에서 정기적인 회의를 연다. 그런데 유럽인권협약 제11의정서(Protocol No.11)가 1998년 11월에 채택됨에 따라 유럽인권재판소가 상설 재판소가 되고 유럽인권위원회와 각료위원회의 권한이 이 재판소에 대폭 이양됨에 따라 강력한 재판소가 되었다. 아울러 1998년 11월 1일부터 청원(requête) 처리 절차도 달라졌다(Merrills 2004b, 287-306).

2) 유럽사회헌장(1961년)

유럽사회헌장(European Social Charter)은 유럽인권협약에 넣지 않았던 경제적·사회적·문화적 권리를 보호하기 위한 협정으로 1961년에 체결되었다. 유럽인권협약과 마찬가지로 유럽사회헌장도 보장된 권리들을 나열하고 있고 관리 장치들을 만들고 있다. 그렇지만 두 협약 간에는 중요한 차이가 있다. 유럽인권협약은 전체를 받아들여야 되는 데 비해 유럽사회헌장은 국가들에게 선택적으로 보장할 수 있도록 허용하고 있고 고소(complaints) 제도 대신에 관리 수단으로 복잡한 보고 제도를 이용하고 있다. 일반적으로 사회헌장의 영향력이 인권협약의 영향력보다 약한 것으로 인식되고 있는데, 그 이유는 유럽심의회가 이 분야에서 엄격한 법규를 만들려는 열정이 부족하기 때문이기도 하다. 그런데 최근에 정책이 변해 사회헌장을 다시 활성화 시키려는 시도가 있다. 그래서 보호되어야 할 권리의 범위를 넓히기 위해 의정서들이 체결되고 있고 감독 장치도 개선되고 있으며 다른 조치들도 완비되고 있다(Merrills 2004b, 307-27).

3) 고문방지유럽협약(1987년)

이 협약의 목적은 자유를 빼앗긴 사람들을 고문과 비인간적·굴욕적 대우나 처벌로부터 보호하기 위한 예방 제도를 강화시키려는 의도에서 그들에 대한 대우를 감독하기 위한 절차를 만드는 것이다. 이런 목적에서 이 협약은 위원회를 만들어서 이 위원회로 하여금 공적 권위(정부 당국)에 의해 자유가 박탈된 사람들이 있는 당사국의 관할 하에 있는 어떤 곳이든 방문할 수 있도록 했다(협약 제2조). 이 고문방지유럽협약은 1989년에 효력이 발생했고 현재 그루지야를 제외한 모든 유럽심의회 회원국들이 비준한 상태다. 이 협약을 더욱 발전시키기 위해 두 개의 의정서가 협상되어 1993년에 서명에 부쳐졌다. 제1의정서는 유럽심의회 회원국이 아니더라도 초대에 의해 참여할 수 있도록 해 협약의 지리적 범위를 넓혔다. 제2의정서는 고문과 비인간적·굴욕적 대우나 처벌 방지를 위한 유럽위원회(European Committee for the Prevention of Torture and Inhuman and Degrading Treatment or Punishment)의 회원 선출을 위한 제도에 기술적인 변화를 초래했다.

이 고문방지유럽위원회는 유럽인권협약 당사국 수만큼의 회원을 갖고 있다. 이 회원들은 독립 전문가로서 자리에 앉게 되고 국가들은 이 위원회와 협력할 의무가 있다. 유럽인권협약은 이 위원회가 감옥이나 여타 억류 장소를 방문 할 수 있는 광범한 권한을 부여하고 있다. 그러나 이 위원회는 어떤 법적 기능을 갖지는 않는다. 그래서 조약상의 의무를 침해했는지 여부를 판단하는 것은 이 위원회의 일이 아니고 방문했던 장소의 상황에 대해 연구하고 발견한 사실에 대해 보고서를 작성하고 적절한 권고를 하는 것이 이 위원회의 일이다. 물론 이런 업무를 수행하면서 이 위원회가 수집한 정보와 위원회의 보고 및 자문은 비밀이다. 그렇지만 당사국의 요청에 따라 보고서가 출간될 수도 있다. 만약에 어떤 국가가 이 위원회와 협력하지 않거나 권고에 따라 조처를 취하는 것을 거부하면 위원회는 구성원 2/3의 결정으로 그 사안에 대해 공개 성명을 낼 수 있다(협약 제10조 2항).

고문방지유럽위원회는 1990년에 협약을 받아들인 국가들을 방문하기 시작했으며 매우 활동적이다. 이 고문방지유럽협약은 예고된 정기 방문과 알리지 않고 위원회가 필요하다고 간주되면 언제든지 실행할 수 있는 특별 방문(ad hoc visits)을 규정하고 있으며 두 가지 형태의 방문이 모두 실행되어 왔다. 예를 들어, 1993년에 이 위원회는 그리스, 리히텐슈타인, 룩셈부르크, 노르웨이, 벨기에와 아이슬란드에 정기 방문을 했으며 북아일랜드를 특별 방문했다. 정기 방문의 시기나 특별 방문의 필요 여부를 결정할 때 이 위원회는 비정부기구들(NGOs)이 스트라스부르에 있는 사무국에 제공한 정보를 이용한다. 이 비정부기구들은 또한 고문방지유럽협약에 대한 정보를 피수감자들이나 수용소 책임자들에게 알림으로써 위원회를 돕기도 한다.

고문방지유럽위원회 구성원들이 방문할 때 그 구성원들은 수감자들과 개별적으로 대화할 수 있으며 정보와 관련된 그 누구와도 인터뷰할 수 있다. 방문에 대한 보고는 상술한 바와 같이 처음에는 비밀이다. 그러나 실제로는 관련된 국가가 자국 정부의 답변을 대외적으로 알리기 위해 보고를 출간하라고 위원회에 요청하는 것이 일반적이다. 위원회가 추구하는 목적 중의 하나가 방문한 국가들과 대화를 유지하는 것이므로 이 공개성은 환영을 받게 된다. 고문방지유럽협약 제10조 2항에 기술된 징계는 1992년에 처음으로 사용되었다. 이때 고문방지유럽위원회는 터키 경찰과 헌병대가 심각하게 인권을 유린하고 있다는 권고를 터키 정부가 지속적으로 무시하고 있어서 공개 선언을 하기로 결정했다. 이런 징계 조치는 드물게 사용된다. 그런데 예외적인 몇몇 사례들의 경우 위원회는 해당 국가가 상황 개선을 위해 좋은 수단을 사용할 준비가 분명하게 되어 있으면 이를 격려하기 위한 부가적 조치들을 제공하기도 한다.

이 고문방지유럽협약은 상대적으로 새로운 것이지만 그 가치는 이미 명백하다. 앞에 언급한 바와 같이 유럽인권협약에 의해 만들어진 관리 체계는 개인과 국가 간의 청원들에 기초해 작동한다. 이 청원 제도는 국가가 수감자들을 정당하게 대우하는 것을 보장하기 위해 두는 것이므로 추정되는 침해가 이미 이루어진 것이어야 되고 그래서 사건 후에 작동한다. 그러므로 고문방지유럽협약이 제시하는 기본적으로 예방적 성격의 비사법적 장치에 장점이 있는 것이다(Merrills 2004a, 279-81).

4) 소수민족 보호를 위한 기본협약(1995년)

이 협약은 처음으로 소수자 대우 문제를 유럽심의회의 관할 하에 두고자 시도한 것이다. 유엔의 시민적·정치적 권리에 관한 규약 27조는 종족적·종교적·언어적 소수자에 속하는 사람들은 "자신들의 집단의 다른 구성원들과 함께 누릴 공동체 내에서의 권리, 자신들의 고유문화를 즐길 권리, 자신들의 고유 종교에 대해 신앙고백을 하고 실천할 권리, 자신들의 고유 언어를 사용할 권리를 거부당하지 않을 것이다"라고 규정하고 있다. 비록 1965년에 제4의정서의 초안이 작성되었을 때 협의회(Consultative Assembly)가 이 문제에 대해 정부들이 받아들일 수 있을 것 같지 않을 정도로 광범위하게 미칠 수 있는 조문을 삽입시킬 것을 제안했지만 유럽인권협약에는 그에 해당하는 조항이 없다(각료위원회가 거부해서 협의회의 제안은 거부되었다). 그렇지만 협의회는 이 문제에 대해 계속 압력을 넣어 마침내 1991년 10월에 인권운영위원회(Steering Committee for Human Rights)는 유럽심의회가 소수민족을 보호하기 위해 어떻게 조처를 취할 수 있을지, 이 주제에 대한 유엔과 유럽안보협력회의(CSCE)의 활동과 유럽심의회에서의 협의를 고려해서 생각해 보라고 요청받게 되었다. 1993년 9월에 나온 인권운영위원회의 보고는 더욱 진전된 토론들을 이끌어 냈고, 그 결과 만 일 년여 후에 '소수민족 보호를 위한 기본협약'이 채택되었다.

이 협약은 '기본협약'(Framework Convention)이라고 불리는데, 왜냐하면 이 협약은 주로 체약국들이 추구해야 될 목표들을 선언한 것이지, 그 목표들이 어떻게 준수되어야 하는지를 자세하게 명시하지는 않았기 때문이다. 제1~3조는 일반 원칙들을 형성하고 있는데 이 일반 원칙들은 기본협약과 차별로부터의 보호와 문화·언어의 권리에 대한 인정을 포함한 당사국들의 의무 사항들을 규정한 제4~19조의 기초가 된다. 제20~23조는 협약의 범위와 해석에 관계되는 조문들을 포함하고 있고 제24~26조는 감독협정을 형성한다. 구성된 틀에 따라 체약국들은 자국의 협약 준수 상황에 대한 정기 보고서를 제출해야 되고 그 보고서는 전문가자문위원회의 보조를 받는 각료위원회가 평가한다. 1995년 2월에 서명에 부쳐진 이 협약은 유럽심의회 12개 회원국이 비준한 1998년 2월에 발효 되었는데 이는 의미 있는 진전이다. 소수자와 관련된 문제들은 너무나도 오랫동안 무시되어 왔던 중요한 인권 문제들을 제기할 발판을 마련한 것이다. 물론 유럽재판소에서 심사하게 될 소수자들의 권리를 신장시키기 위해서는 이 협약이 앞으로 더욱 진전되어야 하며 유럽인권협약에 이와 관련된 의정서를 새롭게 첨가해야 될 필요가 있다. 그런데 1996년에 이 계획은 연기되었다(Merrills 2004a, 281-2).

3. 인권과 유럽안보협력기구(OSCE)

유럽안보협력회의는 1973년 7월에 열려서 2년 후에 헬싱키에서 체결되었다. 35개 참여 국가들은 동·서유럽의 거의 모든 국가와 1975년 8월에 헬싱키 최종의정서(Final Act)에 동의한 미국과 캐나다까지 포함한다. 최종의정서는 조약이 아니라 기본적으로 정치적 의무를 도출하는 '유럽안보협력회의 프로세스'로 알려진 후속 수단과 같은 것이다. 그 정치적 의무 사항은 주로 유럽의 안보 분야에서 수행해야 될 것들이지만 인권에 관계되는 것들도 있다. 여러 가지 후속 회합(meeting)에서 당사국들의 여타 공약들이 상당히 진전되었다. 그런 와중에 1989년 비엔나 회합에서 인권에 대한 유럽안보협력회의의 공약들을 개별 국가들이 이행하는 것을 모니터링하는 데 필요한 외교적 절차를 만들었다. 이 인권 공약은 1990년 코펜하겐 회합과 1991년 모스크바 회합에서 더욱 확장되었다(Merrills 2004a, 282-3).

이 일련의 인권부문회의(Conferences on Human Dimension)를 통해 유럽안보협력회의가 인권 문제와 관련해 중요한 의미를 갖게 되었다. 1989년에 만들어진 인권부문메커니즘(Human Dimension Mechanism)은 다른 국가에서 발생한 인권에 관한 개인적 사건이나 상황에 대해 특정 국가가 외교적 채널을 통해 문제를 제기할 수 있는 정치적 정당성을 주었다. 1991년에 약간 수정되었지만 이 메커니즘은 문제 제기를 받은 나라가 10일 이내에 서면으로 답변을 해야 하며, 그래도 문제가 해결되지 않을 경우 문제 제기를 한 국가는 관련국에 그 문제를 토의하기 위해 쌍무 회의를 가질 것을 요구할 수 있다. 또한 문제를 제기한 국가는 외교 채널을 통해 다른 유럽안보협력회의 국가들이 관심을 갖도록 알릴 수 있으며, 그래도 문제가 해결되지 않으면 유럽안보협력회의의 다음 회의에 넘길 수 있다(외교통상부 2001, 87-8).

1994년 말에 유럽안보협력회의는 유럽안보협력기구로 이름을 바꾸고 일련의 회의체에서 항구적 기관을 갖는 완전히 성숙한 국제기구로 전환했다. 비록 이 새 기구도 유럽안보협력회의처럼 넓은 범위의 현안들을 다루지만 인권 문제는 이 기구의 활동에서 계속해서 수위(首位)를 차지하고 있다. 유럽안보협력회의/기구(CSCE/OSCE)의 다양한 문건에서 표현된 규범들은 분명히 유엔 규약, 유럽인권협약 및 여타 인권 제도들에서 영감을 얻은 것이다. 물론 공산권의 붕괴로 '동/서 의제'(東/西 議題, East-West agenda)에 인권을 넣었던 원래의 '유럽안보협력회의 프로세스'의 존재 이유는 사라졌다. 어쨌든 유럽안보협력기구의 회원이 유럽심의회의 회원보다 폭넓은 것과, 인권 문제를 다루는 데 외교적 방법이 정치적으로 불안정한 상황에서는 특히 더 가치가 있다는 사실을 유념한다면, 왜 이 제도가 아직까지 의미가 있는지 알 수 있다(Merrills 2004a, 283).

그런데 유럽안보협력기구의 발전과 더불어 최근에는 유럽심의회와의 관계가 현안으로 제기되고 있다. 비교적 최근까지 유럽심의회는 개인의 인권을 준사법적 메커니즘에 따라 보호하는 데 초점이 맞춰져 있었고, 유럽안보협력기구는 소수민족 관련 분쟁 등 국내외의 분규와 민주주의, 법치 등

보다 큰 범위의 현안들에 관심을 두고 있었다. 그런데 유럽심의회가 최근에 와서 법치나 소수자 보호 등의 문제에 대해 본격적인 관심을 갖기 시작하면서 양 기관 간의 차이점을 찾기 어렵게 되었다.

4. 유럽연합과 인권

유럽연합 그 자체는 비교적 최근에 생겼지만 공동체들(Communities)을 연합의 제1 '지주'(支柱)로 삼고 있다. 공동체들은 유럽석탄철강공동체(ECSC: European Coal and Steel Community), 유럽원자력공동체(Euratom: European Atomic Energy Community), 그리고 유럽공동체를 포함하고 있으며 1950년대에 만들어졌다. 유럽연합에 관한 1992년 조약(TEU) 역시 2개의 새로운 지주를 추가했다. 이것들은 관련 국가들의 '공동·외교·안보 정책과 사법 및 내무'를 다룬다. 유럽연합은 이 세 기둥의 우산 역할을 하는 협정(term)으로 쓰인다. 그런데 이 세 기둥은 시민들에게 영향을 주는 정도가 다르다. 특히 공동체들은 유럽연합의 다른 두 기둥보다 개개인에게 미치는 영향력이 더 크고, 보다 실제적인 사법체(body of law)를 구비하고 있다. 의사 결정 과정과 이 과정의 최종적인 결과도 공동체들과 다른 두 기둥 간에 차이가 있다. 이 새로운 두 기둥은 정부 차원에서 움직이고 그 결정 사항에 대해 개인이 도전할 기회는 거의 없다. 유럽공동체를 수정하는 가장 최근의 조약인 1997년 암스테르담조약은 현재 비준 중에 있는데 이는 사법 및 내무와 공동 및 안보 정책의 의사 결정 과정을 바꿀 것이다. 그러나 기본적으로 정부 차원의 넓은 접근을 하는 것으로 남아 있을 것이다. 그런데 한 가지 복잡한 요소는 이 세 기둥 각각의 범주가 분명히 정해지지 않았을 뿐만 아니라 그것들이 유동적이라는 것이다. 비록 암스테르담조약이 사법 및 내무 기둥으로부터 약간의 권한을 유럽공동체에게 넘기겠지만 여전히 경계 문제에 약간의 오점이 남을 것이다. 그런데 유럽공동체가 가장 역사가 길고 가장 넓은 범주를 관장하고 있다(Woods 2004, 351-2).

인권이 유럽공동체법에서 보호되는 만큼 관련되는 원칙들은 마스트리트조약과 유럽사법재판소의 일련의 판결에서 나온다. 비록 그 조약이 유럽인권협약이나 유엔 규약과 같은 의미의 인권 조약은 아니지만 사회·경제 영역의 인권에 직접적으로 관련되는 수많은 문제들을 다룬다. 마찬가지로 유럽사법재판소의 역할이 조약과 조약에 기초한 입법 조치들을 해석하고 적용하는 것이라면 이는 인권 존중을 포함하고 있는 회원국들의 헌법적 전통의 배경에 반(反)해 이루어지는 것이다. 그래서 유럽사법재판소 앞에 설 사건들에서 우리는 여러 가지 다른 맥락에서 유럽인권협약의 원칙들에 대해 만들어지고 있는 준거를 발견하게 된다(Merrills 2004a, 283).

이 모든 것은 유럽에서의 인권에 대한 어떤 이야기도 공동체법의 의의에 주의를 기울이지 않고는 완벽할 수 없다는 것을 의미한다. 그렇지만 앞에 언급한 다른 제도들에 비해 유럽연합은 분명히 한계가 있다.

첫째, 마스트리조약은 조약 당사국에게만 구속력이 있다. 비록 유럽경제공동체(EEC)의 회원이 1957년의 원 회원 6개국으로부터 1999년에 15개국, 2004년 5월에 25개국으로 확대되었지만, 이 제한된 회원은 유럽심의회나 유럽안보협력기구보다 지리적으로 더 제한된 제도가 되도록 한다.

둘째, 유럽사법재판소의 관할권을 유럽공동체법의 범위에 들어오는 사건으로만 제한해 인권 문제로 간주할 수 있는 상황을 제한하는 결과를 초래하고 있다.

셋째, 비록 재판소의 관할 하에 들어오는 사건들에 대해서도 인권원칙

(human rights principles)에 두는 비중은 여전히 불확실하다. 유럽공동체는 이런 한계들에도 불구하고 유럽심의회나 유럽안보협력기구와는 달리 초국가 기구라는 유리한 점이 있다. 이는 강한 제도적 뒷받침을 받으며 인권 문제에 대해 개입할 수 있도록 한다(Merrills 2004a, 283-4).

유럽의 지역인권보호체계는 다양성을 종합한 역사적 미봉(彌縫)이고 현재까지도 협상이 진행 중인 사안이다. 인권이라는 보편적 가치를 추구하기 위해 아시아의 다양성도 유럽의 사례처럼 대화와 협상을 통해 미봉될 수 있는 대상이다.

Ⅲ. 북한의 인권 문제에 대한 '헬싱키 프로세스' 적용의 의의

북한의 인권 문제는 유엔이 규정하는 '막대하고 명백하게 증명되는 인권침해의 지속적인 관행'의 전형이며, 전체주의적 통제와 체제의 비효율성에서 비롯된 것이다. 그러나 전쟁의 위험성과 불확실한 결과 때문에 '체제붕괴론'이 대안이 될 수 없다면 국제인권보호체계에 북한을 연계시켜 대화를 통해 지속적으로 시정 요구를 하고 인권 개선이 궁극적으로는 북한의 정치·사회적 안정을 보장하는 길이라는 것을 북한 지도부에 설득해야 한다.

그런데 이 모든 사안들은 소수의 민간인이나 비정부기구가 감당하기에 너무도 버거운 일이며 한국 정부만으로도 한계가 있다. 그래서 북한이나 중국 정부에 영향력을 행사할 수 있는 국제적 연대와 강대국들의 적극적인 협력이 요구된다.

현재의 북한 인권 상황은 보편적 가치와 인도주의적 관점에서도 당연히 개선되어야 하지만, 한반도에 항구적인 평화를 보장하고 북한을 통일의 동반자로 변모시키기 위해서도 개선되어야 하며 이를 위해 헬싱키 프로세스와 같은 지속적·제도적 외부 개입이 필요하다.

김정일 정권의 전쟁 도발을 저지하기 위해 북한 주민들의 인권 신장은 최우선 과제다. 제2차 세계대전이라는 전대미문의 대참사를 초래하고 온갖 '인도에 반하는 범죄'를 저지른 나라는 바로 자국민의 인권을 유린하던 비민주적 독재국가였다. 그래서 서유럽인들은 인권을 전후 대내외 정책의 근간으로 삼았던 것이다. 이는 유럽안보협력회의와 헬싱키 프로세스를 낳게 했고 '77헌장'(Charter 77)과 같은 중·동부 유럽 지식인들의 인권 존중 촉구와 헬싱키선언 지지 운동이 가능하게 했으며 그 결과 이 지역에서 인권 신장과 민주화가 가능했던 것이다.

북한 위정자들의 전쟁 도발을 억지하기 위해서는 북한 주민들의 인권을 우선적으로 신장시켜야 한다. 근본적 자유와 권리에 대한 침해가 일상화된 사회에서 독재 권력이 최후의 순간에 전쟁 도발을 결정하면 주민들은 비판과 저항을 할 수 없기 때문에 쉽게 전쟁에 동원될 수밖에 없다. 최근에 북한의 대량살상무기 문제를 통해 그 가능성이 여실히 드러났다. 미국과 한국 정부가 대북 유화정책을 취하며 대규모 지원 약속을 했음에도 불구하고 북한 위정자들은 주민들의 이익에 상반될 뿐만 아니라 국가를 위기에 몰아넣을 수 있는 미사일 발사와 핵실험을 스스럼없이 강행했다. 이는 근본적 자유가 보장되는 사회였다면 결코 있을 수 없는 독재자의 모험주의가 초래한 전형적 사례다.

그리고 통일 후에 남북한 양측의 주민들이 모두 일체감을 느낄 수 있는 사회를 조속히 건설하기 위해서는 무엇보다도 북한의 인권이 신장되어야 한다. '의사의 자율성', '행위의 자기 결정성', 그리고 '행위 결과의 자기 책임성'이 민주주의의 세 가지 핵심 요소임을 고려한다면, 주체적·비판적 사고력과 결정력을 충분히 키우지 못한 북한 주민들과 함께 통일된 민주 사회를 건설하는 것은 대단히 어려울 것이다. 따라서 북한 주민들의 인권 신장은 화급을 다투는 문제다.

지난 노무현 정부나 진보적임을 자처하는 인사들은 북한을 무조건 지원해 경제 상황이 호전되면 인권 문제도 해결될 것으로 전망해 왔다. 그러나 북한이 개혁 정책을 취해 현재의 경제 위기가 극복되더라도 중국과 베트남의 경험으로 봐서 인권 상황이 나아질 것으로 낙관할 수만은 없다.

중국은 1950년대에 계급투쟁을 하면서 지주·부자·반동·악인·우파 분자(地, 富, 反, 塊, 右)들로 분류된 사람들을 강제 노동과 정치사상 공작을 통해 '개조'시키는 정책을 취했다. 그래서 이 다섯 부류의 피억압 대상자들은 감옥(監獄), 흔히 '라오가이'라 부르는 노동개조대(勞動改造隊), 노동교양소(勞動教養所), 공안국(公安局)에서 운영하는 정신병원, 그리고 강제취업(强制就業) 등에 수감되었다(Wu 1996a; 1996b; 2000; Domenach 1992a; 1992b; Kotek and Rigoulot 2000).

이런 중국의 정치범 집단 수용소는 북한의 노동교화소, 노동교양소, 노동단련대, 집결소 등에 견줄 수 있다. 이런 노동교화형은 북한의 경우 2004년 형법 개정으로 다소 달라지기는 했지만, 그간 정식 재판 없이 수감되어 왔으며 행정령으로 사법적 범위 밖에 있고 그 존재가 비밀에 부쳐져 있거나 부정되고 있다는 점에서 중국과 북한이 비슷한 측면을 가지고 있다.

그래서 중국의 노동개조대는 북한의 정치범 교화소에 비유될 수 있겠지만 정치범관리소 내의 '특별독재대상구역'과도 유사점이 많다. 중국의 노동교양소는 북한의 노동교양소와 유사하지만 북한 정치범관리소 내의 '혁명화대상구역'과도 유사한 측면이 많이 있다. 아울러 노동개조대와 노동교양소의 수감자들이 수형 생활 말기에 혹은 종료 후에 수감되어 그 기간이 임의적으로 연장되는 '강제취업' 제도는 북한의 노동단련대나 집결소와 유사한 측면이 있는 것으로 보인다. 그런데 형기가 정해져 있다는 점에서 노동개조대는 정치범관리소 내의 '특별독재대상구역'과 차이가 있으며 '강제취업' 대상자들은 노동자 평균임금의 40% 정도에 지나지 않는 소액이지만 월급이 지급되고 년 2주간의 휴가가 있다는 점에서 북한의 노동단련대나 집결소보다는 북한에 1940년대 말부터 1950년대 초에 존재했던 특별노무자관리소와 비슷한 측면이 더 많다. 이런 점에서 북한의 정치범관리소 특히 '특별독재대상구역'은 특이한 존재다.

그런데 중국이 개혁·개방정책을 취하면서 나타나는 정치·사회적 불안정을 막기 위해 1970년대 말부터 1980년대 초에 각종 사회악에 대한 '엄중한 타격'(嚴打)이라는 구호를 제창하면서 '문화대혁명' 기간에 중단되었던 '노동교양' 제도를 다시 실시했다. 그리고 1982년에 중국 국무원은 회람을 통해 공안국이 개인(반혁명 분자, 반당·반사회주의 분자 등)을 재판 없이 3년 이하의 '노동교양형'에 처할 수 있도록 했다. 제5기 전국인민대표대회 상임위원회 제19차 회의(1981.06.10)에서는 '강제취업' 정책을 다시 채택하면서 '반혁명 범죄자들'에 대해서는 무조건 '강제취업' 조치를 취하라고 지시했다. 즉, 중국정부는 반체제 인사들에 대한 통제 정책으로 '강제취업'형을 활용하고 있는 것이다. 그리고 최근에는 노동교양소를 더 많이 만든 것으로 알려지고 있다.

베트남 공산 정부는 1975년 남부 해방 후에 '사회주의 체제로의 전환'과 '재통일 정책'을 실시하면서 통제 메커니즘으로 노동개조장(Trai Cai Tao Lao Dong)을 설치했다. 그리고 3가지 부류의 '반동' 가운데 1·2부류, 즉 공무원과 군인들은 이 노동개조장에 수용하고, 3부류인 '공산주의 체제를 지지하지 않았던 일반 주민들'은 '신경제 구역'으로 내몰았다. 그래서 1975~81년 사이에는 중부 산악 지대를 제외한 베트남의 거의 전 지방에 산재해 있던 이 노동개조장과 형무소에 약 34만 3,000명의 정치범이 수감되어 있었다.[2] 이는 관점에 따라 1950년대 중반에 북한이 요덕과 평안남도 일부 지역에 설치했던 정치범관리소의 초기 모습과 비슷한 측면이 있다.

그런데 1986년에 도이머이(Doimoi) 정책을 채택하면서 남부 해방 후에 수감되었던 정치범들을 대부분 석방시키고 1987~88년에 걸쳐 노동개조대를 해체시켰다. 대부분의 서방 학자나 인권 운동가들은 비록 노동개조대는 해체시켰으나 중요한 정치범들은 일반법 범법자로 여전히 감옥에 수감하고 있거나 가택 연금 상태로 묶어두고 있기 때문에 결과적으로 크게 달라진 것은 없다고 주장한다(Human Rights Watch 1995; 1997; 2000). 그리고 300~500명을 감독하는 지역비밀경찰(policier du secteur)이 주민들에게 재판 없이 5~6개월간의 강제노동형(Cuong bue lao dong)을 명할 수 있어서 주민들의 근본적 자유는 여전히 억압받고 있다는 것이다.

개혁·개방 후 북한의 정치범수용소 폐쇄 여부를 예측할 수 있는 정교한 준거를 마련하기 위해서는 베트남의 노동개조장 해체 결정 요인과 과정에 대해 보다 심도 있는 분석이 필요하다. 그런데 도이머이 정책의 채택 과정과 실행에서 노동개조장 폐쇄의 결정 요인을 어느 정도는 규명할 수 있다.

2_피수감자의 수에 대해서는 시점과 주장자에 따라 큰 차이를 보이고 있다. 팜반동(Pham Van Dong)은 1977년의 수감자로 5만 명을 인정했으나, 시인이며 인권운동가인 보반아이(Vo Van Aï)는 1985년 보고서에서 50만 명이 수용되어 있다고 주장했다. 심지어 도안반또아이(Doan Van Toai)는 자서전에 80만 명이 수용된 것으로 기술하고 있다. Kotek and Rigoulot(2000), pp. 657-8과 Vo Van Aï(1979), pp. 7-8, Doan Van Toai(1979) 참고.

도이머이 정책은 통일 후 남부 지역에 강제 동원과 억압에 기초해 실시한 '북화정책'의 실패에 대한 반성 덕분에 가능했다(허만호 2004). 이는 노동개조장 해체를 결정한 내부 요인으로 작용했을 것으로 짐작된다. 그리고 도이머이 정책 실시에 필요한 외자 유치를 위해 인권 문제에 대한 외부의 압력에 저항할 수만은 없었던 현실이 주효했던 것으로 판단된다.

그간 북한 정부가 유엔 경제사회이사회의 국제 규약과 협약들에 따른 정기보고서도 제때에 제출하지 않았을 뿐만 아니라 지적 사항들을 시정한 것을 확인할 수 있는 기회를 제공하지 않는 등 조약상의 의무를 성실히 수행하지 않았던 것이 사실이다. 그리고 북한 정부가 자국의 인권 문제에 대해 국제사회와 협력하지 않는 것도 사실이다. 그러나 앞에 소개한 바와 같이, 신소청원법, 사회주의노동법, 형법과 형사소송법 등의 제정과 연속적 개정은 북한 정부의 유엔 경제사회이사회에 대한 조약상의 의무를 활용한 국제사회의 개입이 초래한 긍정적 결과다. 즉 외부 개입에 대해 그 즉시는 부정적 반응을 보이지만 일정 부분 호응하고 있는 것이 분명하다.

따라서 북한이 개혁·개방정책을 취할 때 인권과 관련해 중국형보다는 베트남형을 따르도록 중요한 지원은 반드시 인권 현안들과 연계시켜야 한다. 그리고 우리의 대북 지원과 각종 개발 사업이 그 지역 주민들의 생존권을 위협하는 결과를 낳지 않도록 감시·감독해야 한다.

북한의 인권 문제에 대해 헬싱키 프로세스를 적용한다면 북한 내에 인권 운동의 공간을 확보하고 북한 정부의 인권 개선 정책을 공고화시키는데 가장 큰 의의가 있을 것이다.

인권 변화의 '나선형 5단계론'에 따르면 북한의 인권 정책은 3단계에서 국내외 단체들 간의 네트워크 형성이 가장 큰 변화 요인이 될 수 있다.[3] 그래서 기독교 단체들 중에 중국에서 탈북자들을 개종시키고 훈련시킨 뒤에

돈과 성경을 주면서 북한에서 선교 활동을 하라고 돌려보내는 단체도 있다. 미국의 자선단(Mercy Corps)도 탈북자들에게 약간의 자금을 빌려주면서 북한에서 장사나 사업을 하라고 돌려보낸다. 주로 북한 정보를 얻고 외부 정보를 북한 내에 전파시키는 데 주안점을 두는 것으로 보인다.

장기적으로는 이런 접근이 필요하다. 그러나 현재와 같이 억압 장치와 수직적·수평적 통제 체제가 강력한 상황에서는 이런 접근이 긴 시간과 많은 인적 희생 및 비용을 필요로 해서 '비용 대 효과' 면에서 그다지 합리적이지 못하다. 그래서 헬싱키 프로세스의 인권 부문처럼 내부의 저항 세력이나 인권 운동가들이 살아남아 활동할 수 있는 공간을 마련할 수 있도록 외부의 감시와 개입이 제도적으로 보장되어야 한다. 그러기 위해서는 북한의 인권 문제만이 아닌 아시아 지역 혹은 하위 지역 차원의 인권 대화가 가능해야 하며 이상적으로는 인권보호체계 마련을 지향점으로 한 일련의 노력들이 경주되어야 한다.

IV. 헬싱키 프로세스 인권 부문의 대북한 적용 전략

'나선형 5단계론'에 따르면 북한 정부의 인권 정책이 '전술적 용인' 단계

3_국제 규범들과 절조(節操)있는 사고방식들(principled ideas)이 국내의 제도적 변화에 각기 다르게 영향을 준다는 점에 주목해 매우 상이한 국내 구조와 어떻게 상호작용하는가를 연구 및 모형화한 이론이 '나선형 5단계론'(five-phase spiral model)이다. Risse, Ropp and Sikkink(1999) 참조.

에서 '거부'나 '억압' 단계로 회귀하지 않고, '시효에 의해 얻은 상태'로, 더 나아가 '규칙에 일치하는 행태'를 취하도록 공고화하기 위해서는 국제사회로부터 양자적·다자적 네트워크의 지속적인 압박이 있어야 한다. 동시에 북한 사회 내부에서도 인권 규범을 구현하기 위해 종사하는 단체들이 동원되고 강화되어야 하는데, 무엇보다 새로운 국내 행위자들과 초국가적 네트워크들 간에 지속적인 연계가 형성되어 규범적 호소(Normative appeals)를 할 수 있어야 하고 새로운 정치 공간이 확장되면서 인권이 사회적 담론의 중심 무대에 나타나도록 해야 한다(Risse, Ropp and Sikkink 1999).

이는 북한 사회 내에 시민사회 형성을 지향하면서 현재의 모습인 '사회적 잔차'(social residual)를 활성화·조직화할 전략적 대안을 개발하고, 헬싱키 프로세스 인권 부문의 형성과 적용 과정을 준용하면서 지역 혹은 하위지역 차원의 인권 대화에 북한의 참여를 유도할 수 있는 대안을 개발하는 이원적 접근이 되어야 함을 의미한다.

1. '사회적 잔차'의 활성화·조직화

M. 하라스치(Miklos Haraszti)에 따르면, 동구에서의 시민사회는 이데올로기적 통제와 국가의 탄압이 어느 정도 완화되는 '탈전체주의'(post-totalitarianism) 단계에서 나타난다고 한다(Haraszti 1990). 그는 동구에서의 시민사회 발전 단계를 '탈스탈린주의'(post-Stalinism) 단계, 탈전체주의 단계, 탈공산주의(post-communism) 단계로 구분했는데, 이에 따르면 중국은 두 번째 단계에 진입했다고 볼 수 있지만 북한은 아직 첫 번째 단계에도 진입하지 못했다. 중국에서의 시민사회 형성에 대해서도 아직 학자들 간에 논란이

있는데, 북한에서 "시민사회가 사회 각 수준의 의사 결정과 집행에 참여하도록 하라"는 유엔 인권위원회의 2005년 결의는 현실을 도외시한 성급한 주문이라고 볼 수 있다. 그러나 북한에서도 사회적 잔차로서 시민사회의 잠재성은 있으며 제2사회영역(second social sphere)도 충분히 확장되어 있다. 중국이나 북한과 같이 공산화 이전에 부르주아 시민사회의 경험이 일천했던 경우, 후기 공산주의 단계(late-communist)에 와서 공산주의 체제가 대중동원력을 상실한 채 극도의 비효율성을 보이면서 시민사회는 아직 형성되지 못했지만 사회의 비공식 영역이 확장됨으로써 변화된 사회가 정치체제를 압박 및 위협하게 되었다(Heo 2002).

거대한 국가기구가 공안 사건이나 안보 문제에 대해서는 통제력을 철저히 행사하는 것 같지만 민생 문제에 대해서는 지배력을 상실하고 있다. 이런 상황 속에서 사회적 불만이 팽배해 있고 크고 작은 소요들도 일어나고 있으나 하나의 조직적인 저항운동으로 발전하지는 못하고 있다.

이런 현실을 감안하면 북한에서 시민사회가 조속히 형성되게 하기 위해서는 사회·문화적 교류를 활성화시키고 북한 위정층 내에서 실용주의 개혁파가 목소리를 내는 데 유리하게 대북 정책을 펼 필요가 있다. 이를 위해서는 무조건적 대북 지원도, 일대일의 도식적 상호주의도 모두 현실성이나 효과가 없을 것이다. 따라서 시간적 여유와 영역 교차 손익계산 방법을 기본 개념으로 한 다차원 순차적 접근이 필요하다. 그렇게 해서 압제 권력에 직접 연계되지 않은 단체들이 생길 수 있으면 압제 권력을 비켜서 세계적 인권정체(Global Human Rights Polity), 즉 인권체제 및 국제기구, 국제인권기구, 서방 세력과 직접 접촉하여 '부메랑 효과'를 가져올 수 있을 것이다(Risse, Ropp and Sikkink 1999, 17-9).

2. 주제별 점진적 접근과 안보에 대한 협력적 접근

북한 정부는 그간 다자간 안보협의체 구성에 대해 '쌍무적 신뢰 조성이 없는 지역 다자 안보 논의는 사실상 무의미하다'며 반대 입장을 표명해 왔다. 이에 대해 다자안보협의체 구성이 체제 붕괴와 같은 극단적 위기 상황에서는 생존과 같은 본질적이고 긴박한 정책 목표에 비해 우선순위에 있어 밀릴 수밖에 없기 때문이라고 보는 견해도 있다(엄태암 2006, 227-8). 그러나 다자간 안보 협의를 통해 특정 사안에 관한 특정 국가들의 일방적인 간섭이나 체제 위협을 막을 수 있고, 경우에 따라서는 다자적 체제 보장을 얻어낼 수도 있을 것이다. 특히, 북한의 2000년 ARF 가입이나 최근의 6자회담 진전을 통해 보인 기존의 입장 변화는 인권 문제와 같은 보다 더 민감한 사안들에 대해서도 다자간 협의에 전향적인 자세를 취할 여지가 있음을 보여준다.

유럽안보협력기구의 인권 부문은 인권과 근본적 자유뿐만 아니라 인적 접촉과 인도적 성격을 띤 다른 현안들까지도 점차적으로 그 범주에 넣었다(Amor and Estébanez 2004, 329). 마찬가지로 아시아 지역에서, 특히 동북아에서 인적 접촉의 범위와 빈도가 급속히 확대·증가하고 있는 데 비해, 관련 국가의 구제 제도는 충분히 구비·운용되고 있지 못하고 유엔의 인권 메커니즘도 현실적으로 활용할 수 없으므로 지역인권체계 혹은 포럼의 필요성을 느낄 수밖에 없을 것이다. 특히, 폐쇄·고립 정책에서 벗어나 대외 접촉이 확대될 북한의 경우, 현재까지의 무시 혹은 부정 일변도의 대외 인권 정책은 불가능하므로 김정일 정권에 직접적인 위협이 되지 않을 사안들에 대해서는 전향적인 자세를 취할 가능성이 충분히 있다.

그런데 시민적·정치적 권리와 관련해 다원적 민주주의의 발달에는 중국과 북한의 당국자들이 계속 경계하고 거부하겠지만 법치는 거부할 수 없을 것이다. 이는 유럽안보협력회의/기구 구성 국가들 간에도 그랬던 것처럼 동북아에서도 인권 부문 개념과 역내 국가들 간의 대화와 안보 문제에 대한 접근에서 핵심 요소가 될 것이다.

유럽안보협력기구가 다른 국제기구들과는 달리 안보에 대해 포괄적으로 접근함으로써 안보 문제가 군사 부문뿐 아니라 정치·경제·환경·인권 부문과도 관련이 있으며 각 부문들이 서로 밀접하게 연관되어 있다는 인식을 공유하게 되었다. 나아가 특정 유럽안보협력기구 회원국 내부의 인권 부문 현안들에 대해 다른 회원국들이 정당하게 관여할 수 있게 되었고, 이는 중·동부 유럽에서 변동을 촉발시킨 요인이 되었다(Amor and Estébanez 2004, 329-30). 유럽에서의 이런 역사적 경험은 중국, 북한, 베트남 등 아시아 공산주의 국가들의 아시아·태평양 지역인권체계/포럼 참여에 부정적으로 작용할 것이다.

그러나 이런 유럽에서의 국가 간 대화는 '안보에 대한 협력적 접근'이라는 특이한 접근을 점진적으로 발전시켜 공동의 항구적 제도들을 만들 수 있게 했고, 그 결과 유럽안보협력기구의 활동을 증진시켜 인권 부문 현안들이 유럽안보협력기구의 분쟁 예방 노력과 관련해 중요한 요인으로 작용하게 했다. 따라서 아시아·태평양 지역에서도 '안보에 대한 협력적 접근'이 가능하다면 인권 현안들에 대한 긍정적 파급효과를 기대할 수 있을 것이다.

3. 적극적 의지와 조속한 토대 마련

유럽안보회의에 대한 구상은 유럽에서 집단안보체제를 만들려고 했던 소련의 시도와 더불어 1950년대에 동구 블록에서 비롯된다. 물론 주요 목표는 서독이 서방의 군사동맹에 가입하지 못하도록 하는 것이었다. 공산권 참여 국가들은 서방세계로부터 기존의 국경선을 인정받고 동·서유럽간의 경제 관계를 발전시키는 데 주요 관심을 두고 있었다. 물론 이런 제안들은 서방진영으로부터 긍정적인 반응을 얻지는 못했다. '유럽에서의 안보협력회의' 소집은 서독의 동방정책(Ostpolitik)과 1차 전략핵무기제한협상(SALT Ⅰ)의 타결을 비롯한 데탕트 분위기가 형성된 1960년대 말, 1970년대 초에 가서야 받아들여질 수 있었다. 물론 중소 분쟁이 본격화 되면서 전선을 동·서 양면에 형성할 수 없었던 소련의 현실적 필요성이 소련으로 하여금 이 유럽안보협력회의에 적극적이게 만든 측면도 있다. 이런 사실은 중국과 북한이 망라된 아시아·태평양 지역인권체계/포럼을 만들기 위해서는 역내 국가 모두가 전략적·현실적 필요성을 느껴야 하고, 그런 상황이 선행되어야 된다는 것을 시사한다. 즉, 중국, 베트남과 북한의 필요성 인식도 중요하지만 역내 비공산주의 국가들이 적극적 의지를 갖고 아시아·태평양 지역인권체계/포럼을 결성해야 한다는 것을 의미한다. 극단적으로 북한의 대외관계 전 분야에 걸쳐, 특히 대북한 투자와 수출입에 인권 문제를 선택 사항으로 걸고, 아시아·태평양 지역인권체계/포럼 가입을 종용한다면 아프리카의 지역인권체계처럼 제도의 실제적 구속력은 약하겠지만 체계나 포럼 구성 자체는 가능할 것이다.

유럽안보협력회의가 2년여 간의 정부 간 대화를 거쳐 1975년 8월에 헬싱키 최종의정서를 채택했지만, 이 '최종의정서'는 법적구속력을 갖춘 조문이라기보다 회합이나 회의(conference)의 결론적 문건(concluding document)에 더 가깝다. 이것은 유럽에서 기존의 국경선을 법제화하려는 어떤 조문도 서방 진영이 받아들이려 하지 않았기 때문에 참여 국가들이 동의할 수 있도록 취한 방법이었다. 그래서 이 최종의정서에 담겨있는 결정들은 국제법상의 규약이나 조약으로 간주되지 않았고, 회의 참여 국가들이 받아들일 준비가 되어 있는 정치적 타협으로 간주되었다. 물론 자국의 인권상황을 인정하려 들지 않는 중국, 베트남과 북한을 상대로 이런 '의정서'를 논의·채택하는 것이 현재로서는 요원해 보이지만 현재의 국면에서 진일보하면 가능성은 있을 것으로 생각한다.

유럽안보협력회의 참여국들은 바스켓 4(Basket IV)에 따른 논의를 진행하면서 후속 회합을 조직해 유럽안보협력회의를 쫓아가기로 합의했다. 이것이 참여 국가들 간에 공약의 이행에 관한 시각을 교환할 수 있는 가능성을 제공했을 뿐만 아니라 그들 간의 관계와 협력을 심화·진작시키고 유럽에서의 안보를 강화시킨 소위 '헬싱키 프로세스'를 등장시켰다. 모든 바스켓들을 담당하는 일반적 회합이든 특화된 회합이든 일련의 후속 회합들이 시작되어 현재까지도 새롭고 더 자세한 유럽안보협력기구의 공약들을 만들고 있으며, 인권 부문에서의 공약들을 포함해 그 공약의 이행 문제에 대해 검토하고 있다.

적어도 현시점에서는 이와 같은 다자간 안보협의(체)를 통해 북한의 핵·미사일 문제, 한반도 평화 정착의 제도화 문제, 북한의 인권 문제를 해결하려는 구상을 북한의 김정일이 받아들이기에는 동기부여가 약하다. 그러나 김 위원장은 '체제 보장'이라는 이름으로 자신의 정권을 보장해달라고 요구하고 있어 이를 유인 요인으로 활용할 수 있는 여지는 있다. 그러나 이에 대해 주권재민(主權在民)과 내정불간섭(內政不干涉) 등 국제사회의 일반 원칙들을 대응 논리로 내세우며 정권 보장에 대해서는 유보적인 입장을 견지해야 된다. 그래야 김정일 정권의 행동반경 제약, 즉 현재와 같이 자국민에 대해 무절제한 인권유린을 제약할 수 있고 현상 유지를 통한 정권 유지를 위해 국제적 보장 체제의 필요성을 강하게 느낄 것이다.

4. 동기 유발과 구속 요인 개발

동구 블록에서는 초기에 유럽안보협력회의의 인권 부문에 대해 의구심을 가졌지만 유럽안보협력회의 프로세스의 시작과 지속을 위한 조건으로 인권 부문의 여러 측면들을 받아들여야만 했다. 즉, 동구 블록이 인권 부문에 대한 논의를 수용할 수밖에 없을 정도로 유럽안보협력회의 프로세스에 대해 강한 동기 유발이 있었다는 것이다. 따라서 북한의 인권 문제를 다자간 협의를 통해 논의하고 해결하기 위해서는 북한, 베트남 및 중국 정부와 서방세계가 마주앉아 논의할 기회를 마련하는 것이 우선적인 과제다. 그러기 위해서는 북한 인권 문제에 대한 다자간 협의를 받아들일 수밖에 없는 유인책과 구속 요인을 찾는 것이 급선무다.

서방 블록은 인권 부문, 특히 바스켓 3의 현안들을 필수적인 것으로 생각했다. 서유럽 국가들은 특히 인적 접촉과 정보가 동구 블록에서 정치체제를 흔들고 변화시킬 수 있는 수단을 제공해 줄 것으로 생각했다. 더욱이 바스켓 3에 포함된 현안들의 진전과 다른 바스켓들의 현안들 간에 내적 연계관계를 형성시킴으로써 동구 블록의 다른 영역에서의 요구, 특히 기존의 국경선들을 정당화시키는 것을 좌절시킬 수 있었다(Heraclides 1993, 8-9). 북한의 인권 문제와 관련해서도 북한과 중국의 국경선 문제, 김정일 정권 혹은 북한 체제 보장 문제 등이 대안이 될 수 있을 것이다. 물론 북중 국경선 문제를 북한 인권 문제에 대한 대응책이 우리 스스로 제시하는 것은 바람직하지 않지만 중국 측에 동기부여를 하기 위해 북중 국경선 문제를 현안으로 부각시킬 필요가 있다.

헬싱키 최종의정서의 바스켓 1상의 원칙들과, 특히 1983년 마드리드 후속 회합의 결론 문건 속에 시민적·정치적·경제적·사회적·문화적 권리와 자유권들(freedoms)에 대한 존중과 이들의 효과적 실현에 관한 일반적 언급 외에 사상·양심·종교·신념의 자유에 대한 보호와 신장을 강조하고 있는 것도 동구 체제의 변화를 유도하기 위한 것이었다(Amor and Estébanez 2004, 332-3). 이런 맥락에서 '각 개인이 자신의 권리와 의무를 알고 그에 따라 행동할 권리'가 특별한 주목을 받았던 것이다. 이는 북한 주민들에게 무엇보다 필요한 조치다. 북한 당국은 노동자·농민이 주인인 북한 사회에서는 모든 주민들의 권리가 완벽하게 보호되고 있어 인권 문제는 북한 사회와 무관하다고 주장하며 주민들이 자신들의 권리를 알 수 있는 기회를 주지 않는다. 따라서 북한의 인권 상황을 개선시키기 위한 노력의 시작은 북한 주민 각 개인이 자신의 권리를 알 수 있는 기회를 마련하고 보장해 주는 것이다.

'참여국간의 관계 지도 원칙들에 관한 선언'은 인권과 근본적 자유에 대한 존중의 맥락에서 소수민족에 대해 특별히 언급하고 있다. 또한 '8번 원칙'은 인권 보호를 유럽안보협력기구의 맥락에서 봐야 된다는 안보관을 제시하면서 평등한 권리와 인민의 자결권을 헌정하고 있다. 마찬가지로 바스켓 3의 부제들(subheadings)은 동서 블록에서 살고 있는 개인이나 집단 간의 인적 의사소통과 연계를 용이하게 함으로써 인권을 거론하고 있다. 이 연계들이 국민들 간의 우호적 관계와 국가들 간의 평화적 관계를 증진시키는 데 긍정적으로 작용하도록 반복적으로 기술되어 있다. 바스켓 3의 규정들이 국제 인권 제도의 전반을 다루기보다는 각국의 영토 내에서 개인이나 집단과 국가 간의 관계에 초점을 두고 있는 것도 같은 측면이다. 북한 인권 문제에서도, 특히 탈북자 문제나 계급 차별 정책 등에는 개인이나 집단과 국가 간의 관계가 중요한 비중을 차지하는 것이므로 주목할 만한 대목이다.

인권 부문에 관한 초기의 두 특별 회합(1985년 오타와에서 개최된 '인권과 근본적 자유에 관한 회합'과 1986년 베른에서 개최된 '인적접촉에 관한 회합')에서는 최종 문건에 동의할 수 없었지만, 비엔나에서 1986~89년에 열린 일반적 후속 회합에서는 페레스트로이카의 분위기와 군사 부문에서의 성과에 기초해 인권 부문에서 대단히 중요한 진전이 있었다. 1989년 비엔나 결론문건(Concluding Document of Vienna)상의 원칙들의 절(section)에서 참여 국가들은 특히 '종교적 공동체가 자유롭게 접근할 수 있는 숭배나 집회의 장소를 만들고 유지할 수 있는 권리'와 '모든 사람들이 그들이 선택한 언어로 종교 교육을 주고받을 수 있는 권리'를 존중해야 할 의무를 지도록 했다. 이는 북한이 개혁·개방정책을 표방할 때 한국을 포함한 서방 국가들이 요구할 만한 사항이다. 이로써 개혁·개방을 불가역적 흐름으로 굳히고 정치·사회적 다원주의를 유입시킬 수 있을 것이다.

V. 결론

북한의 인권 문제는 전체주의적 통제와 체제의 비효율성에 그 근본 원인이 있어서 정치적 민주화와 체제 변혁이 선행되지 않는 한 개선 노력에 일정한 한계가 있을 것이다. 그러나 특정 인권유린 현상들은 정치 변동을 전제하지 않고도 개선될 수 있다. 이는 '나선형 5단계론'에서 전제한 체제 변화 없이 4단계 모습인 '시효에 의해 얻은 상태'를 북한 정부가 일정 부분 보인 것으로도 추론할 수 있다.

현재 가장 시급한 일은 북한 인권 문제에 직간접적으로 관련되어 있는 국가들이 현안들에 대해 논의를 시작하는 것이다. 그래서 우선적으로 북한의 인권 문제를 다자적 형태를 통해 과학·교육 협력, 경제·통상 문제 등과 함께 논의 및 해결하고, 지역 차원의 대북 인권 대화 구도를 개발하자고 관련 국가들을 독려하는 것이 필요하다. 그리고 북한의 인권 문제 해결을 위한 다자간 협의는 앞으로 동북아에 인적 접촉이 더욱 활발해지면 반드시 필요하게 될 지역인권보호체계를 만드는 데 좋은 시작이 될 것이라는 사실을 관련 국가들에게 설득해야 한다.

북한의 인권 문제에 대해 다자간 논의가 이루어질 경우 최우선 과제는 공약과 현실을 부합시키기 위해 북한 당국이 기울이고 있는 노력을 측정하고 평가할 수 있는 척도와 노력의 방향과 내용을 구체적으로 제시할 수 있는 지표를 기술적으로 만드는 일이다. 아울러 인권 모니터링을 반드시 실시해야 한다. 물론 북한의 강한 거부로 어려울 것이다. 그러나 유럽안보협력회의/기구의 경우에도 처음에는 논쟁만 야기했지만, 안보 문제에 대한 타협이 모니터링에 대한 합의를 가능하게 했다. 따라서 비록 시간이 걸리겠지만 지속적으로 모니터링을 요구하면서 협상 의제로 부각시켜야 한다.

민주주의, 인권, 법치가 삼위일체인 점을 고려해 북한의 인권 신장 수단으로 법치를 요구하는 것은 가장 무리 없는 접근이 될 것이다. 그래서 현 시점에서는 북한정부의 비법적·임의적 처벌 사례들에 대해 지속적으로 정보를 수집 및 축적하고, 시정 조치를 대북 원조에 어떤 형식으로든 반드시 연계시키는 적극적 정책을 구사해야 한다.

아울러 북한의 인권 문제를 안보 문제의 한 부분으로 간주해 접근할 필요가 있다. 특히 탈북자 문제는 중국과 북한 양측에게 적지 않은 군 병력을 이동 및 재배치하게 했다. 유럽안보협력기구처럼 안보에 대해 포괄적으로 접근해 안보 문제가 정치·경제·환경·인권 부문과도 관련이 있으며 각 부문들이 서로 밀접하게 연관되어 있다는 것을 관련 국가들이 인식하게 해야 한다. 유럽에서는 '안보에 대한 협력적 접근'이 공동의 항구적 제도들을 만들 수 있게 했고, 그 결과 유럽안보협력기구의 활동을 증진시켜 인권 부문 현안들이 유럽안보협력기구의 분쟁 예방 노력과 관련해 중요한 요인으로 작용하게 했다. 따라서 아시아·태평양 지역에서도 '안보에 대한 협력적 접근'이 가져올 수 있는 긍정적 파급효과로 지역인권보호체계 형성에 반대하는 국가들의 의구심을 해소해야 할 것이다.

북한의 인권 문제를 규정하는 국제적·국내적 규범들은 이미 마련되어 있다. 다만 이 규범들이 지켜지지 않고 있는 것이므로 정치적 타협을 통해 지켜지도록 하는 것이 문제 해결의 핵심이다. 이런 현실론을 고려할 때 사건별·현안별로 접근하는 것이 바람직할 것이다. 이런 접근을 통해 개별적 합의와 해결이 누적되어 일반적 구속력(general binding force)을 확보하도록 하는 것이 바람직하다.

무엇보다 중요한 것은 인권유린 국가들, 특히 북한의 위정자들을 단죄하려는 태도보다 문제 해결 전략(problem solving)을 구사하며 건설적 대안을 창출하고 현안 타결을 위한 공동 프로그램 혹은 프로젝트를 개발하는 것이 좋을 것이다.

가까운 장래에 북한 당국이 유엔에서 권유한 것처럼 민주적 다원주의를 수용하고 사회의 각 수준에서 의사 결정을 하는 데 시민사회가 참여할 수 있도록 할 가능성은 희박하다. 그러나 북한의 개혁과 개방은 사회 비공식 영역의 확장과 어느 정도의 시민적 자율성을 신장시킬 것이다. 그렇지만 북한의 집권자들은 시민적 자율성의 발달과 통제 간의 균형을 유지하기 위해 모든 노력을 경주할 것이고 어느 정도는 성공할 것으로 생각된다. 그런데 북한의 지도자들이 북한 사회의 제도적 영역을 확장하고 중국처럼 사회 통제 방법도 물리적 강제력을 사용하는 직접적 통제로부터 사회 통합을 추구하는 간접적 통제로 바꾸게 하기 위해서는 북한에 대한 지원과 접촉은 계속해야겠지만 일정한 방향성과 측정 지표를 가져야 한다. 그리고 이에 대한 강한 집행 의지를 보여야 실질적으로 북한의 인권 신장에 일조할 수 있을 것이다.

제3부

동북아 평화 공동체 구축의 쟁점과 과제

8장

동북아 평화와 새로운 군비경쟁의 극복

고봉준

Ⅰ. 서론

이 글은 현재 진행되고 있는 군사력 확충이 동북아 국가들에게 합리적인 선택이 되기 위해서는, 즉 궁극적 평화를 위한 것이기 위해서는 군비경쟁의 역효과가 방지되어야 하고, 이러한 관점에서 동북아 안보 환경과 그 속에서 군비경쟁의 의미가 재검토되어야 한다고 주장한다.

장기간의 동서 냉전이 종식된 지 20여년이 지난 지금 동북아의 안보 환

● 이 글의 초고는 2009년 7월 22~23일에 중국 북경의 외교학원에서 개최된 제11회 한중싱크넷 회의에서 "북 핵실험과 동북아 군비경쟁" 이라는 제목으로 발표된 이후 제주평화연구원의 부정기 간행물인 『JPI 정책포럼』에 수록되었다. 이 최종본은 초고를 대폭 수정·보완해 완성한 것이다. 초고의 내용에 대해 좋은 지적을 해주신 한용섭 교수님께 감사드리며 문제가 있는 부분은 전적으로 필자의 책임임을 밝힌다.

경도 호전되었다. 이제 더 이상 과거처럼 전쟁 대비가 동북아 국가들의 안보상의 최우선 가치는 아니다. 하지만 동북아에서는 유럽의 경우처럼 안정적 평화가 가능하도록 안보 환경이 변화했음을 증명해주는 가시적인 지표를 찾기란 그리 쉽지 않다. 아직도 동북아에서는 유럽에서보다 상대적으로 국가 간 무력 충돌의 가능성이 높다고 할 수 있다.

물론 동북아에서도 이러한 안보 환경을 변화시키고 다자 협력을 통해 안정적 평화를 달성하기 위해 많은 노력을 기울여 왔다. 북핵 문제를 다루는 북핵 6자회담은 이례적으로 동북아 국가들이 중요한 안보 현안을 직접적으로 논의하는 다자 대화의 통로로 기능해 왔다. 아울러 동북아 국가들은 아세안지역포럼(ARF: ASEAN Regional Forum)을 축으로 해 정부 차원의 다자 협력을 지속적으로 추진해 왔다. 또한 민간 차원에서도 다양한 경로를 통해 다자 협력의 바람직한 방향과 목표에 대해 생산적인 논의를 진행해 왔다.[1] 이는 세계화에서 비롯된 국제정치의 상호 연결성(inter-connectedness)과 국가 간 협력을 필요로 하는 비전통적 안보 현안들에 대한 공동 대응이라는 이해를 바탕으로 추진되었다.

이런 상황에서 북한은 2009년 4월 5일과 5월 25일에 장거리 로켓 추진체 발사 실험과 2차 핵실험을 각각 실시했다. 북한에 대한 정보의 제약 때

1_일례로 아시아태평양안보협력위원회(CSCAP: Council for Security Cooperation in the Asia-Pacific)는 아시아 국가들과 유럽연합 및 미국을 포괄하는 20개 회원국 민간 학자들이 참여하는 안보 협력 논의 기구로서 1993년 공식 출범 이후 지속적으로 활동해 오고 있다. 또한 동북아협력대화(NEACD: Northeast Asia Cooperation Dialogue)는 동북아 각국 정부 각급 대표들이 개인 자격으로 참가하는 대화의 장이다. 아울러 2001년부터 격년으로 개최되어온 제주평화포럼(Jeju Peace Forum)은 민간 전문가와 각국 정부 관계자가 참여해 지역의 안보와 평화에 대한 실질적 정책 대안을 모색하는 1.5트랙 대화의 장으로서 역할을 해 오고 있다.

문에 북한의 진의에 대해서는 아직도 전문가들 사이에 다양한 견해가 존재하고 있다. 하지만 분명한 사실은 북한의 행위는 동북아에서 기존에 진행되어 온 다자 협력과 평화를 위한 공동 노력에 부정적인 영향을 미친다는 점이다. 북한의 행동은 한국과 일본의 안보 불안감을 다시 고조시켰고 그간 단계적으로 진행되어 온 북핵 6자회담의 진로에 대해 회의적인 시각을 강화함으로써 동북아에 여전히 잔존하고 있는 냉전적 대립 구도를 주도하는 전통적 안보 현안의 중요성과 영향력을 재확인해 주었다.[2]

북한은 외부로부터의 위협에 대응하기 위한 자주권과 억지력의 차원에서 핵무기를 개발하고 있다고 주장하지만 주변국의 관점은 그것과 상반된다. 따라서 북한 핵 문제를 해결하고 동시에 동북아의 평화와 안보 환경의 구조적 변화를 이끌어내기 위해서는 이러한 상반되는 인식의 간격을 좁힐 수 있는 근본적인 해결책이 필요하다. 이러한 인식의 간극은 국제정치의 고전적 주제 중 하나인 안보 딜레마(security dilemma)와 밀접한 관련이 있다. 국제정치에서 안보를 강화하기 위한 한 국가의 조치가 다른 국가의 부정적 대응을 초래하는, 다시 이러한 대응이 그 국가의 군비 증강으로 이어지는 악순환은 안보 딜레마의 논리를 통해 잘 설명된다.[3] 그러나 최근 국내에서

2_북한의 도발적 행위에 대해 유엔 안전보장이사회에서 대북결의안 1874호를 만장일치로 채택함으로써 북한과 관련국들의 대립은 그 수준을 높이고 있으며, 그간 간헐적으로 이어져 오던 여러 경로의 대북 인도주의 지원도 추진력을 상실하고 있는 상황이다. 즉, 상위 정치(high politics)가 하위 정치(low politics)의 환경을 구속하는 상황이 다시 전개되고 있는 것이다.

3_군비경쟁은 안보 딜레마 외에도 다른 이유, 즉 전쟁의 역사와 국내적 배경을 토대로 진행될 수도 있다. 예를 들면, 손자병법의 '유비무환'이란 교훈이 현대 중국의 군사 독트린과 무기 체제의 개발 및 유지를 관통하고 있다는 주장이 있다. 이에 대해서는 Lewis and Xue(2006) 참조. 반면, 일본의 경우에도 냉전의 종식 이후 군사력 증강에 본격적으로 나선 이유가 중국의 부상과 북한으로부터의 위협 이외에도 동맹국 미국으로부터의 방기(abandonment) 가능성 및 약

는 동북아의 전통적 안보와 관련된 주제, 즉 지역 내 국가 간 대립 구도와 안보 딜레마 등에 대해서 많은 연구가 진행되지 않았다.[4] 이는 정책과 학문 영역을 통틀어 경제적 현안의 중요성이 실질적으로 더 부각되어 왔고 안보 부문에서도 다양한 비전통적 이슈가 새롭게 중요성을 획득했기 때문이다.

그러나 왈츠(Waltz)의 주장처럼 국제정치의 행위 방식이 근본적으로 변화하지 않는 이상 국가는 안보를 위해 자구책을 마련하지 않을 수 없으며 이는 군사력의 확충과 일반적으로 연결된다.[5] 실제로 동북아 국가들은 최근에도 군사력을 계속 확충하고 있으며 이는 군비경쟁의 성격을 보여 주고 있다.[6] 이 글은 이러한 군비경쟁이 동북아의 평화와 안정에 주는 함의가 당면한 북한의 핵(미사일) 개발 문제에 못지않게 크다고 주장한다. 북한 행위의 국제정치적 의미는 보다 포괄적인 지역적 경쟁 구도와의 관련 속에서 이해되어야 하는 측면이 있는데, 동북아에서 현재 진행되고 있는 군비경쟁을 체계적으로 정리함으로써 장기적으로 북한 문제를 넘어서는 지역의 평화에 대한 전망이 가능할 수 있다.[7]

화되는 경제력에 대응하기 위함이라는 주장이 있다. 이에 대해서는 Samuels(2007) 참조.

4_물론 한국 언론에는 꾸준히 동북아의 군비경쟁을 지적하는 기사가 게재되었으나, 이에 대한 체계적 분석은 드물다. 군비 증강과 역내 안보 불안을 지적하는 연구로는 신성호(2008), 457-69쪽을 참조. 외국의 연구 중 최근 일본과 중국의 경쟁에 주목하는 것으로는 Hughes (2009), pp. 84-99를 참조. 중국의 미국에 대한 도전을 주목하는 연구로는 Chase, Erickson and Yeaw(2009), pp. 67-114를 참조.

5_이러한 주장에 대해서는 Waltz(2000), pp. 5-41를 참조. 왈츠는 냉전 종식 이후에도 국제 체제의 구조가 변화하지 않은 이상 국제정치의 본질에 근본적인 변화가 없음을 강조한다.

6_이러한 주장에 대해서는 대표적으로 Feffer(2008)을 참조. 이에 대한 종합적인 평가는 Institute for Far Eastern Studies, Kyungnam University(2009) 참조.

7_이 글은 동북아시아의 평화와 안정을 위한 핵심 요소가 핵심 국가들의 행위와 그 관계라고 파악한다는 점에서 Kim(2004)와 Ikenberry and Mastanduno(2003)과 이해를 같이 한다.

이러한 주장을 위해 이 글은 다음과 같이 구성된다. 2절에서는 군비경쟁의 제 조건 및 결과를 이론적으로 검토하기 위해서 군비경쟁의 핵심적 부분을 구성하는 안보 딜레마를 정의하고, 어떤 조건 하에서 군비경쟁이 역효과(즉, 안보 및 평화의 감소)를 초래할 것인가에 대해 논의한다. 3절에서는 동북아의 최근 국방비 추이를 검토함으로써 군비경쟁의 실질적 조건에 대해 토론한다. 4절에서는 동북아 각국의 군사력 증강 현황을 비교·검토함으로써 안보 불안 요인의 증가에 대해 논의한다. 5절에서는 북한의 핵실험과 장거리 미사일 개발 움직임이 동북아 각국의 군사력 증강에 미칠 영향에 대해 검토한다. 6절에서는 결론으로 동북아 군비경쟁의 부정적 영향을 최소화할 수 있는 공동의 노력에 대해 논의한다.

II. 안보 딜레마와 군비경쟁: 조건 및 결과

안보 딜레마는 현대 국제정치학의 핵심 주제 중의 하나이다. 특히 체제적 수준의 변수에 주목하는 신현실주의 이론에서 안보 딜레마는 국제 무정부라는 상수적(constant) 상황에서 야기되는 국제정치의 변화 양상을 설명하는 데 있어서 중요한 역할을 한다. 모든 군비경쟁이 안보 딜레마에서 비롯되는 것은 아니지만 안보 딜레마로부터 파생되는 군비경쟁은 오히려 안보에 역효과를 초래할 가능성이 있다는 점에서 동북아의 현 상황에 주는 함의가 크다. 이 절에서는 안보 딜레마와 군비경쟁을 개념적으로 정리하고, 어떤 조건에서 군비경쟁이 안보와 평화에 부정적인 결과를 초래할 것인지를 논의한다.

1. 안보 딜레마의 의미

안보 딜레마는 두 가지 측면으로 구분해 살펴볼 수 있다. 우선 한 국가의 안보 증진 행위가 의도하지 않게 다른 국가의 안보를 감소시키게 된다. 둘째, 다른 국가도 이에 위협을 느껴 안보 증진 행위를 하고 이에 대해 상호간 연쇄 반응이 이어지면서 전체적으로는 두 국가의 안보가 더 불안정한 상황으로 귀결된다. 안보 딜레마는 그 성격상 구조적인 특징을 지닌다. 국제 무정부 상황에서 국가는 필연적인 자구책으로서 안보 증진 행위(군사력 구축 또는 동맹 체결 등)를 할 수 밖에 없는데, 이 상황에서 국가는 다른 국가의 의도에 대해 확신할 수가 없다. 그런데 이러한 사실 자체가 딜레마를 발생시키는 것이 아니라 처음 국가의 행위에 이어지는 작용-반작용의 과정(많은 경우에 있어서 나선형 갈등 고조로 이어진다)에서 안보 딜레마가 발생한다. 이 경우에 두 국가는 자국의 안보를 증진시키기 위해 합리적인 행위를 했지만(또는 그렇게 믿지만) 전체적으로는 불합리한 결과가 초래되는 것이다. 이와 같은 현상을 안보 딜레마라고 정의할 수 있다.

이 개념을 처음 사용한 허츠(Herz)에 따르면 안보 딜레마의 비극적 함의는 다른 국가로부터의 공격에 대한 우려 때문에 그러한 위험을 회피하기 위해 대치하는 국가들은 더 많은 권력을 획득하기 위해 노력하고 결국은 서로 최악의 상태를 대비할 수밖에 없게 된다는 것이다(Herz 1951, 157). 신현실주의 국제정치학자인 저비스(Jervis)는 다른 국가의 미래 의도의 불확실성 때문에 자구책으로서 안보 증진을 위한 행동을 취할 수밖에 없는 불가피한 상황, 즉 안보 딜레마의 원인적 측면을 강조하면서, 안보 딜레마를 "한 국가가 자국의 안보를 증진시키기 위해서 사용하는 많은 수단들에 대해 다른 국가와 반작용을 야기함으로써 쌍방의 안보가 불안하게 되는 것"

이라고 정의한 바 있다(Jervis 1978, 169).

그런데 동북아의 장기적 평화에 대한 구체적인 전망을 위해서는 안보 딜레마의 종합적 과정, 즉 작용-반작용의 악순환 결과에 주목해야 할 필요가 있다. 위에서 정의한 것처럼 관련국들이 서로 안보 위협을 느껴 자국의 군사력을 확충하거나 동맹을 강화하는 방향으로 대응함으로써 애초의 상태보다 각국의 안보를 악화시키는 것은 물론 전체적으로 안정성이 보다 악화되는 상황이 가까운 장래 동북아 안보 환경의 특징적 모습이 될 수 있기 때문이다.

안보 딜레마는 그 정의에 있어서 타국의 안보를 위협할 의도를 배제하고 있다. 따라서 특정 국가가 팽창주의적이거나 호전적이라면 안보 딜레마는 이론적으로는 존재하지 않게 된다.[8] 현재 동북아의 국가들은 모두 자국을 현상 유지 국가라고 주장한다. 만약 동북아의 국가들이 모두 현상 유지 국가라면 비록 안보 딜레마의 완전한 극복은 힘들다 하더라도 안보 딜레마의 영향을 줄일 수 있는 방안에 대해 논의할 수 있다.[9]

이에 대해 이론적으로는 크게 두 가지로 구분할 수 있다. 우선 상호 협력, 즉 합의 하에 군비를 증강시키지 않는 경우이다. 둘째, 군비 증강의 유

8_이에 대해 안보 딜레마에 대한 방어현실주의자의 가정은 오류가 있으며 안보 딜레마는 쉽게 극복될 수 있고 안보 경쟁이 오히려 문제라는 지적에 대해서는 Schweller(1996), pp. 90-121을 참조. 또한 안보 딜레마가 존재하지 않는 경우에도 이해의 갈등(conflicts of interest)은 여전히 존재할 수 있기 때문에 해결해야 할 안보상의 문제는 남아 있게 된다. 이에 대해서는 Tang(2009), pp. 599를 참조.

9_반면에 현상 타파 국가가 여기에 포함되어 있다면 적절한 군사력 규모에 대한 논의가 있어야 할 것이다. 즉 최소한의 비용으로 현상타파 국가에 대해 최대한의 안보를 확보할 수 있는 군사력 규모를 파악하여 정책적으로 추진하는 일이 요구될 것이다. 따라서 어떤 경우이건 적절한 규모의 군사력에 대한 논의는 필요하다.

인을 줄이는 것이다. 첫 번째의 경우는 ①상호 협력의 이득을 증가시키거나, ②혼자 군비 증강을 억제했을 경우의 비용을 줄임으로써 상호 협력을 유도하는 경우로 다시 나눌 수 있다. 둘째의 경우는 ③혼자 군비 증강을 했을 때의 이득을 줄이거나, ④상호 군비 증강을 했을 경우의 비용을 증가시키는 경우로 나눌 수 있다.[10]

이 중 ①의 경우에는 안보 딜레마의 정의상 크게 의미가 없다. 만약 상호 협력을 보장할 수 있으면 딜레마는 사라지게 되는 것이다. ②의 경우는 안보 딜레마에 가장 큰 영향을 미치는 것으로 평가할 수 있다. 만약 이 비용이 크지 않다면 타국의 행위에 대해 보다 안정적인 정책을 펼 가능성이 커진다. ③의 경우에 획득할 수 있는 이득은 현상 유지 국가라면 크게 평가하기가 힘들 것이다. ④의 경우에는 협력의 강요도 실패하고 자국을 공격적으로 인식시키는 이중의 부정적 결과를 초래할 위험성이 크다. 따라서 모두가 현상 유지 국가라면 군비 증강을 혼자 억제했을 경우에 발생할 수 있는 비용이 안보 딜레마에 가장 큰 영향을 미칠 것이고, 이 글에서는 이러한 측면에 중점을 두고 논의한다.

안보 딜레마의 작동에 영향을 미치는 요인으로는 지리(geography), 국제정치의 극성(polarity), 군사기술(military technology), 공수 무기의 구분(distinguishability of offensive and defensive weapons), 권력의 비대칭성(asymmetric power), 외부 행위자(동맹국), 인종적 혼성율(concentration or mixing of ethnic groups) 등이 지적되어 왔다(Tang 2009, 620-1). 이 중에서 지리와 극성은 구조적 요인이어서 동북아 국가들의 개별적인 판단과 큰 관

10_이에 대한 자세한 논의는 Jervis(1978), pp. 171-83을 참조.

련이 없다. 또한 인종적 혼성율은 중요한 요소이기는 하지만 동북아 국가들 간의 관계에 있어서 당분간은 그 적실성이 크지 않다. 남은 요인들은 군사기술, 공수 무기의 구분, 권력의 비대칭성 및 동맹의 문제인데, 이 글에서는 현재의 동맹 구조에 큰 변화가 없을 것임을 전제로 주로 군사기술과 공수 무기의 구분 및 권력의 비대칭성을 통해 안보 딜레마와 그 비용에 대해 논의한다.

2. 군비경쟁의 합리성

안보 딜레마에서 파생되는 군비경쟁이 바람직하지 않다 하더라도 주변의 국가들이 군사력을 증강하는 상황에서는 이에 대해 전혀 대응을 하지 않기란 국제정치의 현실상 불가능하다. 이는 우선 주변 국가들이 진정으로 현상 유지 국가인지에 대해 확신할 수 없기 때문이다.[11] 또한 과거의 사례에서처럼 현재의 현상 유지 국가가 변화할 수 있기 때문에 팽창주의적 국가에 대한 대비책으로서의 최소한의 억지력은 갖춰야 할 필요가 있다.[12] 바

11_상호 간에 이해 갈등이 존재하는 한 방어적인 정책도 호전적으로 인식될 가능성이 크다. 아울러 제1차 세계대전 이후 독일의 경우처럼 민주적으로 선출된 지도자가 호전적인 정책을 펼 가능성도 있고, 민주적 선거에 의한 국가가 호전적인 정책을 구사할 가능성도 있다. 따라서 내부적인 속성에 따라 국가의 호전성, 또는 팽창주의적 성향을 파악하는 것은 그 자체로 안보를 저해할 수 있다.

12_팽창주의적 국가에 대한 대비로서의 군비 증강에 대해서는 Jervis(1976), 3장을 참조. 저비스는 특히 팽창주의적 국가에 대해 현상 유지 국가가 자국의 안보에 대해 타협하지 않을 것임을 확신시키기 위해서는 처음부터 전쟁을 불사할 자세가 되어있음을 보이는 것이 비용을 절감하는 방법이라고 강조하고 있다. 이에 대해서는 Jervis(1976), pp. 58-9를 참조.

로 이러한 고려가 안보 딜레마를 강화하게 되는 것이지만 여전히 군사력은 안보를 위한 최소한의, 그리고 최후의 수단임을 부정할 수가 없다. 여기서 중요한 것은 어떤 경우에 군사력 증강이 안보에 긍정적이고, 어떤 경우에는 안보에 부정적인가를 정책적으로 구분할 수 있어야 한다는 점이다. 그 출발점은 국가가 국제 안보 환경에 대해서 내리는 평가와 그 속에서 추구하고자 하는 목적과의 관련일 것이다. 군사력 증강이 안보를 위한 최선의 방법인가를 검토하기 위해서 다음과 같은 점을 고려해야 한다.

먼저 국제 안보 환경이 군사력 증강을 필요로 할 때는 군비경쟁의 위험을 감수하더라도 합리적 정책으로서 군사력 증강을 추진할 수 있다. 이 경우에 안보 딜레마에 대한 고려는 정책적으로 후순위로 밀릴 가능성이 커진다. 반면에 국제 안보 환경이 군사력 증강을 필요로 하지 않는 경우에는 군사력 증강이 자원의 낭비를 초래할 뿐만 아니라 다른 국가의 안보 불안 심리를 자극해 안보 딜레마에서 기인하는 불필요한 군비경쟁을 시작하게 할 가능성이 있다는 점에서 좋지 않은 정책적 선택이 될 것이다.

전자의 경우에 군사력을 증강하면 전쟁의 가능성은 후자의 경우에서보다 높아질 것이다. 하지만 이 경우에 전쟁의 위험성은 군비경쟁의 결과이기보다는 국제 환경 자체에서 기인하는 것이기 때문에 전쟁의 위험성 때문에 군사력 증강을 하지 않을 수는 없는 것이다. 그러나 동시에 여기서 우리가 주의해야 할 것은 이 경우에 이론적으로 군비경쟁이 합리적인 정책 대안이 될 수는 있지만 여전히 군비경쟁은 안보 딜레마에서 파생되는 전쟁의 가능성을 높인다는 점이다(Glaser 2004, 47-50).

따라서 군사력 증강 여부에 대한 결정은 보다 구체적으로 세 가지를 고려해야 한다. 첫째, 군사력 증강이 실제 군사작전을 수행할 수 있는 능력을 증진시킬 수 있는지를 판단해야 한다. 둘째, 증가된 군사력이 적국의 안보를 감소시킬 것인지를 판단해야 한다. 셋째, 증가된 군사력이 주는 이득이 적국의 군사력 증강으로부터 파생되는 위협을 상쇄하고 남을 정도로 충분한지 판단해야 한다(Glaser 2004, 51). 정리하자면, 상대방을 분명히 규정할 수 있고 상대방의 안보를 직접적으로 위협하지 않고 그 효과가 상대방의 반발에서 비롯되는 비용보다 충분히 클 때에는 안보 딜레마에 대한 우려에도 불구하고 군사력 증강이 합리적 선택일 가능성이 높아진다고 할 수 있다.

일반적으로 국력이 클수록 군사력 증강에 유리한 것이 사실이다. 하지만 국력이 비슷한 경우에도 경쟁에서 승리할 수 있는 확률이 있기 때문에 군비경쟁의 유인은 충분하다고 할 수 있다. 따라서 애초에 군사력 증강은 경쟁국과의 종합적인 국력 비교에서 출발해야 할 것이다. 동시에 종합적인 국력이 우세하더라도 군사력의 강화가 반드시 그러한 국력의 우위를 직접적으로 반영하지 않을 수도 있다. 예를 들어, 핵 시대에 있어서는 중소 국가가 초강대국을 상대로 효과적인 핵 억지력을 보유할 수도 있는 것이다. 따라서 동북아 국가들의 종합적인 국력과 군사력 수준을 보다 체계적으로 비교할 모델이 필요하다.

3. 공수 균형과 국력 균형

저비스에 따르면 방어와 공격의 유불리, 즉 공수 균형은 다음과 같은 두 가지 점에서 검토해볼 수 있다(Jervis 1978). 첫째, 동일한 단위를 투여했을 때 공격력이 방어력보다 더 강화될 수 있다면, 즉 공격력 강화의 단위 비용이 상대적으로 저렴할 때에는 방어력보다는 공격력 강화에 보다 큰 유인이 존재하게 된다. 둘째, 현재의 상태로 공격을 하는 것이 유리한지 방어하는 것이 유리한지 판단이 가능할 수 있다. 이러한 공수 균형과 종합 국력을 함께 고려하면 다음과 같이 네 가지의 경우를 토론할 수 있다.

첫째, 방어 우위의 상황에서 현상 유지 국가라면 특별히 공격적 군사력을 증강할 필요는 없다. 방어적 전략과 군사력으로도 공격에 대응할 수 있기 때문이다. 특히, 방어 우위가 분명할수록 방어력 확충을 위해 요구되는 군사력은 작아지기 때문에 방어 우위의 상황은 일반적으로 보다 신중한 군사력 증강의 배경으로 작용하게 된다. 둘째, 방어 우위의 상황에서는 국력이 열세인 국가도 그 정도가 방어 우위 정도보다 작다면 방어적 전략을 고수할 수 있게 된다. 왜냐하면 강대국은 공격적 군사력 구축을 통해 얻는 이득을 상대적으로 작게 평가할 수밖에 없기 때문이다.

셋째, 공격 우위의 상황에서는 동등한 수준의 군사력이 방어적 전략을 충분히 지원하지 못하게 된다. 따라서 강대국은 군사력의 확충을 시도할 가능성이 크다. 넷째, 공격 우위의 상황에서 국력이 열세인 국가가 방어적 대안을 시도할 유인이 전혀 없다. 이런 상황에서는 오히려 상대방에게 전쟁개시의 비용을 증가시키고 전쟁을 불사할 의지가 있음을 강조하기 위해 공격적인 군사력을 확충하는 것이 약소국이 선택할 수 있는 유일한 대안이 될 수도 있다. 네 가지 경우를 요약하면 〈표 8-1〉과 같다.

위의 논의는 사실상 국력의 우열보다 공수 균형이 군사력 확충의 합리성을 결정하는 데 더 결정적으로 작용한다는 점을 암시하고 있다. 즉, 공격 우위의 상황에서는 국력의 우열과 상관없이, 또한 그 목적 달성 여부에 상관없이, (공격적) 군사력의 증강이 보다 합리적인 정책 선택일 수가 있다는 것이다. 이러한 논리를 동북아 상황에 적용시킨다면, 국가들 사이에 분명히 존재하는 국력의 차이에도 불구하고 만약에 지금이 공격에 보다 유리한 상

표 8-1 | 공수 균형과 국력 균형

구분		공수 균형	
		방어 우위	공격 우위
국력 균형	우세	군사력 증강 필요 없음	군사력 증강과 공세적 전략이 최선일 수 있음
	열세	방어 우위가 국력 열세보다 충분히 클 경우 방어적 전략이 가능하고 군사력 증강은 회피해야 함	방어능력보다는 억지력 확보를 위해 공격 능력 확충할 수 있음

출처: Charles L. Glaser, "When Are Arms Races Dangerous?: Rathinal versus Suboptimal Arming," *International Security*, Vol. 28, No. 4 (Spring 2004), p. 56에서 발췌

황이라면, 현재 진행되고 있는 군비경쟁의 불가피성을 인정할 수밖에 없다는 결론에 도달하게 된다. 그러나 공수 균형의 영향력은 아래에서처럼 공수 무기의 구별과 관련해서 논의할 필요가 있다.

4. 공수 무기의 구별

저비스는 방어가 공격보다 유리하고 공수 무기의 구별이 용이한 상태에서는 안보 딜레마의 영향력이 상당 부분 감소되어 국제정치가 보다 안정화될 수 있다고 주장한 바 있다. 이는 역으로 공격이 유리하고 공수 무기의 구별이 용이하지 않다면 안보 딜레마에서 파생되는 비생산적인 군비경쟁이 각국의 안보를 저해할 가능성이 커진다는 의미이다.

방어보다 공격이 유리하다면 국가는 공격력을 확충함과 동시에 상대편이 먼저 공격하는 것을 기다리기보다는 선제공격을 택하는 것이 합리적이라고 판단하게 될 것이다(Jervis 1978, 188). 최근에 와서는 핵무기를 논외로 치더라도 재래식 무기의 정밀도, 파괴력 및 속도의 증가 때문에 방어가 사실상 큰 의미가 없어졌다고 할 수 있다. 핵 억지로 방어와 유사한 기능을 수

행할 수 있지만 동북아 국가 중 한국과 일본은 핵무기를 보유하고 있지 않고 향후에도 핵무기를 보유하게 될 가능성이 크지 않기 때문에 핵 억지에 대해서는 이 글에서 직접적으로 다루지 않는다.[13] 재래식 무기에 대한 방어력을 제외한다면 논의의 초점은 동북아 각국이 방어와 유사한 기능을 수행할 수 있는 재래식 억지력을 보유하고 있는가의 여부로 귀결되게 된다. 현재의 재래식 군사력의 검토를 통해 진격, 공격, 점령이 유리한지 아니면 그러한 공격을 억지하고 방어하는 것이 유리한지 여부를 정확히 평가하기는 힘들다. 따라서 판단이 보다 용이한 공수 무기의 구별에 대한 논의가 필요하다.

저비스는 공수의 균형을 정확히 판단하기 힘들다 하더라도 공수의 구별이 분명하다면 현상 유지 국가는 팽창주의적 국가와 다름을 분명히 보여줌으로써 안보 딜레마의 상당 부분이 감소된다고 주장한다. 특히 기동성에 제약을 받고 타국의 영토 깊숙이 침투할 수 없는 무기는 보다 방어적인 것으로 간주할 수 있다(Jervis 1978, 203). 반면에 기동성과 작전 반경이 큰 무기들은 보다 공격적인 것으로 이해할 수 있다.

물론 기본적으로 방어적이라고 간주할 수 있는 대공 무기나 단거리 전

13_억지력은 적의 공격에 수반되는 비용을 높이고 이득을 줄임으로써 획득되는데 재래식 무기에 대해서는 일반적으로 방어력을 증진시킴으로써 억지가 가능한 반면에 핵 억지는 일종의 징벌적 억지로서 보복 공격 능력의 확보를 통해 목적을 달성한다. 간단히 얘기하자면 핵 억지는 보복 공격 능력이 확보될 때 그 신뢰성이 증가된다. 문제는 보복 공격 능력을 강화하는 방법 두 가지 모두가 상대방의 안보에 부정적인 영향을 미친다는 점이다. 우선, 기존 보복 공격 능력을 유지하기 위해 저장고를 강화하고 무기의 정밀도를 높이고 군사력의 통합 통제 능력을 신장시킬 수 있다. 그런데 이러한 조치들은 실제로 핵무기를 사용할 수 있는 능력을 제고시키는 결과를 초래한다. 둘째, 보복 공격 능력은 상대방의 선제공격으로부터 잔존할 수 있는 핵무기의 숫자를 증가시킴으로써 확보될 수 있는데 이 방법을 택할 경우 상대방 역시 적국의 대군사 타격 능력을 제한하기 위해 핵무기의 숫자를 증가시키게 되어 극심한 군비경쟁을 초래할 가능성이 커진다.

투기도 공격을 지원하는 데 이용될 수 있다는 점에서 공격적인 측면이 없지는 않다. 그럼에도 불구하고 전쟁 개시 이후에 수행해야 할 다양한 임무에 대한 논의는 일단 제외하고 성공적인 선제공격 가능성에 중점을 둔다면 은밀성, 기동성, 침투성 등을 지닌 무기는 공격의 사전 징후를 파악하기가 힘들거나 타국의 영토에 직접적인 공격을 가할 수 있는 능력을 부여한다는 점에서 보다 분명히 공격적인 것으로 간주할 수 있다. 이러한 범주에 속하는 대표적인 무기로는 잠수함, 항공모함, 중장거리 타격 능력을 지닌 전투기, 방어가 거의 불가능한 지대지 탄도미사일 등을 들 수 있다. 4절에서 자세히 다루겠지만, 현재 동북아 국가들의 군사력 강화 및 현대화 노력은 이러한 범주에서 주로 이뤄지고 있다는 것이 안보 딜레마를 강화하는 요인으로 작용하고 있다.

III. 동북아의 군비 현황

위에서 공수 균형의 관점에서 공격이 유리한 상황에서는 군비경쟁이 발생할 가능성이 있다고 정리했다. 이러한 군비경쟁의 흐름을 파악하는 데 가장 기초적인 자료는 각국의 국방비 지출 현황일 것이다. 물론 투여되는 국방비 자체가 군사력과 동일하지는 않다. 하지만 한 국가의 국방비 규모는 그 국가가 자국의 군사력에 어떠한 중요도를 부여하고 있는지를 나타내주는 중요한 객관적 지표 중의 하나이다. 특히 국방비의 지출은 외부로부터의 안보 위협 요인에 대한 대응이라는 점을 고려할 때 관련 국가들의 국방비 지출에 대한 전체적 조망은 필수적이다.

전 세계 군사력 현황을 정리해주는 자료 중의 하나인 『SIPRI 2009 연보』에 의하면 동아시아 지역의 국방비는 1999년부터 2008년까지 10년간 56% 증가했다. 이는 냉전 직후의 탈군사화 추세에서 2000년대 들어 다시 군비 증가로 변화한 국제적 추이와 무관한 것은 아니다.[14] 하지만 같은 기간에 세계의 평균 군비 증가는 45% 수준에 머물렀고, 지역적으로 구분해 보더라도 유럽 지역의 국방비는 14% 증가하고, 아프리카의 경우도 40% 증가에 그쳤다는 점에서 동아시아 지역의 국방비 증가 추세는 보다 주목해야 할 흐름인 것이다.

범위를 동북아로 축소시켜 보더라도 막대한 규모의 국방비 지출 흐름이 드러난다. 북한을 제외하고 지정학적 동북아 국가인 미국과 러시아를 포함시켜 동북아 국가 국방비 지출의 합을 구하면 2008년에 이들 국가는 전 세계 국방비의 58.5%를 지출한 셈이다. 2008년 세계 국방비 지출액은 2005년 불변가치 기준으로 약 1조 2천억 달러인데 이러한 규모의 국방비 중 절반 이상이 동북아 지역에 집중되어 있고 〈표 8-2〉에서처럼 그 규모가 계속 증가 일로에 있다는 점이 안보 불안 요인으로 작용할 가능성이 크다.

〈표 8-2〉를 통해서 계산해 보면, 2000년부터 2008년까지 미국 국방비는 60%, 중국 국방비는 168%, 러시아 국방비는 100%, 한국의 국방비는 43% 증가했음을 알 수 있다. 동 기간에 일본의 국방비는 거의 변동하지 않았는데, 이는 GDP의 1% 규모로 국방비를 제한해 온 일본의 관행을 고려할

14_탈냉전 직후에 군사력이 제공하는 효용이 과거보다 축소되었기 때문에 국가이익의 실현을 위해 군사력에 의존하는 과거의 관행이 극복될 것이라는 낙관적인 전망이 있었고 실제로 냉전 종식 이후 약 10년 간 전 세계 국방비 지출이 감소 추세를 보인 것이 사실이지만 2000년대 들어서 다시 국방비가 증가하는 추세로 반전되었다.

표 8-2 | 2000년대 동북아시아 국가 국방비 현황 단위: 억 달러 (2005년 불변가치)

구분	2000년	2001년	2002년	2003년	2004년	2005년	2006년	2007년	2008년
미국	3,421.7	3,449.3	3,873	4,408.1	4,804.5	5,033.5	5,111.9	5,467.9	5,485.3
중국	237.8	280.1	330.6	365.5	402.8	443.2	518.6	582.7	636.4
일본	438.0	442.8	447.3	448.1	444.7	441.7	436.7	435.6	427.5
러시아	191.4	212.5	236.0	251.1	261.2	284.9	311.8	353.7	382.4
한국	166.5	171.3	176.1	182.0	190.0	206.0	205.3	226.2	237.7

출처: Stockholm International Peace Research Institute, *SIPRI Yearbook 2009: Armaments, Disarmament and International Security* (Oxford University Press, 2009).

* 모든 국방비 수치는 SIPRI 2009 연보 pp. 230-6의 표 5A.3에서 발췌한 것임. 그 중 러시아와 중국의 국방비는 SIPRI의 추산치임.

때 2000년대의 저성장에서 기인한 것으로 이해할 수 있다. 여기에 만약 북한까지 포함시킨다면 국방비의 측면에서 동북아 지역은 전 세계에서 가장 군사화된 지역 중의 하나라고 해야만 할 것이다.

조금 더 구체적으로 비교해 본다면, 한국 국방비 증가율(43%)은 동북아 국가들 중에서 상대적으로 낮은 편이다. 러시아의 경우에는 비록 2000년대 초반보다 배 이상으로 국방비를 증가시켰지만 이는 냉전 종식 당시(1990년 약 3천 5백억 달러, 1999년 불변가치 기준)의 10% 규모에 불과해 이것을 군사력의 증강으로 평가하기에는 어려운 측면이 존재한다. 이러한 관찰을 토대로 국방비의 측면에서 미국과 중국이 주도하는 점진적 군비 증강 흐름이 동북아에 존재한다는 점을 알 수 있다.

또한 다음 〈표 8-3〉에서 나타나듯이 동북아 국가는 2008년 현재 세계 국방비 지출 상위국에 모두 포함되고 이것이 동북아 군비 증강의 현 주소라고 할 수 있다.[15] 즉 미국을 필두로 해 중국은 이미 동 자료를 기준으로

15_물론 군사력에 대한 보다 정확한 비교를 위해서는 동북아 국가들의 누적 국방비를 검토해야 할 것이다.

표 8-3 | 2008년 국방비 규모 상위 11개국

	국방비 (2008년 명목가치 기준)		
순위	국가	예산(10억 달러)	1인당(달러)
1	미국	607.0	1,967
2	중국	84.9	63
3	프랑스	65.7	1,061
4	영국	65.3	1,070
5	러시아	58.6	413
6	독일	46.8	568
7	일본	46.3	361
8	이태리	40.6	689
9	사우디	38.2	1,511
10	인도	30.0	25
11	한국	24.2	501

출처: SIPRI(2009), p. 182, 표 5.2에서 발췌.
* 중국과 러시아의 수치는 추산치임.

세계 제2위의 국방비 지출 국가이고, 러시아도 미약하지만 다시 국방비를 증가시키고 있으며, 일본과 한국은 경제력에 부합하는 수준에서 국방비를 증액시키고 있다.

이렇게 확인되는 추세에도 불구하고 과연 동북아에서 새롭게 주목해야 할 군비경쟁이 있는가라고 문제를 제기할 수 있다. 즉, 동북아의 군비가 2000년대에 들어서 대폭 증가되었지만, 이는 각국의 GDP 규모가 확대된 것에서 주로 기인하는 것이지 그간의 흐름과는 다른 새로운 군비경쟁의 구조가 형성된 것은 아니라고 주장할 수도 있는 것이다.

다음 〈표 8-4〉를 통해서 확인되는 것처럼 2000년대 들어 동북아 각국의 GDP 대비 국방비의 비중은 크게 변화하지 않았다. 2000년부터 2007년까지 매년 동북아 각국의 GDP 대비 국방비 비중은 미국의 경우 3~4%, 중국의 경우 1.8~2.1%, 일본의 경우 1% 정도, 한국의 경우 2.4~2.6%, 러시아의 경우는 3.5~4.3% 정도 수준에서 유지되었기 때문에 특별히 새로운 의미

표 8-4 | 2000년대 동북아 국가 GDP 대비 국방비 현황 (단위: %)

구분	러시아	미국	일본	중국	한국
2000년	3.7	3.1	1.0	1.8	2.5
2001년	4.1	3.1	1.0	2.0	2.5
2002년	4.3	3.4	1.0	2.1	2.4
2003년	4.3	3.8	1.0	2.1	2.4
2004년	3.8	4.0	1.0	2.0	2.4
2005년	3.7	4.1	1.0	2.0	2.6
2006년	3.6	4.0	0.9	2.0	2.6
2007년	3.5	4.0	0.9	2.0	2.6

출처: SIPRI(2009), pp. 237-42, 표 5A.4에서 발췌.
* 중국과 러시아는 추산치임.

가 있는 군사력 증강의 추세가 관찰되지 않는다는 주장이 가능한 것은 사실이다.

그러나 위의 질문은 이러한 사실을 반영하고 있기는 하지만 동북아의 군비 증강에 대한 적절한 질문이 아니다. 현재까지의 추세를 고려한다면 동북아 국가들은 향후에도 경제성장에 상응하도록 국방비를 증액할 것이 확실하다. 따라서 현재의 국방비 증가 추세를 무시하고서는 동북아의 안보 환경을 정확히 평가하기가 힘든 것이다. 군비 증강 추세와 관련해서 크게 세 가지 점을 고려해야 할 것이다.

첫째, 2000년대 들어서서 동북아 국방비의 증가로 현재는 냉전 말기 미국과 소련의 국방비 합산 규모를 넘어서는 국방비가 동북아 지역 국가에 의해서 지출되는 결과가 이어지고 있다. 둘째, 이미 세계 제2위의 군사대국인 중국이 향후에 동북아 군비경쟁의 진정한 주도자로 등장할 가능성이 크다는 점이다. 〈표 8-3〉에서 드러나듯이 현재 중국의 연간 일인당 국방비 규모(63달러)는 인도(25달러)와 더불어 국방비 지출 상위 국가 중 최하 수준이다. 중국의 전체적인 경제성장이 지속되어 일인당 국방비 규모가 현재 러시아(413달러) 또는 일본(361달러) 수준까지 이른다면 이는 동북아의 군사력 균형에 큰 영향을 미칠 것이다.

셋째, 필자의 계산에 따르면 군비가 증가 추세로 전환되기 시작한 1999년에 선진국들의 GDP 대비 국방비 비중의 평균치는 2.3%였고, 개발도상국들의 평균치는 2.7%였다. 냉전 말기인 1989년에 이 수치는 각각 4.8% 및 4.1%였다. 현재의 군사화 추세와 중국의 군사력 현대화 노력을 동시에 고려한다면 2% 수준에 머물러 있는 중국의 GDP 대비 국방 예산의 비중은 향후 이보다는 높은 수치에서 형성될 가능성이 크다고 전망할 수 있다.[16] 이는 동북아의 평화와 안정에 부정적 영향을 미칠 것이다.

아울러 이러한 국방비 규모가 단순한 수치의 증가가 아니라 군사력의 전반적 현대화와 함께 전략·전술적 공격 능력과 파괴력의 개선 위주로 동북아 각국에서 진행되고 있다는 점에서 그 부정적 영향에 대해 주목해야 할 필요성이 있다(신성호 2008, 464). 이와 관련해서 다음 절에서 국가별 현황을 검토한다.

IV. 동북아 국가의 군사력 강화 현황: 현대화, 작전 반경 신장, 공격력 강화

현재 세계적인 군사화 추세는 미국에 의해 주도되고 있다. 일례로 2000년대 부시 행정부 하에서 미국의 국방비는 제2차 세계대전 이래 실질 가치

16_여기서 언급된 모든 수치는 U.S. Department of State(2003), table 1의 자료를 바탕으로 필자가 발췌 및 계산한 것임.

기준으로 최고 수준에 이르렀다. 이는 미국이 아프가니스탄과 이라크에서 동시에 전쟁을 수행하고 있다는 점에서 크게 놀라운 일은 아닌데 2008년 기준으로 미국은 전 세계 국방비 지출액의 총 41.5%를 차지했다.

2009년에 출범한 미국의 오바마 행정부가 이라크에서의 철군 계획을 공식화하고 아프가니스탄 상황을 안정시키며 러시아와도 새로운 전략무기 감축협상을 진전시키기로 약속한 바 있으나 미국은 근본적으로 세계 유일의 초강대국 지위에 합당한 다양한 안보 확보 수단을 강구하고 있는 것이 사실이다. 향후에도 특별한 계기가 주어지지 않는 한 미국의 국방비 지출 추세와 전방위적 안보의 강화라는 정책 기조가 바뀔 가능성은 희박하며 이런 점을 전제로 주변국들의 정책 기조를 고려해야 할 필요가 있다.

1. 미국의 세계 전략, 정책 기조, 군사전략

2000년대에 들어서서 세계 유일 초강대국 미국이 자국의 지위를 고수하려는 전략적 고려에는 큰 변화가 없다. 특히 2001년의 『4년 주기 국방검토보고서』(*QDR: Quadrennial Defense Review*)를 통해서 제시된 통합 작전 능력의 신장은 미국의 취약점을 보호하고 장점을 극대화하는 방향으로 군사적 개념, 능력, 조직을 새롭게 규정하는 것이었다(U.S. Department of Defense 2001). 여기서 제시된 '잠재적 적국을 단념시킨다'는 개념은 미국이 추구하고 있는 세계 전략을 확인해주는 중요한 변화를 반영하는 것이었다.[17]

17_실제로 미국이 잠재적 적국보다 압도적인 국력을 보유하고 있기 때문에 잠재적 적국이 현실적으로 미국에 대한 균형을 시도하기가 힘든 것이 현재의 상황이다. 이러한 견해에 대해서는

오바마 행정부 출범 이후에 미국의 외교 안보 전략의 지침을 제공하는 오바마-바이든 플랜은 미래의 안보 위협을 패퇴시킬 수 있는 능력을 배양하는 동시에 기존의 재래식 군사력의 우위를 유지하는 21세기형 군사력을 확보하기 위해 노력할 것임을 밝히고 있다.[18] 동 플랜은 21세기형 군사력의 확보를 인적 자원과 물적 자원 부문에서 다음과 같은 계획을 통해 달성할 수 있을 것으로 전망하고 있다. 첫째, 인력의 측면에서 이라크와 아프가니스탄의 경험을 교훈 삼아 특수전 병력, 민사 작전 병력, 정보전 병력 등을 확대하고, 타국과의 공동 작전 수행을 위한 병력과 훈련에 집중하고, 전체적으로 육군 6만 5,000명, 해병대 2만 7,000명을 증원할 계획을 추진하고 있다. 둘째, 무기 체제의 질적 개선을 추진하고, 전방위 우위의 확보를 위해서 해상과 공중에서 압도적인 전력 격차를 유지함과 동시에 미사일방어체제의 실효성을 배가하며, 우주 및 가상공간에서도 미국의 이익을 보호할 수 있는 전략적인 능력을 배양할 계획을 진행하고 있다(고봉준 2009, 41-5).

이와 관련해 주목할 점은 현재 세계적인 경제 위기가 미국에게 주는 부담에도 불구하고(2009년 미국의 재정 적자 규모는 1조 8,000억 달러 정도로 추산되고 있고, 2010년에도 재정 적자 규모가 1조 달러 이상이 될 것으로 예상되고 있다), 오바마 행정부가 의회에 제출한 2010년 국방 예산 규모는 실질 가치 기준으로 2009년보다 2% 증가했다는 것이다. 이는 미국이 군사 부문에서 주도권을 놓치지 않으려는 의도를 보여 주는 하나의 증거라고 평가할 수

Brooks and Wohlforth(2002), pp. 20-33을 참조. 따라서 단기적으로 미국이 이러한 국제 체제적 이점을 쉽게 포기하지는 않을 것이다. 물론 구체적으로 보면 미국의 우위를 단정적으로 주장할 수 없다는 의견에 대해서는 Krepinevich(2009), pp. 18-33을 참고.

18_미국 백악관 홈페이지(http://www.whitehouse.gov/agenda/defense/)를 참조.

있다.

최근 미국이 발표한 2010 QDR은 향후 미국 군사전략의 대략적인 방향을 제시하고 있다. 우선 국방 예산 감축의 압박 속에서 이라크 전쟁의 비용은 감소할 것으로 보이지만 비전통적 위협에 대한 대처의 필요성 때문에 국방 예산이 전폭적으로 축소될 가능성은 향후에도 희박한 것으로 전망된다. 또한 현재 상륙 및 지상 작전 지원용 구축함(Zumwalt), 육군의 미래전투체제(FCS: future combat system), 대형 위성 등 프로그램의 취소가 진행 중이고(Krepinevich 2009, 30-1), F-22 등의 프로그램이 축소되고 있으나 향후의 전략적 초점이 두 개의 준전쟁(quasi-war)의 성공적 수행에서 가능한 모든 전쟁(every possible war)에서의 승리로 옮겨가고 있음이 드러나고 있다.

이러한 하이브리드 전쟁(hybrid warfare) 개념의 도입을 통해 미국은 다음과 같은 경우를 위해 구체적인 시나리오를 마련했다. 첫째, 이라크, 아프가니스탄, 북한, 파키스탄에서의 비정규전, 둘째, 중국, 대만, 러시아, 발트해 국가, 이란 등 타 국가와의 주요 갈등, 셋째, 민군 협력 및 해외 작전, 넷째, 미군의 해외 주둔 재검토 등의 상황에 대비하기 위한 구체적인 계획을 미국은 준비해오고 있다. 결론적으로 2010 QDR은 미국에 포괄적 스펙트럼에서 요구되는 광범위한 능력을 창조적으로 결합해야 함을 강조한 바 있다.

이와 관련해 미국은 이미 해외주둔미군재배치검토(GPR: Global Posture Review)를 통해 미국의 해외 주둔 군사력의 중점을 '위협 기반'의 지역 동맹으로부터 '능력 기반'의 지구 동맹 유지로 전환할 것이라고 정리한 바 있다. 따라서 동아시아 지역에서 미국의 동맹국인 일본과 한국은 미국 군사력을 신속히 배치·전개하는 합동 작전을 수행할 수 있는 능력을 구비하는 방향으로 변화할 것을 요구받고 있다. 예를 들어, 비록 미국이 오바마 행정부에 들어서 미사일방어체제 배치 계획을 재검토하고 있으나 일본과 한국은 미국의 미사일방어체제와 연계할 수 있는 자산과 능력을 지속적으로 확보하고 있는 중이다. 이런 의미에서 미국이 확보하는 전략적 유용성만큼 일본과 한국이 독자적인 군사력을 보강해야 할 필요가 생긴다는 점에서 미국의 전략적 유용성은 결과적으로 일본과 한국 등 동맹국의 군사력 강화 및 현대화로 이어질 가능성이 농후하다고 할 것이다.

다른 한편으로 미국이 러시아와 추진하고 있는 새로운 전략무기감축협상의 진행 여부는 동북아 지역에 새로운 동인을 제공할 가능성이 있다. 오바마 대통령의 '핵 없는 세상'을 구체화하기 위해서 미국과 러시아가 최소의 억지력만을 확보하는 수준으로 전략무기를 감축시킨다면 이는 일본과 한국으로 하여금 미국 핵우산의 신뢰성에 대한 의문을 제기하게 할 수 있다. 실제로 미국이 새롭게 준비한 핵태세보고서(NPR: Nuclear Posture Review)에서는 미국의 전략 핵무기를 1,000개 이하로 줄이는 대안을 구체적으로 반영할 가능성도 있었다(Kimbal 2009). 실제로는 이 정도의 핵감축이 진전되지는 않았지만 향후에 일본과 한국의 안보 불안 심리가 다시 확대될 수 있고 이는 북한의 핵무장과 중국의 핵전력 강화 움직임에 대응하는 일본과 한국에 군사력 증강의 새로운 압력으로 작용할 가능성이 있다고 할 수 있다.[19]

19_물론 현재 동북아에서 미국의 확장 억지력의 핵심은 비행기 및 순항 미사일에 탑재된 전술 핵탄두이기 때문에 미국과 러시아 간의 전략무기감축협정이 미국의 확장 억지력에 직접적인 영향을 미치지는 않는다고 간주할 수도 있다. 하지만 전략무기의 감축이 전술 핵무기의 운용과 전적으로 무관하게 이뤄지지는 않을 것이라는 점에서 궁극적으로는 동북아에서의 확장억지력에 영향을 미치게 될 것이다.

2. 일본의 군사력 강화

앞서 언급한 것처럼 일본은 국방비 규모에 GDP 1%라는 제한을 두고 이를 고수해 왔으나 그런 와중에도 지속적으로 군사력 현대화 계획을 추진해 왔다.[20] 특히 2004년 '방위계획대강'(NDPG: National Defense Program Guidelines) 이래 일본은 방어력 증강은 물론 잠재적인 공격 능력의 강화에 주안점을 두고 있다.[21] 최근 일본은 육상자위대를 기동성의 제고에 초점을 두고 재편성하고 있으며 항공자위대는 지역적 범위를 넘어서 전 세계적인 작전을 수행할 수 있도록 작전 범위를 신장시키고 있다. 아울러 해상자위대는 수륙양용 기술과 항공모함 기술의 신장에 중점을 두고 있다. 이는 잠재적으로 중국을 상정한 준비라고 이해할 수 있을 것이다.

이러한 계획에 따라 일본은 자위대의 전력을 강화할 수 있는 무기 체계를 계속 도입하고 있다. 육상자위대는 국제 임무 투입용 수송용 헬기인 CH-47JA를 도입해 운용하고 있으며, 이는 지상군의 해외 작전 능력 신장을 평가하는 중요한 지표로 이해되고 있다(Hughes 2009, 90). 또한 항공자위대에 2007년부터 배치되기 시작한 KC-767 공중 급유기는 일본 본토 방어 이외에 다양한 범위의 작전을 지원할 수 있다(Hughes 2009, 91). 또한 현재 일본이 200여기 보유하고 있는 것으로 알려진 항공자위대 주력 전투기

20_1%는 법적인 구속력이 있는 것이 아니고 이미 1987년에 일본은 이 상한선을 초과하는 국방예산을 편성한 경험도 있다. 하지만 일본의 국방비는 지속적으로 GDP의 1% 선에서 유지되고 있다.

21_방어력 증강은 2004년 "방위계획대강"에서 강조된 다기능 탄력적 방위력으로 대표될 수 있는데 이는 탄도미사일을 방어하기 위한 미사일방어체제의 확립을 의미한다. 이에 대해서는 박영준(2008), 128쪽을 참고.

F-15는 작전 반경이 900km 이상이어서 중국의 상하이까지도 작전을 수행할 수 있다(박영준 2008, 153). 이미 70대 이상이 배치된 F-2 지원 전투기는 공중전이 주 임무인 F-15와는 달리 지상 목표물과 함대를 공격하는 것이 주 임무로 이해되고 있으며, 여기에 재래식 폭탄에 정밀 유도장치를 부착한 합동직격탄(JDAM: Joint Direct Attack Munitions)을 탑재하면 북한 내의 기지에 대한 정밀 타격도 가능하다(Hideki, Kazumasa, Hiroshi and Hirofumi 2007). 이외에도 일본은 현재 미국만 보유하고 있는 최신예 스텔스 전투기 F-22 구입을 추진하고 있고 만약 미국 내의 사정 때문에 이것이 불가능하다면 다른 대안을 적극적으로 모색할 것으로 알려지고 있다(박영준 2008, 155).[22]

아울러 해상자위대는 2015년까지 4척의 항공모함을 건조해 다양한 공격 능력을 배양하는 것을 목표로 하고 있다(『서울신문』 07/05/07). 해상자위대는 현재에도 헬리콥터를 탑재할 수 있어 실질적인 항공모함으로 여겨지는 수송선을 보유하고 있고 이는 병력의 해외 파병에 사용되고 있다(박영준 2008, 150). 이외에도 경항공모함으로 판단되는 1만 3천 톤급 헬기 탑재 구축함 전력을 준비하고 있는데 이는 제2차 세계대전 이후 중단되었던 항공모함 기술의 현실화를 의미하는 것으로 풀이되고 있다(박영준 2008, 150).

전력의 해외 투사력 강화 외에도 일본은 북한의 탄도미사일 위협에 대처한다는 명분으로 이지스(Aegis) 미사일방어체제와 PAC-3를 결합한 다층 미사일방어체계를 이미 실전 배치한 바 있다. 일본이 이지스함에 탑재한 SM-3 미사일은 장거리 탄도미사일까지 대기권 밖에서 비행 중일 때 지상

22_현재로서는 F-22의 생산이 추가 생산이 중단되어 일본으로서는 대신 F-35의 구매를 추진할 것으로 예상되고 있다.

200km 이상에서 요격할 수 있는 능력이 있고, 일본은 이러한 SM-3 미사일을 2011년까지 총 4척의 이지스 구축함에 배치할 계획으로 있다(고봉준 2008, 404-5). 이것은 현재 북한이 구현하지 못한 장거리 탄도미사일을 요격할 수 있는 능력을 의미하기 때문에 실질적으로는 중국의 미사일 능력 강화에 대한 대응이라고 풀이할 수 있다. 종합적으로 고려할 때 일본의 군사력 강화는 미일동맹의 강화로 동북아 지역에 자국에 대한 포위망이 건설될 것을 우려하는 중국의 불안 심리를 자극할 가능성이 크다고 볼 수 있다.

3. 중국의 군사력 현대화

현재 진행되고 있는 중국의 군사력 현대화는 크게 두 가지에 주안점을 두고 있다. 우선 중국은 2010년까지는 기존 장비를 개선하는 동시에 선택적으로 재래식 무기의 차세대 전력을 도입함으로써 인민해방군(PLA)의 전투력을 증진시키는 것을 목표로 하고 있다. 다른 한편으로 향후 15년 내에 정보화를 바탕으로 군사 혁신(RMA: Revolution in Military Affairs)을 통해 인민해방군을 세계 최고 수준의 군사력으로 변화시킬 계획을 추진하고 있다. 이러한 두 가지 경로의 접점에서 중국은 자국의 미사일 능력을 개선하는 노력을 기울이고 있다. 이는 기본적으로 미사일의 생존 가능성과 공격 능력 향상을 위주로 추진되고 있다.

따라서 중국의 최근 미사일 능력 강화는 주목해야 할 부분이다. 중국은 DF-5에 탑재될 각개유도다탄두(MIRV: Multiple Independently-targetable Reentry Vehicle)를 개발했음을 밝힌 바 있다. 아울러 중국은 기존의 대륙간 탄도미사일(DF-5 액체 연료) 외에 그 개량형인 DF-5A(사거리 13,000km로 연장된 개량형), 이동식인 DF-31(사거리 7,250km 고체 연료), DF-31A(사거리 11,270km 고체 연료)를 실전 배치하게 될 것이다. 또한 중국은 이동식 DF-21 중거리 탄도미사일 전력을 구축해 지역 수준에서의 핵 억지력을 증강시킬 계획이다(Chase, Erickson, and Yeaw 2009, 73-4). 특히 DF-21C 중거리 탄도미사일은 사거리 1,500km 수준으로 항공모함을 공격하는 기능을 수행하는 것으로 알려져 있다. 통상 항공모함 탑재기의 작전 반경은 1,000km 수준이어서 이 미사일은 적의 항공모함에 작전 금지 구역을 구축할 가능성이 큰 것으로 판단된다(『중앙일보』 09/12/08).

다른 한편으로 중국은 최근에 사거리 2,000km의 잠수함 발사 순항미사일을 배치했고, Su-27 및 Su-30MK 등의 전폭기, 자체 개발한 J-10, FB-7A 전투기, 신형 J-X 스텔스 전투기, KJ-2000 조기 경보기 등을 배치함으로써 대공 방어력과 공격력을 강화했다(Hughes 2009, 87). 또한 2007년 1월의 위성요격(ASAT: anti-satellite) 테스트를 통해 중국은 미국과 일본의 군사용 위성을 공격할 수 있음을 입증한 바 있다.

이외에도 중국은 미국과 일본의 전력 증강에 대응하는 다양한 무기 체계를 구축하고 있다. 중국은 최근 052C Luyang II 및 051C Luzhou 유도미사일 구축함과 054A Jiangkai 소형 구축함을 배치해 미국과 일본이 배치한 이지스 방어망과 유사한 능력을 보유한 것으로 알려져 있다(Hughes 2009, 91). 아울러 중국은 항공모함의 건조를 계속해 추진하고 있으며 이미 운용 중인 핵 잠수함에 조만간 사정거리 8,000km의 장거리 탄도미사일(SLBM) JL-2를 실전 배치할 예정인 것으로 알려지고 있다(Chase, Erickson, and Yeaw 2009, 73).

종합하자면 육상에서의 이동식 미사일의 확충, 해상 배치 억지력과 각개 유도 다탄두의 개발 등은 중국의 미사일 능력을 강화하는 중요한 요소들이라고 평가할 수 있다. 이는 중국이 장기적으로는 지역을 넘어서 군사력을 사용할 수 있는 능력을 부여하게 될 것이다. 물론 현재로서는 중국의 군사적 목표가 미국의 동아시아 지역에의 군사력 투사를 제한하는 것으로 볼 수 있다. 이런 능력은 미국의 군사 통신 네트워크 파괴 또는 교란 능력, 미국의 해외 기지에 대한 공격력 구축 등으로 강화될 것이다. 아울러 중국은 초수평선 레이더, 무인비행기, 정찰위성의 강화를 통해 미국 해군력의 효율적 작전을 저해할 수 있는 능력을 신장시키고 있다.

즉 중국은 최소한 동아시아를 무대로 한 강제력(coercion)을 구축하기 위해 노력하고 있는 것이다(Krepinevich 2009). 이러한 일환으로 중국은 최근에 우주 공간에도 무기를 배치하겠다고 공개적으로 선언한 바 있다. 이는 우주에 무기 배치를 포함해 무기 체계를 구축하는 일이 역사적으로 불가피하다는 인식에 바탕을 두고 보다 적극적으로 우주 전쟁에 대비하겠다는 의지의 표현이다(『동아일보』 09/11/04). 중국이 이런 능력을 강화한다면 유사시 동아시아에서 미국의 적극적인 군사행동에 제한을 가하는 일이 가능해질 수 있을 것이다.

4. 한국의 군사력 강화

한국의 경우에는 북한과 휴전 상태에 있기 때문에 군사력의 강화 및 현대화가 현재적 과제이다. 또한 한국은 최근 현안으로 대두된 북한의 탄도미사일 구축 노력에 대해서 지속적으로 감시해 왔다. 물론 과거에는 한미 연합 방위력을 배경으로 한국의 독자적인 군사적 조치가 구조적으로 제한되었기 때문에 북한의 노력에 대해 군사적인 맞대응을 자제하고 주로 군사적 조치 이외의 해결책을 모색한 바 있었다.

하지만 3절에서 논의한 것처럼 2000년대에 들어서 한국의 국방비는 43% 증가했다. 즉 한국도 군사력의 증강을 포함한 보다 다양한 대안을 가질 수 있었던 것이다. 최근에 제시된 '국방개혁 2020 수정안'에 따르면 2020년까지 누적 국방 예산 규모가 600조원에 달하며 이는 매년 거의 5% 가까이 국방 예산이 증액된다는 것을 의미해 한국의 군사력 강화 추세는 중단기적으로 지속될 것으로 전망된다.

북한의 탄도미사일에 대응하기 위해 한국은 기존에 확보하고 있는 재래식 군사력에 기초해 최소한의 억지력 외에 탄도미사일이 표적에 도착하기 전에 그것을 요격하는 적극적 방어(active defense)를 준비하기 시작했다. 이미 노무현 정부 말기에 한국형 방공 및 미사일방어체제(KAMD: Korea Air and Missile Defense)를 구축한다는 계획을 수립한 바 있고, 이명박 정부에 들어서서는 북한의 탄도미사일 위협에 보다 적극적으로 대응하기 위한 노력을 하고 있다. 한국은 최근에 적극적 방어의 측면에서 미국의 미사일방어체제에의 본격 편입을 적극적으로 검토하고 있다. 한국은 이러한 목표의 수행을 위해 다음과 같은 무기 체제의 구축을 추진하여 왔다. 2007년 5월에 1,000km 밖의 비행 물체를 동시에 900개까지 탐지 및 추적하고 SM-2 요격미사일로 동시에 17개의 목표를 공격할 수 있는 능력을 지닌 이지스급 한국형 구축함인 세종대왕함(KDX-III)을 진수시켰고 동급 구축함을 2012년까지 2척을 더 배치할 계획이다(『중앙일보』 07/05/25). 아울러 미니 이지스함인 KDX-IIA를 도입해 미래 해군 기동부대 주 전력으로 활용할 계획을 가지고 있다(『조선일보』 09/10/14).

방어적 전력 외에도 한국은 이미 국산 스텔스 전투기의 개발 및 스텔스 공대지미사일 확보 계획을 수립한 바 있고 최근에는 유사시 북한 핵 기지를 정밀 타격할 수 있는 최첨단 원거리 공대지미사일을 도입하기로 결정했다. 최대 사거리가 400km인 재즘(JASSM: 합동 원거리 공대지미사일)급 미사일은 한국의 주력 전투기인 F-15K에 장착되어 북한 영공으로 진입하지 않고 북한 내의 지상 또는 지하 표적을 타격하는 능력을 보유하게 된다. 이 미사일은 2011년까지 순차적으로 수백 기가 도입되어 2020년까지는 북한 전 지역에 대한 정밀 타격 능력을 한국군이 보유하게 될 예정이다(고봉준 2008, 401).

또한 한국은 사거리 500km 이상인 지대지 순항미사일 현무-3과 함대지 순항미사일 천룡을 개발하는 데 성공해 이 중 현무-3은 2009년 초부터 실전 배치된 것으로 알려지고 있다(『문화일보』 09/10/15). 한미 간 미사일 지침에 따르면 순항미사일의 경우 탄두 중량이 500kg을 넘지 않는 경우에 사거리에 제한 없이 한국이 개발할 수 있으며 한국은 현재 사거리 300km로 제한되어 있는 지대지 탄도미사일의 사거리를 증가시키는 것에 대해 미국과 협의를 추진하고 있다. 그리고 한국은 2009년 12월에 잠대함 유도탄을 탑재하고 미국 하와이까지 연료 재충전 없이 왕복 항해할 수 있는 세 번째 214급 잠수함인 안중근함을 취역시켰다. 이는 2주간 수면 위로 부상하지 않고도 작전 수행이 가능하고 수중에서 300개의 표적을 동시에 처리할 수 있는 능력을 보유하고 있다(『조선일보』 09/12/01).

이렇듯 이지스급 구축함의 도입을 통한 해군력의 증강, 대북한 대응의 다각화, 미국과의 동맹에 기초한 작전 구사 능력의 강화로 요약될 수 있는 한국의 군사력 증강의 추세는 당분간 지속될 것으로 전망된다.

V. 북한 핵/미사일 실험과 동북아의 군비경쟁

이상에서 러시아와 북한을 제외한 동북아 4개국의 군사력 강화 움직임을 구체적으로 검토했다. 이를 통해 현재 동북아의 안보 환경과 관련해 크게 두 가지 역동성이 존재한다고 정리할 수 있다.

첫째, 동북아에서 진행되고 있는 군사력 증강의 움직임은 과거 냉전 시대 미국과 소련 간 군비경쟁처럼 치열한 모습은 아니지만 상호 간에 작용-반작용의 역동성을 보여 주고 있다는 점에서 조용한 군비경쟁이라고 평가할 수 있다. 위에서 검토한 미국, 중국, 일본, 한국 등 4개국의 사례는 각자의 전략적 환경 속에서 제기되는 필요에 의해 각국이 군사력의 현대화와 무기의 선택적 구축을 추진해 왔음을 보여 주고 있다. 이러한 전략적 필요성은 독립적으로 존재하는 것이 아니라 각각 미국, 중국, 북한 등 가상 적국의 전력 현황과 군사력 전개에 대한 고려를 바탕으로 제기되고 있는 것이다.

둘째, 세계 유일의 초강대국 지위를 유지하고 전략적 라이벌의 등장을 방지하려는 미국의 세계 전략에 큰 변화가 없을 것임을 전제로 한다면 동북아의 군비경쟁의 핵심에는 중국이 있다. 3절에서 논의한 것처럼 중국의 인구 및 경제력 대비 군사력 성장 가능성은 무척 크다고 할 수 있다. 이런 상황에서 지역 내의 일본과 한국이 미국이라는 초강대국과 동맹 관계로 연결되어 있는 상황을 중국으로서는 고려하지 않을 수 없을 것이다. 즉 지역적 차원에서는 중국이 군사적 우위를 점하고 있지만 만약 한·미·일 협력이 지역 내 군사동맹으로서 적극적인 역할을 할 것으로 판단된다면 중국은 이에 대한 억지력 확보의 필요성을 느낄 가능성이 있으며 이는 현재 진행되는 군비경쟁이 완화될 전망을 흐리게 한다.

이런 역동성을 고려할 때 북한의 핵·미사일 실험은 동북아의 조용한 군비경쟁에 어떠한 영향을 미칠 것인가라는 질문에 대해서는 다음과 같은 전망이 가능할 것이다. 우선 북한의 실험이 미국의 세계 전략에 독립적인 영향을 미치지는 못할 것이다. 최근 미국은 북한의 실험에 큰 의미를 두지 않는 발언을 하고 있으며 이런 점을 고려하지 않더라도 현재까지 구현한 북한의 기술 수준으로는 북한의 핵미사일 전력이 당장 미국의 안보에 직접적으로 주는 위협은 없다고 보아야 할 것이다. 다만 미국의 오바마 행정부가 지속적으로 강조하는 군축·비확산이라는 큰 틀의 추진에 북핵 문제가 실질적인 장애물로 작용할 가능성이 있어서 미국이 이에 대처하기 위해 보다 적극적인 행동을 취할 가능성도 배제할 수는 없을 것이다.[23]

북한의 동맹국인 중국에 북한의 실험이 주는 직접적인 영향도 없을 것이다. 다만 북한의 실험에 대해 일본과 한국이 공격적인 대응을 구체적으로 시작한다면 이는 동북아의 지역 안보에 새로운 불안 요인을 가져온다는 점에서 중국의 전략적 계산에 복잡성을 더하는 부정적인 부담을 중국에 안겨줄 수 있을 것이다.

북한의 실험은 일본과 한국에는 실질적인 영향을 주고 있다. 북한이 기존에 보유하고 있는 중·단거리 미사일은 이미 일본과 한국을 사정거리 안에 두고 있다. 이들은 비록 액체연료를 사용하지만 지하에 저장되었다가 이동식 발사대를 이용해 발사되기 때문에 재래식 무기로는 선제공격을 하더라도 제거하기가 거의 불가능하다. 더구나 이들은 각각 10여 곳 이상의 기

23_미국은 핵군축의 주도권 유지를 위해 2010년 4월에 열리는 핵군축 정상회담과 5월에 열리는 NPT 검토회의 이전에 북핵 문제와 관련한 구체적인 성과를 원할 것이라는 전망도 있었으나, 천안함 사건 이후 그러한 전망은 수면 아래로 들어갔다.

지에 분산 배치되어 일본과 한국 내의 다양한 타격 목표를 겨냥하고 있다(Pinkston 2008, 47-51). 이러한 상황에서 북한의 거듭되는 핵·미사일 실험은 일본과 한국의 안보 불안 심리를 크게 자극할 우려가 있다. 더구나 앞에서 논의한 것처럼 미국이 보복의 위협에 기초한 군사력보다는 신속 대응군 위주로 해외 전력을 재편하고 있어서 미국이 제공할 억지력에 대한 신뢰도가 약화되는 상황에서 북한의 이러한 행동은 일본과 한국의 군비 증강 움직임을 가속화시키는 요인으로 작용할 것으로 판단된다.

VI. 결론

안보를 위한 국방력의 강화는 현대 국가의 존립을 위한 절대적 명제 중의 하나이지만 이론적 논의를 통해 검토한 것처럼 군사력 증강이 오히려 안보를 저해하는 상황이 초래되어서는 안 될 것이다. 동북아 지역에서는 북한에 대한 일본과 한국의 대응이 다시 중국의 맞대응을 초래할 가능성이 높고 이는 다시 중국의 군사력 강화에 실질적 위협을 느낄 일본의 군사력 강화로 이어질 가능성이 농후하다.

안보 딜레마의 악순환은 방어가 공격보다 유리하거 공수 무기의 구별이 용이한 경우에는 둔화될 수 있지만 동북아의 안보 환경은 재래식 무기의 측면에서는 공격과 방어 중 어느 쪽에 유리한지 현재로서는 정확히 판단하기가 힘들다. 또한 현재 진행되고 있는 각국의 군사력 강화 및 현대화가 은밀성, 기동성, 침투성, 파괴력 및 정확성 증대를 위주로 진행되고 있다는 점은 안보에 비생산적인 결과를 초래하게 될 것임을 추론할 수 있다.

비생산적인 결과가 구체화되는 것을 막기 위해서는 북한의 추가적인 도발 행위를 방지하기 위한 다각적인 노력을 기울이는 한편, 중국의 군사력 증강이 어느 수준까지 동북아의 안정을 저해하지 않을 수 있는지에 대한 객관적 검토가 필요하다. 아울러 은밀성, 기동성, 침투성 등에 강점을 지닌 무기 체계, 예를 들어 잠수함, 항공모함, 중·장거리 전투기, 지대지 탄도미사일 등의 적절한 수준에 대해 지역 내에서 공동으로 논의할 필요가 있다.

이는 미국과 소련 간에 보장되었던 투명성(transparency)과 비슷한 수준의 투명성을 기반으로 동북아에서 미국과 중국이 전략적 대화를 진행해야 한다는 것을 의미한다. 이러한 투명성이 보장이 되지 않는다면 중국의 예정된 군사력 현대화 계획은 북한의 돌출적 행위에 의해서 결과를 예측할 수 없는 군비경쟁으로 귀결될 가능성이 크다고 할 수 있다.

미국과 중국의 전략적 대화와 아울러 일본과 한국이 미국과 긴밀히 협의해 북한에 대한 적절한 대응의 수준을 넘어서는 군사력의 강화를 도모하지 않아야 한다. 미국으로부터 제기될 한국과 일본에 대한 방위비 또는 역할 분담 요구는 향후에도 지속될 것이지만 합리적인 의견 조율을 통해서 북한으로부터의 위협에 대응하기 위한 불요불급한 군사력 수준에 대한 평가 작업을 진행하여 지역 내의 안보 딜레마의 작동을 방지하려는 노력이 동시에 필요하다.

역사적으로 국가 간의 대립과 갈등은 군사기술 혁신의 주요 추동력이었고, 군사기술의 혁신은 주로 공격 무기의 개발에 의해 이뤄졌다(Krepinevich 1994, 30-42). 만약 이런 추세가 지속되어 공격 우위의 상황이 고착된다면, 사실상 동북아에서 공수 균형에 대한 논의는 무의미해진다. 왜냐하면 공격 우위가 국제 무정부 상황처럼 상수로 작용해 앞에서 논의한 것처럼 군비경쟁이 유일한 평형상태(equilibrium)로 귀결될 수 있기 때문이다.

그렇지만 공격 우위의 상황에서도 공격이 항상 개시되는 것은 아니라는 점은 역사적 경험에서 확인되고 있고 공격력 강화를 억제할 수 있다면 동북아에서도 이러한 공격 우위의 상황이 부정적인 안보 딜레마의 진행으로 귀결되지 않을 수도 있다. 동북아에서 이러한 전망이 가능해지기 위해서는 타 지역 사례를 참고하고 실질적으로 기능할 수 있는 군사력 평가 협의체를 만들고, 동북아 각국이 참여하여 가능한 정보를 교환함으로써 합리적인 정치적 판단을 할 수 있는 기반을 조성해야 할 것이다.

9장

미중 간 변화하는 세력균형과 동북아의 평화 구조

한용섭

I. 서론

21세기의 여명이 밝아 오자 세계인과 동북아인들은 새로운 밀레니엄에서는 국가의 주권이 약해지고 국가들은 보다 큰 지역 및 세계 공동체를 형성할 것이며 동북아 국제 질서는 평화와 협력의 시대가 될 것이라고 예견했다. 그러나 21세기는 전혀 예상치 못했던 9·11테러와 그에 대한 반테러 전쟁으로 시작되었다. 아프가니스탄 전쟁, 이라크 전쟁 등 지구를 뒤흔드는 전쟁으로 세계와 동북아의 평화는 더욱 불안하게 되었다. 테러 전쟁은 전통적 의미의 안보 관점에서 볼 때 국가가 무력을 행사한 전쟁이 아니라 초국가적 단위인 테러 세력이 네트워크로 연결된 조직망을 가지고 국가와 시민을 상대로 벌인 전쟁이었으며 테러 세력에 대응하기 위해 국가들은 새로운 연합을 형성하여 전쟁을 치르게 되었다. 최첨단 정보 무기로 무장한 유일 초강대국인 미국이 눈에 보이지도 않은 테러 세력을 단번에 항복시킬 것이란 당초의 기대와는 달리 이라크와 아프간에서의 전쟁은 장기화되고 있는 것이다.

동북아에서는 미국 중심의 단극 체제가 평화와 안보를 담보할 것이며, 경제성장을 거듭한 중국은 이 질서를 인정하는 가운데 평화 발전과 안정을 추구할 것이라고 기대되었다. 그러나 2010년 현재 미중 간에는 협력과 공존보다는 갈등과 경쟁이 앞서고 있다. 미국발 세계적 금융 위기는 달러 중심의 경제 질서에 큰 도전장을 던졌고 브릭스(BRICs) 4개국의 눈부신 경제성장은 새로운 경제 질서의 탄생을 예고하고 있으며 G7중심의 경제 질서가 G20로 대체되는 등 세계경제체제도 격변을 겪고 있다.

북한이 핵을 포기하고 국제사회의 일원이 될 것이며 개혁·개방을 추구함으로써 동북아는 전통적 안보 위협을 벗어나고 평화공존하면서 상생하는 번영의 공동체를 향해 갈 것이란 기대는 두 차례에 걸친 북한의 핵실험 이후 깨어지게 되었다. 또한 동북아에서 국가들이 '바퀴축과 바퀴살'(hub and spoke)간의 관계에 비유되는 동맹 중심의 안보 질서를 벗어나 다자간 협력을 추구하는 협력적 지역 안보 질서를 지향할 것이란 전망과 달리 한반도에서는 북한의 어뢰 공격 이후 전통적인 동맹 대항 질서가 강화되고 있는 실정이다.

동북아에 대한 국제정치이론은 국가 대 국가의 이익 경쟁의 장(場)을 설명하는 현실주의적 시각을 벗어나 자유주의 제도론과 구성주의 시각으로 더 잘 설명될 수 있도록 새로운 공동체 건설을 지향할 것이라고 예견했으나, 오히려 동북아에서는 국가 대 국가, 동맹 대 동맹이라는 현실주의적 권력 추구 경향이 두드러지고 있다. 테러 세력 척결이란 공통의 명제 앞에서 미국과 중국은 잠깐 협력을 하는 듯했으나 북한 체제의 불확실성에서 초래되는 외부적 군사 도발 경향으로 동북아의 평화의 전망은 더욱 불투명해지고 있다.

본 장에서는 중국의 부상과 함께 달라지는 세계의 힘의 분포가 동북아의 미래에 어떤 충격파를 던질 것인지 분석해 보기로 한다. 특히 중국의 부상과 G2시대의 도래가 국제정치와 동북아 정치에 어떤 영향을 미칠 것이며, 그 결과 미중 관계는 어떻게 변화할 것인지 몇 가지 시나리오를 도출해 보기로 한다. 이어서 유럽과 달리 동북아에서 탈냉전 이후에도 계속되고 있는 안보 문제에 대한 전통적인 접근 방식, 즉 '허브 앤 스포크' 동맹 시스템이 어떻게 변화하고 있으며, 2030년 동북아 질서에서 전통적 안보 접근 방식은 어떤 방향으로 변해 갈지에 대한 분석과 더불어 전통적 접근 방식의 문제점을 식별하기로 한다. 다음으로는 동북아 국가들이 국가 대 국가, 동맹 대 동맹 간의 힘의 대결로 해결할 수 없는 초국가적 도전 요인에 대한 국가들의 해결 노력을 검토해 보고, 세계화에 부응한 초국가적 협력 기제를 만들어 갈 수 있는지 검토하면서 동북아의 초국가적 협력을 위한 공공재 창출 방안을 모색한다. 20년 이후 예상되는 미중 간의 첨예한 경쟁 시대를 협력 시대로 변환시키기 위한 동북아 지역 내 다자간 안보 협력 기제의 창출을 위해서는 지금부터 전통적 안보 접근 방식과 비전통적 안보 접근 방식을 변증법적으로 통합시킨 새로운 접근 방식을 필요로 한다. 따라서 결론에서는 지역적 안보 협력 기제의 창출 방법을 모색해 보기로 한다.

II. 변화하는 힘의 분포와 동북아 질서

탈냉전 이후 10년 동안 세계 질서는 양극체제의 해체 이후 유일 초강대국으로 등장한 미국이 단독으로 영향력을 발휘하는 단극적 질서였다. 소련이라는 위협이 소멸한 이후 세계 최대 규모의 국방 예산을 민간경제로 투자할 수 있게 된 미국은 10년 동안 유례없는 경제성장을 지속할 수 있었다. 그 결과 미국은 어느 국가도 추월할 수 없는 경제력과 군사력을 가진 유일 초강대국이 되었다. 클린턴 행정부는 국제적 협력주의에 입각해 미국의 힘을 과시하지 않고 G7 국가들과 협력하면서 세계 질서를 운영했다. 유엔 안보리의 특별결의에 의해 이라크에서 대량살상무기도 순조롭게 제거해 나갔다. 1998년에 후세인의 도전에 직면했으나 유엔 안보리 주도 아래 더욱 강한 조치를 시행함으로써 중동의 평화도 달성되는 듯했다.

이러한 미국의 자신감과 세계적 지도력에 도전을 가한 것은 미국 중심주의와 세계화에 대한 불만을 갖고 있었던 테러 세력이었다. 이들은 수단, 아프가니스탄에 둥지를 틀고 초국가적 네트워크로 테러 조직을 구성했으며, 미국의 민간 항공기를 납치해 세계 금융의 중심인 뉴욕의 세계무역센터와 워싱턴의 펜타곤을 공격했다. 미국은 건국 이후 최초로 본토와 심장부를 공격당해 공황 상태에 빠졌으며 테러 세력과 테러 은닉 세력에 대해 전쟁을 선포했다. 미국의 국방비는 냉전시기보다 더 큰 폭으로 증가했다. 미국은 테러 대 반테러 전쟁 시기를 탈탈냉전이라고 부르기도 했으며, 탈냉전 후 10년을 단극적 순간(unipolar moment)이라고 부르기도 했다. 부시 행정부는 테러 세력과 전쟁을 수행하면서 세계를 미국편과 테러편으로 양분시켰다. 미국은 자국 중심주의와 일방주의로 인해 전 세계에서 미국의 인기를 잃게 되었다. 여기서 미국이 세계 지도자로서의 매력과 인기를 회복하기 위해 하드 파워, 소프트 파워, 스마트 파워라는 논쟁이 일어나기도 했다. 부시 행정부에 이어 등장한 오바마 행정부는 스마트 파워 외교와 국방 정책을 추진할 것이며 국제사회와 협력을 통해서 안보와 평화를 달성할 것이란 방침을 분명히 했다. 그러나 2008년에 발생한 미국의 프라임모기지 사태로 인한 세계적 금융 위기는 1930년대 미국발 세계공황을 연상케 했다. 미국 경제가 가장 많은 타격을 받았고 세계 1위 경제대국의 자리는 도전을 받기 시작했다.

한편 인류가 새로운 밀레니엄에 진입하면서 세계경제는 미국, EU, 일본 중심의 경제가 브라질, 러시아, 인도, 중국 등 신흥 개발도상국(BRICs)에 의해 도전받는 현상이 발생했다. 오일 가격의 급등으로 러시아는 오일 머니를 벌어들여 러시아의 부활을 잠깐 예고하기도 했다. 1978년 등소평의 개혁·개방 이후 30년간 연평균 9.9%의 고도성장을 기록한 중국은 냉전시기의 소련을 대체할 세력으로 대두될 것이란 전망이 우세했다. 특히 중국은 미국에 투자한 돈이 2조 달러에 달할 정도로 미국 경제의 숨통을 쥐고 있는 형국이 되었다. 세계적 규모의 경제 위기에도 중국 경제는 성장을 멈추지 않았다. 2009년 중국 경제는 9.8% 성장을 달성했다. 금융 위기 이전에 나온 경제 전망에 의하면 중국의 경제력이 미국의 경제력을 따라 잡는 시기가 2020년부터 2030년 사이가 될 것이라고 하는 의견이 많았다. 금융 위기 이후에 이러한 전망은 2020년으로 앞당겨지고 있다. 2010년 5월에 중국의 GDP가 일본의 GDP를 추월해 중국이 이제 세계 2위의 경제대국으로 등장했다는 보도가 나오기도 했다.

중국이 지속적으로 괄목할 만한 경제성장을 달성하고 있는 시기에 국제정치학자들과 안보전문가들은 중국이 군사대국화할 가능성에 대해서 우려를 표시하고 있다. 중국위협론은 1990년대 중반에 처음 등장했으며 그 이후로도 미국의 안보전문가들은 중국위협론을 꾸준히 제기하고 있다. 이 시기에 미국과 중국은 매우 불편한 관계를 겪었다. 클린턴 미행정부가 이등휘 대만 총통을 미국으로 초청하자 중국은 대만에 대한 미사일 실험을 감행했고, 이것은 미중 관계를 얼어붙게 했다. 미국의 중국위협론에 대해서 중국이 맞불을 놓은 것이었다. 그러나 미중 사이의 경제 관계는 급속도로 발전해 갔다.

중국이 경제성장을 지속하면서 세 가지 문제가 드러났다. 첫째는 내륙 지방과 해안 지방의 발전 및 소득 격차, 부유층과 저소득층의 소득 격차, 천안문사건으로 상징되는 민주화 요구와 이를 무력으로 진압한 군대 간의 갈등이 그것이다. 천안문사건 이후 세계로부터 고립을 당한 형국에서 등소평은 도광양회(韜光養晦)를 노선으로 견지하고 경제성장에 몰두했다. 중국이 시장경제를 추구함으로써 경제대국이 되면 필연적으로 민주화 요구가 중국 전역에서 일어날 것이며, 강한 통제로 소수민족에 대한 지배를 공고히 해 온 중국은 구소련과 같이 해체될 것이란 전망도 나왔다. 그러나 중국은 예견되는 이러한 문제를 해소하기 위해 시장경제를 도입하기는 하되, 공산당이 인민을 정치적·사회적으로 통제할 수 있는 시스템을 갖추고자 노력했다. 중국은 이를 사회주의 특색 시장경제라고 부르고 있으며, 중국에서는 사회주의에 방점을 두는 반면 외부 세계에서는 시장경제에 방점을 둠으로써 중국의 시장경제의 외연에 대한 해석에서 중국과 서방세계는 서로 다른 입장을 가지고 있음이 드러났다.

2008년 세계적 금융 위기 이후 미국과 중국 간에는 격렬한 논쟁이 전개되었다. 신자유주의적 시장경제를 추구하는 미국을 비롯한 서방세계의 모델(워싱턴 컨센서스)과 정치사회적으로는 중앙 통제를 받되 경제적으로는 시장경제를 추구하는 사회주의 특색 시장경제 모델(베이징 컨센서스) 중 어느 것이 더 나은 체제인가를 둘러싸고 격론이 벌어진 것이다(Halper 2010, 49-74). 세계의 금융 위기 이후 이런 논쟁은 수년 간 계속될 것이다. 미국의 경제 주체들, 특히 거대 금융회사들이 미국 전체의 이익보다는 자기들만의 이익을 이기적 경쟁적으로 추구하다가 미국 경제 전체를 위기에 빠뜨리고만 결과로 신자유주의 경제체제는 전망이 암울할 수밖에 없다는 비관론이 미국과 세계의 지성 세계를 휩쓸었다. 한편 북경에서는 세계적 금융 위기에도 불구하고 국가가 공식·비공식으로 개입해 경제 주체들을 통제한 결과, 경제성장을 지속하고 있기 때문에 중국의 통제된 시장경제가 미국의 탐욕스런 시장경제보다 낫다는 주장이 나오기도 했다. 미국의 경제 위기와 중국의 경제 호황의 결과로 미국과 중국은 전략 및 경제 대화를 시작하게 되었다. 이와 함께, 세계경제 위기의 해결의 키를 가지고 있는 미국과 중국이 기존의 선진 7개국 정상회의보다 더 효과적이고 효율적인 위기 해결을 시도하기 위해 G20 정상회의를 출발시켰다. 아시아에서 한국, 인도네시아, 인도, 호주, 중동에서 사우디아라비아 등이 참가함으로써 G20에서 아시아의 파워가 많이 반영되게 되었다.

세계적 차원의 금융 위기는 미국과 비슷한 경제력을 가지고 있던 유럽연합(EU)의 경제력을 감소시켰다. 이로써 세계경제는 미국과 중국 두 나라가 협력하고 주도하지 않을 수 없게 되었다. 그런데 지금까지 투명성과 신뢰성을 바탕으로 세계경제를 주도해 왔던 미국과 불투명성과 불확실성을 근저에 깔고 있는 중국의 부상은 경제적인 측면에 이어서 안보 불안을 근본적으로 가중시키게 되었다.

미국은 세계 제일의 군사대국이기도 하다. 미국의 군사비는 연간 약 7,000억 달러에 달한다. 미군의 무기 체계는 세계 최첨단이다. 세계를 6개의 지역으로 구분해 통합사령부를 유지하면서 군사적으로 세계를 관리하고 있는 역사상 가장 막강한 제국이다. 컴퓨터와 정보 기술의 발달로 인해 미국의 군대는 전자동 전장 인식 체계를 갖고 고도의 정밀폭격을 가함으로써 원거리에서 상대방의 전략 중심부를 타격할 수 있는 유일한 국가이다. 그리고 전 세계의 전략적 요충지에 군사 동맹국을 두고 미래에 대두될 위협을 억제하고 저지할 수 있는 능력을 갖추고 있다. 이라크 전쟁에서 보여준 미국의 C4ISR 체계에 바탕으로 한 효과 중심 작전 능력은 다른 선진국들이 벤치마킹하고자 할 정도로 막강하다.

한편, 부상하는 중국은 겉으로 드러내지는 않지만 경제력을 바탕으로 군사력 건설을 병행하면서 미국을 동북아에서 억제하고 견제할 수 있는 제2의 군사대국을 희망하고 있는 것으로 보인다. 급속한 경제성장을 이룩한 중국이 군사적으로 어떤 방향으로 갈 것인가에 대해 미국과 일본을 비롯한 거의 모든 국가들이 우려를 표명하고 있는 것이다. 중국은 병력이 200만에 달하는 군사대국이다. 게다가 해양 투사력과 공중 투사력을 현대화시키고 있으며, 미사일과 핵무기 성능 개량, 위성공격무기와 군대의 정보화를 시도하고 있다. 19세기 초반까지 동아시아에서 제국의 위치를 자랑하고 제국의 영향력을 행사해 왔던 중국이 미국을 능가하는 경제대국이 되었을 경우 군사적으로 어떻게 주변국에 영향력을 행사할 것인지에 대해서 많은 우려가 생기고 있는 것이다.

향후 중국이 미국과 어떤 관계를 맺으면서 동북아 지역에서 영향력을 행사하고자 할 것인가. 경제대국 중국이 아시아와 세계에서 어떤 정치력과 군사력을 행사할 것인가. 동북아의 안보 질서는 어떻게 변할 것이며 현재의 동북아 평화 구조는 어떤 영향을 받을 것인가. 이와 관련한 예측을 다음 네 가지 시나리오로 요약할 수 있다.[1]

첫째, 부상하는 중국이 현상 유지 대국인 미국을 추월하면서 힘의 대결을 벌이고 미중 간에 세력 전이가 일어나는 경우다.

세력 전이에는 반드시 전쟁을 수반된다는 고전적인 주장이 있다. 민주주의 체제인 미국과 사회주의 체제인 중국이 평화공존을 하기에는 무리가 있다는 주장이다. 경제대국이 된 중국은 19세기 제국주의 세력에 의해 중국 본토를 침탈당한 아픈 기억에서 벗어나기 위해 경제적·군사적으로 강대국을 꿈꾼다는 것이다. 공격적 민족주의에 근거해 인민해방군과 중국 지도자들은 미국의 패권 행사에 의한 태평양 봉쇄를 더 이상 참을 수 없을 것이며, 미국 중심의 위계질서와 미국 군사력의 세계적 전진 배치에서 그동안 손해를 받아온 중국은 현상 유지 대국인 미국과 한판 힘의 대결을 감행하지 않을 수 없다는 것이다. 쉬웰러와 프리드버그는 중국의 부상의 결과 중국이 공세적 대항으로 나올 것이라고 주장하고 있다(Friedberg 1998, 1-15; Schweller 1994, 72-107).

이 가설이 현실적이기 위해서는 몇 가지 가정이 필요하다. 전체 군사력에서 중국의 군사력이 미국의 군사력을 앞서거나 적어도 동북아에서 가용한 군사력 비교에서 중국이 미국을 앞서야 한다는 것, 중국과 북한 혹은 중국과 파키스탄의 군사동맹이 미국의 아시아 쌍무 동맹보다 더 강해지면서 이 국가들이 중국의 대외 정책을 전폭 지지해야 한다는 것, 한반도가 계속 분단되어 있어야 한다는 것, 대만이 중국에게 흡수통일될 것, 상하이협력기

1_국제정치학자들은 미중 관계의 변화에 대한 시나리오를 대개 네 가지로 구분하고 있다. 아이켄베리, 프리드버그 등은 미국 주도의 패권 질서, 중국 주도의 패권 질서, 미중의 헤게모니 양분, 다자주의 질서 등으로 구분하고 있다. Ikenberry(2008), pp. 89-114와 Friedberg(2005), pp. 7-45를 참조.

구의 러시아와 중앙아시아 4개국이 중국을 적극 지지할 것, 중국의 대동남아 영향력이 미국의 대동남아 영향력을 능가할 것 혹은 동남아와 동북아에서 미국을 배제시키려는 노력이 집단적으로 발생할 것, 그리고 중국의 국내에서 대외 확장 정책에 대한 지지가 있어야 하며 중국이 강력한 해군력을 활용하여 동남아 국가들과 해양 영토 분쟁에서 승리할 것(Ross 2006, 50), 중국이 티벳 고원의 수자원을 이용해 동남아 국가들에 대한 압력을 행사하고 동남아 국가들이 이에 굴복할 것 등이다.

이 경우 중국은 강력한 경제력과 군사력을 바탕으로 미국과 패권 쟁탈 전쟁을 벌일 것이란 것이다. 국제정치이론가들 중에서 구조적 현실주의자들은 국제사회에서 대국들 간에 힘의 전이가 발생할 때 힘의 재분배 현상을 평화적으로 해결하는 방법을 찾지 못함으로써 전쟁이 일어난다고 주장한다.[2] 현실주의자들의 주장에 의하면 국가들은 맹목적으로 국가이익을 추구하며 힘의 극대화를 추구한다. 결국 국제사회는 강대국이 힘의 우위를 추구하며 부상하는 국가가 패권 국가를 물리치기 위해서는 패권 국가가 물러서지 않는 한 전쟁 외에 다른 수단이 없다는 것이다. 만약 중국이 미국과 세계대전을 치르기를 주저한다면, 중국에 가까운 대만, 동남아, 한반도에서 미국의 지배적 영향을 제거하기 위해 전쟁을 일으킬 수도 있다. 로스는 중국이 미국에 도전할 수 있으므로 미국 중심의 동북아를 양분해 중국의 세력권을 인정해 주는 것이 충돌을 피하고 미중이 공존하는 길이라고 주장했으며, 미중이 동북아를 양분할 경우 한국은 중국 편에, 일본은 미국 편에 놓아야 할 것이라는 위험한 주장을 하기도 했다(Ross and Zhu 2008, 293-315).

2_프리드버그에 의하면 현실주의적 비관론자들은 부상하는 도전국가는 현상 유지적 패권 국가에 무력으로 충돌한다고 설명한다.

이에 대한 반론도 만만치 않다. 전쟁불가피론은 중국의 전통적인 전략인 '싸우지 않고 승리하는 것이 최상의 전략'이라는 것을 포기하는 경우인데, 이는 실현성이 별로 없다. 미국 본토와의 전쟁은 핵에 의한 상호 공멸을 의미하는데, 이는 미국과 구소련 간의 핵 억제력의 균형의 결과 전쟁이 발생하지 않았던 것을 감안한다면 미중 간의 핵전쟁이 불가능하다는 것을 인식하지 못한 결과다. 중국이 냉전 시대 벌인 국경 지대 전쟁에서 인도(1964년), 베트남(1978년)과 전쟁을 벌였으나 국경 지대의 안전을 확보한 이후 모두 철수했음을 지적하면서 중국은 해외 팽창적 전쟁을 벌이지 않을 것이라고 보는 학자도 있다(Fravel 2005, 46-83). 따라서 중국이 미국의 대동북아·대동남아 영향력을 제거하기 위해 전쟁을 불사할 것이란 주장은 설득력이 덜하다. 중국의 제5세대 지도 그룹이 엄청난 비용을 지불하면서도 미국과의 한판을 붙을 것인가에 대한 회의감은 매우 크다고 하겠다. 따라서 이 시나리오의 발생 가능성은 매우 적다고 할 수 있다.

둘째, 중국이 경제적으로 부상하지만 군사 면에서는 방어적 목적으로 한정해 군사력을 양성하고 대외 군사력 행사에 자제를 보이는 한편, 미국의 대중국 군사 우위가 21세기 중반까지 지속되어 미국 중심의 우위가 계속되리란 시나리오다(하영선·남궁곤 2007, 11-31).

이 시나리오는 중국의 경제가 지속적으로 발전하면서 경제적 측면에서 중국의 영향력은 증대하고 있지만, 미국의 정치적·안보적·경제적 영향력이 지속되고 있는 현상을 의미한다. 동아시아 지역과 세계에서 미국의 군사적 영향력은 여전하며, 중국은 세계 제일의 경제대국은 될지언정 내부 문제 해결을 위해 경제성장과 분배에 우선순위를 둠으로써 군사력은 억제와 방어 목적으로 증강할 뿐, 미국의 지배적 영향력을 감소시키기 위해서는 사용하지 않는 경우이다. 중국의 지리적 특성을 보면 중국이 세계 패권을 위해서는 해양으로 진출해야 하는데, 태평양은 미국의 해군 우세로 인해 중국이 진출할 수 없다는 것이다(Kaplan 2010, 22-41).

이 시나리오가 성립하기 위해서는 몇 가지 세부 가정이 필요하다. 미국 중심의 양자 동맹(한미동맹, 미일동맹, 미호동맹 등)이 지속되며, 한국을 중심으로 한반도가 통일되면 미국의 영향력은 계속 유지된다. 중국은 경제적으로는 미국을 추월하되 군사적으로는 미국의 대중국 우위가 지속된다는 것이다. 중국은 경제대국이 되고 난 후에도 군사적인 면에서 중국 내부의 독립과 통일, 안보에 중점을 두는 방어 중심의 전략을 지속적으로 견지한다. 중국이 미국 중심의 동맹 체제에 대응해 북한, 파키스탄과 관계를 더 강화시키면서 동남아 지역에서 경제적 영향력을 바탕으로 해양력 증가, 공군력 증가를 토대로 투사력을 강화시켜 나가지만, 중국의 강압적 영향력을 우려하는 일본, 한국, 아세안 국가들, 호주 등이 중국의 영향력 견제를 위해 미국과 연대하는 경우가 이에 해당한다.

이 시나리오 하에서는 자유주의적 국제 질서가 지배적인 가운데 중국은 인구는 많지만 영향력은 중국의 국경 내부에 국한되어 있다. 미국이 세워놓은 국제 질서, 국제기관, 제도 등으로부터 중국은 아직도 이익을 얻을 수 있을 거라 기대하기 때문에 대안적 국제 질서와 규범을 내놓을 수 없는 중국은 미국의 국제적 영향력을 소화하면서 중국의 국익을 최대한 확보하려고 한다는 것이다. 중국이 발전을 지속시킬 수 있는 이유는 국제 제도와 가치를 존중하는 가운데 국제적 행위자로서 신뢰를 받기 때문이다. 중국은 새로운 가치와 규범 국제 제도를 만드는 데 제약이 있으므로 기존의 국제 질서와 제도를 최대한 활용할 것이란 입장이다(Qin Ya Qing 2008). 또한 현실주의적 낙관론자들은 중국의 군사력이 제한적이기 때문에 미국과 긴장이나 충돌을 피하리라고 보고 있다. 이런 입장은 자유주의적 낙관론자들에 의해서 공유되고 있다. 미국과 중국의 경제적 상호 의존성의 증가, 국제사회에서 국제기구와 지역 협력체의 증가, 중국의 국제 협력적 지향성 등을 미래의 미중 관계가 평화스러울 것이라고 전망하고 있다.

셋째, 미국과 중국 간에 전쟁이 발생하지 않고 미중 양국이 동북아와 동남아에서 패권을 양분하는 경우다.

로스는 동북아를 중국편과 미국편으로 재편될 것이라고 보고 있다(Ross 2003, 351-76).[3] 아이켄베리는 미중 양국 관계의 미래 시나리오 중에서 미중 양국의 패권 공유 내지 패권 양분의 가능성을 제시하고 있으나 그것의 현실화 가능성은 낮다고 보고 있다. 아이켄베리에 의하면 미중 양국이 당면한 공통의 문제가 심각해서 대결보다는 공존을 추구할 것이라고 한다. 에너지 문제, 배기 탄소의 문제, 미중 양국의 상호 의존성, 무역, 경제협력 등의 관계를 볼 때, 미중 양국은 대결보다는 평화적 공존을 지향할 것이란 것이다. 중국의 소비자들은 저축을 해서 상품을 생산하는 자본으로 삼으며, 미국의 소비자들은 중국의 상품을 소비함으로써 중국의 소비자들에게 저축할 돈을 제공하는 역할을 할 정도로 미국과 중국은 서로 얽혀 있어서 군사적 충돌을 원하지 않는다는 것이다. 그러나 미중 양국이 평화적으로 공존하기는 쉽지가 않을 것이다. 왜냐하면 양국이 추구하는 가치는 워낙 큰 차이가 있기 때문이다. 중국은 미국이 내세우는 가치인 민주주의와 인권, 군사 정책의 투명성 등을 선호하지 않을 것이다. 미국은 중국과의 직접 충돌을 우려

3_로스는 미국은 해양대국, 중국은 지상대국으로서 동아시아를 양분하고 있다고 본다.

한 나머지 미국이 주도해 민주주의와 인권 정책적 투명성을 중국에게 요구하기보다는 아시아에서 미국의 동맹국들을 활용해 민주주의와 인권, 투명성 등을 요구하게 될 것이다.

이러한 패권의 양분은 중국이 경제력에 이어 군사력이 강해질 경우에 미국과의 현실적 타협의 결과로 나올 수 있다. 특히 미국이 아프가니스탄과 이라크 등 중동 지역에 군사력을 계속 개입시켜야 되는 경우 동북아와 동남아에 개입시킬 군사력이 부족할 것이다. 이 경우 동북아와 동남아의 중소규모의 국가들은 증가하는 중국의 영향력, 감퇴하는 미국의 영향력 속에서 중국의 강압에 시달리게 될 가능성이 커지며, 몇몇 국가들은 미국 선호에서 중국 선호로 선호도를 바꿀 수 있다. 이 경우 세계적 차원에서 미국의 정치적 군사적 영향력을 계속되겠지만 동북아와 동남아에서 중국의 지역 패권이 성립될 수 있다. 민주주의와 사회주의 체제가 양립함으로써 동남아 몇 개 국가에서 발흥하고 있는 중국식 사회주의가 더욱 힘을 받을 가능성이 커진다. 이 경우 한반도에서 통일은 더욱 힘들어지고 중국에 대응하기 위해 한·미·일 3국 협력이 더욱 커질 가능성도 존재한다.

넷째, 미국과 중국의 국력이 비슷해지고 EU, 인도, 러시아, 브라질, 일본 등의 다수의 경제파워센터가 출현하며, 민주주의 시장경제 그룹과 사회주의 정치 독재 하의 시장경제가 느슨한 세력균형을 유지하면서 세계는 다극 체제의 출현으로 동북아에서 약간은 불안하지만 평화와 안정이 지속되는 경우다.

중국은 급속도로 국제화·세계화 되고 있다. 중국의 군부가 가장 폐쇄적이고 불투명하지만 중국이 책임 있는 대국으로 변모하면서 중국의 군부도 점차 개방성과 투명성을 추구하며 미국과 아시아 태평양지역에서 평화공존의 학습을 해가는 경우가 이에 해당한다. 중국의 경제력이 미국을 추월하기는 하지만 노동력 인구의 점진적 감소, 해안과 내륙의 개발 격차의 존재, 민주화 요구의 지속적 통제 등으로 중국의 아시아와 세계에서 지도력을 행사하기에는 한계가 존재하고 있음을 부인할 수 없다. 그러나 사회주의 시장경제의 발전에 바탕을 두고 미국 주도의 민주주의 가치에 도전 세력으로서 중국, 러시아, 북한, 이란, 베네수엘라 같은 독재 정권들의 연합을 무시할 수 없다.

이런 상황에서 민주주의와 시장경제를 내세우는 인도가 중국을 급속하게 추월하게 될 경우 결국 민주주의와 사회주의의 힘의 대결을 적절하게 분할시켜 느슨한 세력균형을 이루게 될 것이다. 경제적인 면에서 복수의 경제파워센터의 출현으로 세계 각국은 복수의 경제파워센터와 연계를 맺으면서 경제성장과 번영을 위해 평화공존하는 방법을 체득하게 된다.

아이켄베리는 아시아의 안보 시스템이 다자 지향적으로 변화할 가장 큰 요인으로서 핵보유국들이 다수 존재한다는 것을 들고 있다. 미국, 러시아, 중국에 이어 인도와 파키스탄이 핵보유국이 되었다는 사실은 미래 어느 한 국가가 아시아의 안보 질서에서 전쟁을 통한 패권적 지배가 불가능하며, 안보적인 측면에서는 미국 주도의 불만을 갖고 있는 국가들이 존재하지만 평화와 안정이 국익에 도움이 되기 때문에 충돌보다는 공존을 택하리란 것이다.

중국은 하드 파워에서 미국과 대립의 각을 세우기보다 미국 주도의 아시아 안보 구조 속에서 안전이란 이득을 얻으면서 소프트 파워로 중국의 매력과 영향력을 증대시켜 나갈 것이다. 유교 문화의 현대적 해석을 시행해 과거 '당나라의 영광'을 되찾으면서 아시아인의 마음을 사고자 노력할 것이다. 이것은 후진타오 제2기부터 시작한 세계 도처에 공자학교의 설립, '인의예지신'이라는 중국의 전통적 가치와 철학을 전파함으로써 중국의 문화적 가치가 미국의 민주주의 가치보다 더 매력적으로 보이게 함으로써 중화 문화가 적어도 아시아에서는 풍미하게 만들 것이다. 중국은 손해가 이익보다 큰 직접적인 군사적 침략을 시도하기 보다는 경제·문화적 접근인 간접 전략을 구사할 것이다. 중국인이 보는 역사는 매우 장구한 점을 감안해 장기적 접근법으로 주변의 국가들을 서서히 친(親)중국 세력으로 만들고자 할 것이다. 미국과 중국의 문화적 접근이 병행되어 가는 가운데 민주주의 면에서 중국과 다르고, 문화적 가치 면에서 미국과 다른 인도의 출현은 제3의 영향권을 결성할 수 있다. 이런 가운데 EU의 발전과 세계 질서에의 참여는 다수의 파워센터와 사회·문화적 가치가 공존하는 다극 질서로의 전환이 이어질 것이다. 이 경우 미국과 중국 간의 군사적 대결은 가능할까? 대답은 '그렇지 않을 것'이다. 왜냐하면 미국, 중국, 인도, EU, 일본 같은 각종 파워센터가 상대방을 각기 견제하고 있기 때문에 어느 일방이 다른 일방을 군사적으로 지배하려는 노력이 실패하게 될 것이기 때문이다. 느슨한 세력균형에 의한 네 개, 내지 다섯 개의 파워센터의 존재는 상호 간에 집단 안보와 같은 견제와 균형의 기능을 하게 될 것이므로 평화는 유지되게 될 것이다.

위에서 제시한 네 가지 시나리오 중에서 가장 우려할 시나리오는 첫 번째의 경우로서 부상하는 중국이 2030년경 미국을 경제적·군사적으로 추월해 그 이후로 미국의 국제정치의 주도권을 탈환해 가는 경우이다. 이 경우 미국과 중국 간에 전쟁이 발생할 수도 있고 그렇지 않을 수도 있다. 전쟁이 일어난다고 보는 경우는 국제정치에서 부상하는 도전 국가가 현상 유지 패권국이 만들어 놓은 국제 규범 체제가 도전 국가의 국익을 침해하며 이것을 무력으로 깨드리고자 하는 경우가 이에 속한다. 그러나 미중 간의 정치적·사회적 간격이 매우 커져서 중국은 인접국들을 자국의 영향력 하에 놓으려고 할 것이며, 미국은 미국대로 기존의 동맹국들을 필두로 몇몇 국가들을 자기의 영향권에 계속 붙들어 두려고 할 것이다. 이때 미중 양국의 군사력이 서로 비슷해 그 어느 쪽도 결정적으로 이길 수 없다고 판단할 때에는 전쟁이 반드시 일어나지 않을 수도 있다. 이 경우에는 위에서 제시한 세 번째 시나리오, 즉 미국과 중국이 동북아와 동남아에서 패권을 양분하는 경우가 발생할 가능성이 매우 높다.

이 경우에 중국 가까이에 놓여 있는 한국, 일본, 동남아 국가들은 중국의 영향권에 놓이게 될 것이다. 만약 한반도가 통일되었다면 중국에 대한 지렛대를 일정 정도 갖고 중국의 영향권에서 약간은 벗어날 수 있겠지만, 여전히 분단이 되어 있을 경우에는 한국은 중국과 북한의 강압에 시달려야 할 것이다. 일본은 더욱 미국에 가깝게 될 것이다. 동남아는 예전보다 더 중국의 눈치를 볼 것이며 미국과 중국 사이에서 등거리 내지 친중 성향을 노정할 것으로 예상된다. 이 경우 중국이 지역적인 군사적 영향력을 활용해 남지나해와 동지나해에서 영토 분쟁을 감행하게 될 것이다.

불확실한 미중 관계, 동북아에서 변화하는 힘의 분포가 20년 후에 어떤 안보 질서를 형성하게 될 지에 대해서는 확실하게 말할 수는 없다. 하지만 핵무기의 존재로 인해 대국들 간의 전쟁이 어려워졌고, 대국과 지역 내 중소 국가 들 간에 작은 규모의 충돌이 있을지 모르지만, 그것 또한 중층적인 동맹 체제와 억제력의 상호작용, 경제적 상호 의존도의 증가 등으로 충돌 발생 가능성은 매우 적다고 볼 수 있다. 따라서 미국과 중국 간에 전쟁이 발생할 가능성이 적지만 동북아와 동남아 지역에서는 미중 양국 간에 패권의 양분과 느슨한 힘의 균형이 발생할 가능성이 크다. 따라서 동북아 각국은 미래에 일어날 이러한 힘의 균형과 패권 양분 가능성에 대비해 미래의 지역 안보 질서가 전쟁과 불안으로 치닫지 않도록 지금부터 동맹 중심의 안보 접근 방식의 장단점을 잘 분석하고 그 장점은 잘 살려나가면서도 지역 내 다자 협력을 레짐화하는 방향으로 나가야 할 것으로 보인다.

III. 동맹 중심의 전통적 안보 문제 해결 방식의 갈등 양상

탈냉전 이후 동북아의 국가들은 안보를 확보하기 위해 동맹 중심의 전통적 접근 방식을 추구하는 한편, 동맹 중심의 접근 방식에서 파생되는 문제점을 개선하려는 노력을 병행시켜 왔다. 탈냉전 직후부터 2000년까지는 동맹 중심의 접근을 탈피하려는 노력이 더 강했던 반면, 2000년대에 들어서면서 동맹 중심의 접근이 더 강해지는 현상을 보이고 있다. 중국의 국력이 신장되고 북한이 핵보유국으로 등장함에 따라 동맹 중심의 접근은 당분간 강화될 전망을 보이고 있다.

제2차 세계대전 이후 미국은 국가 안보 전략 차원에서 동맹의 유지와 발전을 도모해 왔다. 냉전기 미국의 동맹 정책은 서유럽에서 북대서양조약기구(NATO)를 결성하고 강화함으로써 소련 주도의 공산주의 진영의 대외 확장을 봉쇄하고 전쟁을 억제하는 데 주력했다. 유럽에서 소련을 비롯한 공산주의 체제가 붕괴한 결과, 유럽연합은 러시아를 제외한 모든 유럽을 포함하게 되었으며 미국은 이 기회를 활용하여 북대서양조약기구를 구(舊)동구권으로 확장시켰다. NATO는 구소련 공화국들도 포함하게 되었으며, 우크라이나의 NATO 가입 문제를 둘러싸고 러시아와 대치하고 있는 형국이 되었다. 명목상으로는 이란의 핵무기와 미사일 위협에 대처하기 위해서라고 하나, 실질적으로는 러시아의 핵무기와 미사일 위협에 대처할 수 있는 미사일방어시스템을 배치하려는 미국과 이에 반대하는 러시아의 대결 상태가 악화되어 결국 오바마 미행정부는 이 계획을 유보하는 대신 러시아의 '핵무기 없는 세계'로의 동참을 요구하고 있다.

유럽에서 NATO의 확대, 즉 미국의 동맹국 확대에 성공한 미국은 세계의 전략적 중심이 유럽에서 아시아로 이동하자 아시아에서 미국의 전통적 동맹국인 한국과 일본, 호주와의 동맹 관계를 더욱 강화하고 있다. 중국이 경제적 힘을 바탕으로 아시아에서 영향력을 키워나가는 것을 방지하기 위해서 일본에서 한국을 거쳐 대만, 동남아, 인도, 중앙아시아, 중동까지 이르는 해안 지대와 안보 협력을 강화함으로써, 한편으로는 아프가니스탄에서 반테러 전쟁을 성공적으로 수행하는 데 도움을 주고, 다른 한편으로는 중국과 러시아를 간접 포위하려는 불안정의 호(arc of instability) 지역에 미군을 전진 재배치하는 전략을 구사하기도 했다(김성한 2006). 이어서 2010년에 미국의 국방부는 중국의 지역적·세계적 역할과 책임이 증가하고 있음을 환영하지만 이를 뒷받침하기 위해 증강되고 있는 중국군의 역할과 임무, 능력은 견제할 필요성을 시사했다(U.S. Department of Defense 2010). 펜타곤은 중국군의 군사력 증강 분야, 중거리 미사일과 순항미사일, 첨단 잠수함, 전자전, 대공 무기, 컴퓨터네트워크, 전투기, 대우주 무기 등을 예시하면서 중국의 군사 위협이 증가하고 있기 때문에 미국은 이에 대처하기 위해 전쟁수행 능력을 증강시킬 필요성을 강조하고 있다. 특히 미국은 해양 안보와 관련해 남중국해, 인도양에서 중국의 세력 확장을 방지하기 위해서 미 해군의 작전 반경을 확대시키고 중국과 국경을 인접하고 있는 인도, 파키스탄, 중앙아시아, 동남아시아 국가들과 관계를 개선해 중국을 압박할 것으로 예상되고 있다. 동아시아에서 미국이 전통적인 동맹 관계를 강화 및 발전시키고 중국에 대한 압박을 가함에 따라 앞으로 당분간 동북아의 군사적 긴장 상태가 지속될 것이 분명하다.

미국의 동맹 중심의 안보 전략에 대응해 중국은 미국의 '중국위협론'을 잠재우는 한편, 중국과 국경을 맞대고 있는 국가들과 관계 개선 및 신뢰 구축을 위해 노력했다. 주변 지역의 평화와 안정을 바탕으로 화평 발전 전략을 구사함으로써 경제대국의 목표를 성취하게 되었다. 상하이협력기구를 만들어 중국의 북부와 서부에 대한 국경 분쟁의 소지를 제거하고자 노력했다. 상하이협력기구를 통해 중국은 국경 분쟁 방지와 다국 간 신뢰 구축을 성공시키고, 2001년부터는 테러주의자, 분리주의자, 극단주의자를 방지하기 위해 러시아, 중앙아시아 4개국과의 안보 협력을 추진하는 한편, 중국의 경제성장의 경험을 자원이 부족하고 저발전 국가인 키르키즈스탄, 타지키스탄 우즈베키스탄과, 자원은 풍부하지만 저발전 국가인 카자흐스탄 등에게 전파하고 경제성장을 도와주고 에너지 협력을 도모하는 경제협력기구로 발전시켰다. 결국 상하이협력기구는 포괄적 안보협력기구로 격상되었다. 그리고 이 지역에서 포괄적 안보 협력을 달성함으로써 이 지역에서 외교적·군사적 영향력을 넓히려는 미국을 견제하는 데에도 어느 정도 성공하고 있다. 중국은 경제력을 바탕으로 동남아에 대해서 영향력을 확대시켜 나가고 있다. 가난과 소득 불균형, 정치 불안, 독재를 겪고 있는 네팔, 미얀마, 베트남, 캄보디아, 라오스 등에 사회주의 이데올로기가 만연하고 있는 실정을 잘 알고 있는 중국은 이들 국가들에게 경제적·외교적 지원을 하고 있다. 중국은 이들 국가에 대해 중국의 영향력을 확대시키기 위해 많은 경제원조와 협력을 제공하고 있다. 동시에 중국은 파키스탄과 북한에 대해서 전통적인 동맹 관계를 더욱 강화시켜 나가고 있다. 표면상 중국은 모든 국가와 호혜 협력을 시도하고 있지만 속으로는 미국의 대중국 포위 전략망을 뚫고 인도양과 태평양으로 진출하기 위해 외교적·경제적 노력을 배가하고 있는 것이다. 미국이 21세기 초반에 아프간과 이라크에서 장기전을 치르고 있는 동안 세계에서 확산된 반미주의의 배후에서 중국은 아프리카와 남미에서 베이징 컨센서스와 '자비로운 대국'이라는 이미지 구축에 어느 정도 성공하고 있으며 이들 지역에서 자원을 선점하고 있다.

동북아에서 고조되고 있는 미중 간의 경쟁과 갈등을 부추기는 변수는 북한이다. 탈냉전 상황에서 체제 안보 불안을 느낀 북한은 자체적으로 안보 문제를 해결하기 위해 핵무기와 미사일 개발을 바탕으로 억지에 의한 평화를 달성했다고 자신하고 있다. 국내적으로는 국내의 정치와 사회 안정을 도모하기 위해 민생 경제를 희생하고 군사에 중점을 두는 선군정치를 추진했다. 군사적 측면에서 안보를 달성했지만, 경제적으로는 중국을 비롯한 국제사회의 지원에 의존하게 되어 대외 의존도가 점점 심화되었다. 북한의 선군정치의 결과, 남북한 관계와 북미 관계, 북일 관계는 악화될 수밖에 없었다.

1990년대 중반 북미 간 직접적인 핵 협상을 통해 북한은 제네바합의를 도출하고 핵 동결을 시도함으로써 한반도에서 잠시 동안 군사적 긴장이 낮아지는 시기가 있었으나, 곧 핵 개발을 재개함으로써 2000년대에 와서 한반도에서 군사적 긴장이 고조되는 시기를 경험했다. 북한이 핵무기 개발을 포기하지 않음으로써 국지적 긴장은 계속되고 있다. 한반도에서 남북한 간 군사적 긴장이 지속되고 때로는 고조됨으로써 북한의 위협에 대응하는 목적에서 시작된 한미동맹은 더욱 강화되기에 이르렀다. 그리고 북한의 핵과 미사일 위협에 대응해 미일동맹 또한 더욱 강화되었다. 북한의 선군정치가 계속되는 한 한미동맹과 미일동맹, 한·미·일의 정책 공조는 강화될 수밖에 없을 것이다.

한편 북한의 핵 개발이 지속되고 북한 체제의 취약성이 높아질수록 북중 간의 동맹 관계도 더욱 강화되는 조짐을 보이고 있다. 탈냉전 직후 중국은 발전하는 경제대국으로서의 국제사회에서 책임 있는 역할을 감당하기 위해 북중 관계를 특수 관계에서 국가 대 국가 간 정상 관계로 변화시키고, 중국은 북한으로 하여금 국제 규범으로부터의 일탈 행위를 자제시키는 동맹국으로서의 역할을 해오기도 했으며, 북한이 세계적 규범인 비확산을 수용하도록 압력을 행사하기도 했다. 그러나 중국은 한미동맹이 강화되고 북한이 고립되는 현상을 보고 고도의 전략적 계산을 한 결과, 북한을 안고 가는 것이 버리고 가는 것보다 중국의 국익에 도움이 된다고 간주하고 2009년 하반기부터 북한 정권에 대해 다시 강한 지지를 보이고 있다.

한국은 2000년 6월 첫 남북정상회담에서 6·15공동선언에 합의한 이후 김대중 정부가 이끄는 대북한 햇볕정책을 구사했으며 북한의 위협 인식을 감안해 한미동맹은 현상 유지 차원에 머무르게 했다. 2003년 노무현 정부는 동북아와 한반도의 평화 번영을 중시하고 대북 정책을 대미 정책보다 우위에 놓음으로써 한미동맹을 조정하려는 움직임을 보였다(이수훈 2009). 아울러 한국의 대외 안보 전략은 동북아에서 중국과 일본 중 어느 한 편을 들어 다른 편을 견제할 수 있다는 '동북아 균형자론'을 발표하기도 했다. 한반도 평화번영정책은 북한의 핵 개발을 막지 못했으며, 한중 관계를 약간 개선시켰는지는 몰라도 한미 관계는 더 악화되는 결과를 가져 왔다.

이에 대한 반성의 산물로써 이명박 정부가 들어서게 되었으며 이명박 정부는 미국과의 동맹 정책을 대북 정책보다 우위에 놓고 동맹 관계를 강화시키기 위한 여러 가지 정책을 추진해 왔다. 미국 또한 노무현 정부의 동맹 정책에 대해 불만을 느껴오던 중 이명박 정부의 동맹 정책에 대해 환영의 뜻을 표명하고 2009년 6월에 한미 양국의 대통령이 워싱턴에서 한미동맹의 미래 비전을 발표하게 되었는데, 한미 양국은 한반도와 아태 지역, 그리고 세계의 평화롭고 안전하며 번영된 미래를 보장하기 위해 한미동맹을 보다 더 강화 및 발전시키기로 합의했던 것이다(외교통상부 2009). 한미동맹은 북한의 위협 대응 중심에서 한미 양국이 공유한 가치인 민주주의와 인권, 시장경제, 지역 및 세계 평화를 위해 노력한다는 가치 중심의 동맹으로 변환되었다. 이런 한미동맹 강화의 움직임에 대해서 중국과 북한은 냉전식 사고 혹은 대결을 부추기는 구시대적 사고라고 맹렬하게 비난한 바 있다.

동북아에서 강화되고 있는 동맹들 간의 대결 구조는 동북아의 평화 구조의 창출에 도움이 되는 것은 아니다. 더욱이 북한은 동북아 평화 협력 구조에서는 이익을 볼 수 없다고 생각하기 때문에 이 평화 협력 구조를 흔들어야만 북한 정권에게 이익이 될 수 있다고 보는 경향이 강하다. 2010년 3월 서해에서 발생한 북한의 남한 해군 함정 천안함에 대한 어뢰 공격은 한반도의 평화와 안정, 동북아의 평화와 안정을 뒤흔든 큰 사건임에 틀림없다. 그 결과 한반도와 동북아에서 동맹들 간의 대결 구조를 한층 더 심화되었다. 남북 간 대결 구도가 미중 간 대결 구도와 착종되어 동북아의 안보 질서는 더욱 복잡하고 불확실해질 가능성이 높아지고 있다. 그러면 앞으로 한미동맹, 미일동맹 대 북중동맹의 대결 구조는 어떤 방향으로 전개될 것인가. 이 동맹들 간 상호작용의 전개 과정이 한반도의 평화와 동북아의 평화의 구조를 결정짓는 중요한 변수가 될 것인데 동맹들 간의 대결 구조를 완화시키는 요인과 악화시키는 요인들이 존재한다.

첫째, 동맹 간 대결 구조를 강화시키는 요인을 보면 다음과 같다. 한국, 미국, 일본, 중국, 북한, 러시아의 국내에서 양자 동맹 및 양자 우호 관계를 강화시킴으로써 상대 동맹의 결속도보다 우리 동맹의 결속도가 더 강해야 한다는 요구와 지지가 계속되고 있음을 발견할 수 있다. 중국의 경제대국화, 지역 군사 패권화를 우려하는 미국과 일본은 한미동맹, 미일동맹, 미국,

일본, 호주 간 전략적 연대를 지속적으로 강화시키고 있는 한편, 중국은 이에 대항해 상하이협력기구를 결속시키고 동남아에서 사회주의 이데올로기가 우세한 국가와 정권에 대해 지속적으로 경제원조와 체제 보호를 위한 지원을 지속하고 있다. 따라서 동맹 간 대결 구조는 더 강화될 것이다. 또한 북한이 핵을 포기하지 않고 긴장을 고조시키게 되면 북미 관계와 북일 관계의 정상화가 이루어지지 않을 것이고, 북한이 핵과 미사일을 지속적으로 개발하고 남한에 대해서 도발을 지속하는 경우에는 한반도와 동북아 지역 정세가 긴장되고 한국의 동맹들은 강화되는 현상을 보일 것이다. 천안함 사건 이후에서 볼 수 있듯이 중국이 북한의 도발을 무조건 감싸고도는 상황이 발생할 경우 미중 간의 관계도 악화될 뿐 아니라 동북아의 긴장도 고조될 것이다. 또한 미국을 중심으로 한 양자 동맹, 즉 한미동맹, 미일동맹의 구조가 위계적이라는 점 또한 동맹 간의 대결 구조를 강화시키는 요인이다. 국제정치학자들은 한미동맹과 미일동맹을 미국이 허브이며 한국과 일본은 각각 스포크가 되는 관계라고 부른다(Calder and Fukuyama 2008, 234-53). 동맹 관계에서 한국과 일본의 자율성이 제약되므로 미국이 원하는 방향으로 동맹이 발전될 수밖에 없으며, 만약 미국이 이런 양자 동맹을 대중국 억제 및 방어용으로 사용하게 된다면 동북아의 동맹 대결 구조가 강화될 것이라고 예견하는 것이다.

둘째, 좀 더 자세히 관찰해 보면 동북아에서 동맹 간 대결 구조를 약화시키는 요인들도 동시에 존재하고 있다. 우선 한미동맹과 미일동맹은 이제 위협보다는 가치를 중시하는 열린 동맹으로 변환되고 있다. 한국, 미국, 일본이 민주주의와 인권, 시장경제, 지역과 세계 평화에의 기여라는 가치를 공동으로 추구함에 따라 동맹의 깊이와 넓이가 확장되고 있는 것이다. 어느 한 국가에 대항하는 동맹이 아니라, 민주주의와 인권, 시장경제, 지역과 세계 평화 중 몇 개의 가치를 함께 추구해 나가는 국가는 한미동맹과 미일동맹의 정신에 부합할 수 있다는 열린 동맹이 되고 있다는 것은 고무적인 현상이다. 중국의 경제력이 성장함에 따라 중국과 중국의 무역 상대국은 서로 윈-윈 하는 관계를 지향하며, 경제적 상호 의존성이 높아짐에 따라 지역 내 평화와 안정을 지속적으로 보호해야 할 필요성 역시 높아지고 있는 것이다. 이것은 동맹 대 동맹의 대결 상황을 완화시킬 수 있는 요인으로 작용할 수 있다. 만약 6자회담과 북미회담을 통해서 북한의 핵을 포기시킬 수 있는 상황이 오게 되면, 아울러 북한 정권이 개혁·개방을 추진함으로써 시장경제를 도입할 수 있게 되면, 동맹 간의 대결 상태는 완화될 것이 분명하다. 동북아에서 도입되기 시작한 미중 전략경제대화, 한·중·일 3국 정상회담, 한중, 미중, 중일 등 양자 간의 전략적 동반자 관계가 발전된다면 안보 전략적 문제를 상호 협의하고 발전 방향을 모색하게 되어 동맹 간의 대결 상태는 완화될 것이다. 초국가적 위협에 대응하여 한·미·일·중·러 5개국이 다자 협력을 실행하게 된다면 양자 동맹들 간에 초래된 갈등 양상을 완화시킬 수 있을 것이다. 이와 관련해 미국이 동아시아에서 다자주의를 지향해야 이 지역에 평화가 올 수 있다는 제언을 하는 학자들도 점점 증가하고 있다. 오바마 행정부는 부시 행정부와 달리 미국의 일방주의를 포기하고 국제적 협력주의를 채택하면서 미국의 동아시아에서의 긍정적이고 건설적인 역할을 강조하고 있다.

특히 관심을 끄는 것은 미중 관계가 갈등 관계를 극복하고 협력 관계로 다시 복귀할 수 있을 것인가 하는 문제이다. 현재 후진타오 시대의 미중 관계는 장쩌민 시대의 미중 관계와 판이하게 다르다. 동북아의 갈등 구조를 협력 구조로 바꾸기 위해서는 미중 양국의 지도층과 지식인들의 역할이 매우 중요하다. 미국, 중국, 한국, 일본, 러시아, 북한이 동맹을 어떤 방향으로 발전시켜 나갈 것인가 하는 문제는 향후 동북아의 평화 구조를 결정짓는 가장 중요한 요소가 될 것이다. 앞으로 동맹들이 상호 대치하고 대결하는 구도로 가기보다는 상호 협력하는 구도로 발전해 나가야 할 것이다.

IV. 초국가적 안보 위협 해결을 위한 동북아 다자안보협력 추진

탈냉전 이후 안보 분야에서는 새로운 자각이 일어났다. 국경과 주권을 지키기 위해 군사적 수단을 사용해 평화를 보장하고자 하는 전통적 안보 접근 방식에 가히 혁명적인 변화가 발생한 것이다. 강대국 간의 전쟁 가능성이 사라지고 세계 모든 국가가 경제적 번영을 달성하기 위한 소위 경제전에 몰입하게 되면서 일어난 세계화 현상이 바로 그것이다. 그 결과 전통적 안보 접근 방식으로는 해결할 수 없는 비전통적인 위협들이 인식되기 시작했다.

초국가적 안보 위협이라고 불리는 비전통적 안보 위협은 다음과 같은 네 가지 특징을 가지고 있다. 첫째, 비전통적 안보는 초국가적(transnational) 성격을 지닌다. 테러리즘과 대량살상무기의 확산, 해적, 마약, 인신매매, 조직범죄, 재해 재난, 환경오염, 지구온난화 등 비전통적 안보 문제들은 국경을 넘어 쉽게 이동하거나 다른 국가에 영향을 미치고 있으며, 그것의 경제·사회적 피해는 국지적 전쟁의 피해보다 훨씬 크다. 9·11테러는 국가가 주체가 아닌 테러 세력들의 네트워크에 의해 자행되었으며, 중국에서 발생한 황사는 한국과 일본에게 영향을 미치고 있다. 소말리아와 아덴만 주변에서 활동 중인 해적은 수많은 국가의 상선에게 피해를 주고 있다. 또한 2009년

5월 발생한 신종 인플루엔자는 멕시코에서 시작되어 유럽과 아시아를 포함한 전 세계에 퍼져 2009년에만 9,000여명의 사망자를 내는 등 비전통적 위협들은 국가와 대륙을 넘나들며 인류에게 피해를 주고 있다.[4]

둘째, 비전통적 안보 영역에는 국가뿐만 아니라 더욱 다양한 행위자가 참여하고 있다. 전통적 안보의 시대에는 대부분 주권국가가 안보 문제를 다루었으며 국가와 국가 간의 동맹이 행위자였다고 해도 과언이 아니다. 하지만 비전통적 안보 문제는 그 위협 주체조차 명확히 파악하기 힘들며 행위자들은 대체로 국가나 정부와 관련되지 않은 '비국가' 또는 '비정부 행위자'인 경우가 많다.

셋째, 비전통적 안보는 전통적 안보를 대체하는 것이라기보다 보완적 성격을 띤다. 비전통적 안보에 대한 국제적 관심이 고조되고 있지만 그 개념은 군사·정치적 문제에 우선권을 부여하는 '상위 정치'(high politics)에 비해 '하위 정치'(low politics)로 간주되고 있다. 다시 말해 비전통적 안보는 전통적 안보를 보완하는 성격을 가진다. 따라서 한 국가가 비전통 안보를 다룰 때에는 전통적 안보를 포함한 '포괄적 안보'(comprehensive security) 접근법이 필요하다.

넷째, 비전통적 안보 문제는 전통적인 외교와 군사로만 대응하기 어렵다. 전통적인 안보 위협은 적대 국가의 군사력이었기 때문에 이에 대응하기 위해서는 자국의 군사력을 증대시키거나 우방국과 군사동맹을 맺거나 집단 안보 방식을 채택해 안보를 달성하면 되었다. 하지만 이러한 전통적인 군사력만으로는 테러리즘과 대량살상무기의 확산, 해적, 마약, 인신매매,

---

4_위키피디아 http://en.wikipedia.org/wiki/Template:2009_flu_pandemic_menu. (검색일: 2009/11/23) 참고.

조직범죄, 재해 재난, 환경오염, 지구온난화 등의 문제를 해결할 수 없다. 더욱이 개별 국가의 노력으로는 이 문제를 해결할 수가 없다. 즉, 비전통적 초국가적 안보 문제들을 해결하기 위해 국제 공조 체제나 다자적 협력 체제, 시민사회와 조직들 까지도 동원하는 중층적 협력 체제를 구축하는 정책과 전략이 필요하게 된 것이다(이신화 2008, 411-34).

헬렌 밀너(Helen Milner)는 "공동의 목표가 있고 상호간 이익이 존재한다면 협력이 발생할 수 있다"고 주장했다. 그녀는 각국의 목표와 이익 분배의 양이 100% 같지 않을지라도 자신이 얻을 이익을 기대하며 각국이 정책을 조정함으로써 협력이 발생한다고 했다. 즉 그녀는 공동의 목표에 대한 인식과 협력의 결과로 얻어지는 이익에 대한 기대가 협력을 발생시킨다고 본 것이다(Milner 1992, 466-96).

탈냉전 이후 새로 등장한 비전통적 위협은 모든 국가들이 단합해 이를 해결해야 한다는 공동의 가치와 목표를 설정하게 했고, 나아가 자국의 경제발전과 번영을 위해서는 안보 환경이 안전해야 한다는 상호간 이익도 인식하게 했다. 그러므로 공동의 위협과 상호 이익의 인식이라는 측면에서 각국이 비전통적 안보 분야에서 다자간의 협력을 도모하고 있다고 볼 수 있다(한용섭 외 2005, 313-44). 전통적 안보 개념에서는 공동의 적, 개별 국가의 침략 위협에 대응하기 위해 각국은 집단 안보나 동맹을 체결해야 했지만, 탈냉전 이후 국가들은 정치·경제·군사 등 모든 분야에서 협력을 추구하기 위해서 포괄적 안보의 기초위에 서서 다자안보협력을 추구해야 한다고 믿고 있다.

이러한 이유에서 동북아의 국가들은 비전통적 위협에 대응하기 위해 협력을 갈망하고 있으며, 미국, 중국, 한국, 일본, 러시아, 북한 등은 정도의 차이는 있지만 초국가적 협력을 하기 위해 노력하고 있다.

동북아 다자안보협력 체제로의 발전에는 촉진 요인과 저해 요인이 있다. 먼저 동북아에서 다자안보협력 체제를 촉진시키는 네 가지 요인을 살펴보고, 다음으로 다자안보협력 체제를 저해하는 세 가지 요인을 살펴보기로 한다. 동북아 다자안보협력 체제의 필요성을 인정하는 국가들은 한국, 일본, 중국, 미국, 러시아 등이며, 북한은 현재 미국, 일본과의 양자 관계 정상화에 중점을 두고 있다. 북한의 비핵화 문제가 해결되는 시점에 동북아 다자안보협력 체제가 출범될 수 있을 것인데, 이 경우 북한, 몽골, 캐나다 등을 포함시켜 참가국의 범위를 확대시킬 수 있을 것이다.

동북아 다자안보협력 체제의 발전을 촉진하는 요인들은 다음과 같다. 첫째, 동북아 국가들이 다자안보협력 체제의 필요성에 대체로 공감하고 있다는 것이 동북아 다자안보협력 체제를 촉진할 수 있는 요인이 되고 있다. 20세기와 비교해 21세기에 동북아 지역 내의 국가들이 공동으로 해결해야 할 초국가적 안보 위협이 증대하고 있다. 동북아 지역 내의 정치 및 외교 지도자들이 20세기의 군사동맹 접근 방식으로 해결할 수 없는 초국가적 안보 위협이 증대하고 있다고 인식하고 있다. 오바마 미행정부의 동아시아 협력 정책 추진, 중국의 신안보론 추진, 한국의 노무현 정부의 동북아평화구상에 이은 이명박 정부의 신아시아구상과 글로벌코리아론, 일본의 동아시아협력론 등은 초국가적 안보 위협에 공동 대처하자고 하는 인식의 발로이다. 테러리즘과 대량살상무기의 확산, 해적, 마약, 인신매매, 조직범죄, 재해 재난, 환경오염, 지구온난화 등 초국가적 안보 문제에 대해서 동북아 국가들은 정부뿐만 아니라 모든 시민단체와 사회 조직체가 공동으로 참가하고 협력해 해결해 나갈 필요성에 대해 공감하고 있다.

미국에 대한 9·11테러 공격 이후 테러리즘은 초국가적 안보 위협 중 가장 중요한 위협으로 인식되며 대테러 전쟁은 국가적인 차원보다는 세계적인 협력 대상이 되었다. 미국이 주도하는 대테러 전쟁에 중국과 러시아도 국익 차원에서 협력했으며, 한국과 일본은 미국의 동맹국으로서 책임과 역할을 공유하고 군사적으로 참가하게 되었다. 아울러 테러 세력들의 핵과 화생 무기의 보유가 인류에게 재앙을 불러일으킬 수 있는 재앙적 위협(catastrophic threat)으로 대두했다는 인식이 널리 퍼지게 되어 유엔에서 동북아 국가들은 모두 협력 의지를 나타내고 있다(U.S. White House 2002).

따라서 동북아 국가들은 이러한 초국가적 안보 위협 문제를 해결하기 위해 지역 내 모든 국가들이 참여해 공동의 관심사를 논의하고 공동의 해결책을 모색할 필요성을 공감하고 있다. 동북아 국가들의 정치 및 외교 지도자들뿐만 아니라 시민사회의 지도자들은 유럽과 동남아에서는 다자 협력체를 통해 많은 전통적 안보 문제와 초국가적 안보 위협을 해결하고 있는데, 왜 동북아에서만 이런 다자 협력을 제대로 하지 못하고 있는가에 대해서 강한 의문을 표시하면서 다자안보협력의 필요성을 절감하고 있다.

둘째, 동북아 지역 내 국가들은 지금까지 양자 동맹과 국가들의 개별 노력을 통해 국가 안보 이익과 경제 이익을 확보해 왔지만 앞으로는 다자간의 협력을 통해서 국가 안보 이익과 경제 이익을 더 잘 확보할 수 있을 것이라고 기대하고 있다. 현재는 한미 양국 간의 동맹 체제, 미일 양국 간의 동맹 체제, 중국과 북한 간의 북중 우호 동맹 체제가 존재하고 있으며 이들 양자 동맹들의 존재가 지역의 평화와 안정에 기여한다고 보고 있다. 그러나 이러한 양자 동맹 체제만으로는 전통적 안보 위협은 물론이고 초국가적 안보 위협 문제를 해결할 수 없다고 보고 있다.

예를 들면, 동북아 지역의 가장 큰 안보 위협인 북한 핵 문제가 북미 양자 간의 회담이나, 북중동맹 혹은 한미동맹만으로 해결될 수 없다는 자각이 일어났다. 그 결과 동북아 국가들은 북한 핵 문제를 해결하기 위해 2003년

8월부터 6자회담을 시작했던 것이다. 물론 6자회담에서 아직 만족할 만한 성과를 내지 못했으며 북한은 핵을 보유하게 되는 결과를 초래했지만 여전히 6자회담은 북핵 문제를 해결하는 방식으로서 논의되고 있는 것이다. 아울러 동북아 국가들은 양자 동맹 체제들이 해결하지 못하는 초국가적 안보위협 문제에 대한 협력의 필요성을 느끼고 있는 것이다. 특히 역내에서 경제협력은 빠른 속도로 증가하고 있으며 역내 국가들 간의 자유무역협정의 필요성도 증가하고 있다. SARS와 조류독감, 자연재해와 재난에 대해 동북아 국가들은 임시적인 협력을 한 바 있으며, 중국발 환경오염 문제에 대해 한·중·일 3국 간에 협력을 전개해 오고 있다(Yoon 2008). 또한 인도주의적 지원이나 재난 구호 면에서 양자 혹은 다자간 임시적이고 부분적인 협력을 전개해 왔으며 이러한 협력을 더욱 확대해야 할 필요성을 인식하기 시작했다고 할 수 있다.

셋째, 본고의 2장에서 설명한 바와 같이 미국이 주도해 온 국제 및 지역 질서가 중국의 경제력과 군사력의 부상으로 변화를 겪고 있는 가운데 중국을 미래 국제 및 지역 질서에서 책임 있는 이해 상관자로서의 역할을 부과하고 유도하기 위한 방법의 하나로서 동북아의 다자안보협력의 필요성은 더욱 커지고 있다. 특히 2008년 미국발 금융 위기가 세계경제를 강타한 이래, 미국과 EU, 일본의 경제력이 약화되고 중국의 경제력이 급상승하며 중국의 군사력과 국방정책이 역내 잠재적 위협요소로 대두됨에 따라, 미중 간의 협력, 한국과 일본의 중국에 대한 책임 있는 대국으로서의 역할 주문, 중국의 지역 안보 질서의 책임 있는 리더십 지향 등이 어우러져 동북아 지역 내의 다자안보협력이 활성화될 가능성이 커지고 있다. 이런 과정에서 동맹에 안주해 왔던 미국, 한국, 일본은 새로운 비전과 역할을 모색해야 하며, 중국과 북한 또한 새로운 동북아 비전과 역할을 모색해야 할 시점이 오고 있는 것이다.

넷째, 미국의 동맹 파트너인 한국과 일본 사이뿐만 아니라 중국과 지역 국가들 간에 안보 문제를 해결하기 위한 전략 대화 노력을 가속화시켜 나가야할 필요성을 인식하고 있다. 이것은 2009년 5월 북한의 제2차 핵실험 직후 유엔 안보리에서 북한을 제외한 미국, 중국, 러시아, 일본, 한국 등 5개국이 공동으로 전개한 노력에서 나타난 바 있다. 2010년 3월 북한의 천안함 사건 이후 미·중·러·일·한 5개국이 유엔 안보리에서 벌인 양분된 노력으로 무산되는 듯했으나, 한반도와 동북아의 지속적인 평화를 위해서는 이들 5개국이 전략적 협의와 공동 노력을 전개하지 않으면 어떤 안보 문제도 중장기적으로 모든 국가에게 이득이 되는 방향으로 해결할 수 없음을 보여준 사례가 되기도 했다. 그 결과 미·중·러·일·한 5개국은 한반도와 동북아의 전통적 안보 문제와 비전통적 안보 문제에 대해서 공히 사전 협의와 위기관리를 동시에 병행시켜야 할 필요성을 인식하게 되었다.

동북아에서 다자안보협력을 촉진하는 요소가 있는 반면, 동북아에서 다자안보협력을 추진하는 데 있어 장애 요인이 있는 것 또한 사실이다. 첫째, 양자 간의 대결 구조가 너무 분명해 다자간 협력을 방해하고 있다. 중국과 러시아는 미국이 대한국, 대일본 동맹 관계를 확대 및 발전시켜 자기들을 견제하려고 하고 있다고 인식하고 있다. 한편 미국은 중국과 러시아, 중앙아시아 4개국 간 상하이협력기구가 미국과 대항하는 집단방위기구라고 인식하고 있다. 한반도에 국한된 한미동맹과 주한미군, 일본에 국한된 미일동맹과 주일미군에 대해서는 현상 유지 차원과 각각의 지역에서 평화와 안정을 유지하는 데 기여하고 있으므로 중국과 러시아는 수사적으로는 간혹 반대 의견을 나타내 보인 적이 있지만 실질적으로는 반대하고 있지 않다. 그러나 미국이 주한미군과 주일미군의 전략적 유연성 문제, 즉 주한미군과 주일미군을 전용해 중국을 견제하는 데 사용할 것이라는 우려를 근본적으로 갖고 있다. 이와 관련해 중국이 제일 관심을 쏟는 문제는 대만 문제이다. 양안 간에 분쟁이 발생했을 때 미국이 주일미군이나 주한미군을 양안 사태에 활용할 가능성을 예의 주시하고 있는 것이다.

둘째, 동북아 지역 내에 존재하는 한일, 중일, 북일, 러일 간의 역사 문제와 영토 문제가 지역 내 다자안보협력체의 탄생을 어렵게 만들고 있다(Wang 2003, 380-423). 특히 21세기에 들어서서 일본, 중국, 한국 등의 국내에서 점증하고 있는 민족주의 열풍은 동북아 국가들의 역내 안보 협력을 어렵게 한다. 특히 일본 지도자들의 야스쿠니 신사참배와 독도 영유권 주장, 중국의 센카쿠 열도 영유권 주장, 일본의 북방 4개 섬 반환 주장, 일본의 역사 왜곡 문제, 중국의 동북공정 등은 동북아 국가들 간에 다자안보협력을 저해하는 고질적인 요소가 되고 있다.

셋째, 남북한 간 동북아 다자간 안보 협력을 가장 저해하는 요소로서 북한의 선군정치 노선 고수와 핵 개발 집착 문제를 들 수 있다. 북한은 탈냉전 이후 자국의 안보를 확보하기 위한 가장 핵심적인 방식의 하나로서 핵 개발을 선택했으며 국내 불안을 해소하기 위해 선군 철권 통치를 선택했다. 억지에 의한 평화를 선택했으며 군비 통제보다는 군비경쟁을 통한 평화를 선택했다. 그 결과 북한은 동북아와 세계로부터 고립되었다. 경제 문제는 더욱 악화되었으며 정권의 불안도 높아만 갔다. 김정일 정권 세습이 이루어진다고 하더라도 체제의 근본적인 취약성과 모순은 더욱 확대될 전망이다. 이런 가운데 중북 간의 우호 동맹 체제의 강화와 지속은 북한의 선군정치와 핵 보유를 지속시킬 가능성이 크다. 이는 한반도의 불안과 동북아의 불안을 지속적으로 확대시킬 가능성이 크다(Wu 2009, 109-18).

2030년을 내다보면서 한국, 미국, 중국, 일본, 러시아 5개국의 지도자들과 시민사회는 양자 간의 문제가 존재함에도 불구하고 다자안보협력을 추진해 가야 한다는 인식을 공유하고 있다. 특히 향후 20년간 동북아에서 세력 재편 혹은 세력 변화 과정을 예견하면서 평화로운 동북아가 되기 위해서는 지금부터 협력의 습관을 길러가야 할 필요성에 직면하고 있는 것이다. 북핵 문제가 단기간 내에 해결되지 않을지라도 한국, 미국, 중국, 일본, 러시아에서는 북핵 문제 해결을 위한 6자회담의 지속적인 개최와 아울러 동북아 지역 내의 초국가적 안보 문제 해결을 위해 북한을 제외한 한·미·중·일·러 5개국 간의 공동 노력을 시작할 필요성을 인식하고 있다. 특히 경제적인 실패에 처한 북한이 포스트 김정일 시기에서 맞을 북한 급변 가능성이 점차 증가함에 따라 인도주의적인 지원을 포함한 북한 문제 해결 방안의 하나로서 다자간 협력을 강구할 필요성이 지금부터 제기되고 있는 것이다. 따라서 동북아 다자간에 인도주의적 지원, 재난 구조 등을 포함한 초국가적 안보 위협에 대한 협력 방식의 구체화 및 제도화은 시간이 갈수록 지지를 얻을 것이 분명하다.

지금까지 관찰해 온 바로는 북한은 북미 간의 직접 대화를 통해 적대관계 청산과 안전보장 문제가 해결되기 이전에 다자 협력을 회피하는 경향을 보여 왔다. 또한 북한은 선군정치의 기치 아래 국내 체제에 대한 강력한 통제를 통해 체제 안정과 현 상태 유지를 달성하려는 정책 성향을 고수하고 있기 때문에 한국을 비롯한 주변국들이 정치적·경제적·사회적·군사적 상호 교류와 신뢰 구축을 요구해도 이에 대해 수동적이고 부정적인 반응을 보여 온 것이 사실이다. 하지만 북한이 정치적·군사적 문제가 아닌 외교적·경제적·인도주의적 지원 문제를 다루는 채널을 굳이 반대할 이유는 없을 것이다. 북한은 만성적인 홍수와 자연재해를 겪어 왔기 때문에 식량, 의료, 도로, 에너지 문제 등 엄청난 인도주의적 문제를 겪고 있다. 따라서 자연재해와 재난 시 국제사회나 지역으로부터 지원을 얻을 수 있는 채널이 있다면 그러한 채널에 참가하는 것을 굳이 회피하지는 않을 것이다. 이러한 다자간 채널에 북한이 계속 참가하게 된다면 장기적으로 북한의 외교관과 관료들의 국가이익에 대한 인식 체계와 행동에 긍정적인 영향을 주게 될 것이다. 따라서 북핵 문제 해결을 위한 6자회담을 운영해 나가는 동시에 초국가적 안보 위협에 대한 동북아 지역 내의 다자간 협력체를 조직하고 운영하려는 노력을 계속해 나가는 것이 필요하다고 할 것이다.

V. 결론: 동북아 다자안보협력 체제의 방향

북한의 핵 개발 및 보유 문제는 동북아에 핵 확산이라는 엄청난 안보 과제를 던져 주었으나, 한편으로는 북핵 문제를 풀기 위해 미국, 중국, 러시아, 일본, 남한, 북한 등 6개국이 사상 최초로 지역적인 다자 안보 대화 채널을 가동하는 기회를 제공했다. 왜냐하면 북핵 문제는 비단 남북한 간의 안보 문제일 뿐만 아니라 지역적인 안보 문제가 된 것이다. 6자회담 참가국들은 북핵 문제가 핵 차원에서만 풀릴 수 없다는 것을 인식하게 되었고 북한 문제라는 큰 틀에서 북핵 문제의 해결을 시도해야 하며 한반도 평화라는 큰 틀에서 북핵 문제를 보아야 한다는 시각에 공감하게 되었다. 즉 북핵 문제는 북한의 정치·경제·군사·사회문화 등 개별 분야의 총체적인 집합인 북한 문제로서 볼 때에만 해결책이 나올 수 있다. 그리고 북핵 문제는 북한이 직면한 안보 문제가 총결집된 문제인 것이다.

따라서 북핵 문제를 해결하기 위해 6자는 공동 노력을 보였으며, 특히 한·미·중·러·일 5개국은 북핵 문제가 선결되어야 6자회담을 지역 차원의 다자안보협력을 위한 채널로 활용 가능하다는 시각에 일치하게 되었다. 동시에 한반도 평화 문제를 풀기 위해서는 남북한, 미국, 중국이 참여하는 4자회담을 개최해야 된다는 데 공감대가 이루어졌던 것이다. 여기서 남북한 관계를 개선시킴으로써 북한을 4자회담으로 유인해 건설적 역할을 하도록 만들기 위한 한국의 역할도 매우 중요해졌다. 이런 점에서 한국에 한반도 평화체제를 구축하기 위한 4자회담의 본부를 유치하는 방안도 고려해 볼만 하다.

그동안 6자회담에서는 북한 핵 프로그램과 시설을 동결, 불능화시키는 합의에 이른 성과가 있으며 앞으로 북핵 폐기를 유도하고 이에 대한 검증 문제가 남아 있다. 북한 체제의 내부 불안과 남한에 대한 불만이 천안함 사건으로 증폭된 측면이 있으나 북한은 값비싼 교훈을 도출했을 것이다. 북한이 핵을 포기하고 도발적인 군사 정책을 포기하며 개혁·개방으로 나가지 않으면 북한 정권의 미래가 없다는 것을 깨달았을 것이다. 그리고 중국의 부상과 함께 미중 관계가 협력과 갈등이 혼재된 상태에서 북한의 도발적 행동은 미중 간의 갈등을 더 악화시키고 동북아의 미래 안보 질서에 부정적인 영향을 미치는 것이다. 북한 정권은 현상 유지 중심의 동북아 질서 속에서 전혀 이익을 볼 수 없으며 이 현상을 어떤 식으로든 타파시켜야만 이익을 볼 수 있을 지도 모른다는 모험주의적 사고를 하고 있을 지도 모른다. 만약 북한 정권이 이런 생각을 하고 있다면 미국, 중국, 한국은 기존의 동맹 체제만 강화시켜서는 북한의 모험주의적 사고와 행동을 교정할 수가 없다. 특히 한국이 북한의 불확실한 미래를 책임지면서 평화통일을 달성하려고 한다면 기존의 동맹 고수 정책으로는 중국의 마음을 얻을 수가 없다. 따라서 동북아의 국가들은 협력적 안보 질서를 만들기 위해서 새로운 노력을 기울일 필요가 있다.

만약 6자회담에서 북핵 문제가 진전을 보지 못하고 교착상태에 빠지거나 위기에 빠진다면 어떻게 할 것인가. 이런 시나리오가 전개된다 하더라도 앞 장에서 설명한 바와 같이 인도주의적 지원과 재해 재난 구조 같은 초국가적 안보 영역에서 다자안보협력을 시도할 수 있을 것이다. 북한이 이에 반대한다면 북한을 제외하고 한국, 미국, 중국, 일본, 러시아가 초국가적 안보 영역에서 협력을 시도할 수 있을 것이다. 결국 동북아에서 가장 큰 인도주의적 문제와 재해 재난은 북한에서 발생할 가능성이 점점 커지고 있다. 북한이 고질적인 경제난을 겪고 있고 외교적으로도 고립되었으며 정치적인 측면에서 세습 불안정 문제를 겪게 된다면 북한에서 가뭄 혹은 홍수, 전염병, 기근, 대규모의 탈북자 등이 발생할 가능성이 더욱 커질 것이다. 그러면 동북아에서 이런 인도주의적 지원 문제와 재해 재난 구조 같은 문제에 대해서 동북아 5개국이 협력할 필요성은 더욱 커지는 것이다. 이런 시나리오에 대한 대비책을 한·미·중, 한·미·일 3자 간에 대화를 통해 마련하는 것도 중요하다. 6자회담의 참가국들 간에 실천 가능한 작은 문제를 가지고 협력을 시도하는 것이 동맹 관련 군사 문제를 가지고 협력을 시도하는 것보다 나을 것이다. 초국가적 위협 요소에 대해서 한국, 미국, 중국, 일본, 러시아 간에 협의하고 공동의 해결책을 모색해 나가는 습관을 배양하고 이런 습관을 제도화시키려는 노력은 2030년 미중 간의 세력균형이 변화될 때를 대비해서도 매우 유익한 일이 될 것이다.

결론적으로 동북아에서 다자안보협력은 불가능한 것이 아니라 주어진 전략적 환경 속에서 참가국들의 정치가와 전문가들이 비전을 제시하고 리더십을 발휘하며 참가국들 간에 이해를 절묘하게 타협시키는 협상의 기술이 뒷받침된다면 동북아에서도 다자간의 안보 협력은 가능하게 될 것이다.

간혹 폐회되어 있다가 재개되곤 하는 6자회담이지만 이러한 다자간 안보 협의 채널이 동북아에서 열려 있는 지금은 그 이전보다 훨씬 나은 조건에서 다자간 협력을 시도할 수 있는 기회가 주어져 있다. 또한 개별 안보 사안에 대해서 전개되고 있는 양자 간 회담, 3자 간 회담, 지역 기구 혹은 유엔에서의 회담 등을 통해 각국이 가지고 있는 안보 우려에 대해서 논의할 수 있는 기회가 대폭 늘어나고 있다. 이러한 채널을 최대한 활용함으로써 동북아에서 다자간 안보 협의를 증대시킬 수 있을 것이다.

남북한 관계에서도 이명박 정부의 원칙 있는 대북 정책의 추진에 대한 북한의 불만, 북한의 남한 정권 길들이기와 북한 내부의 단속 필요성, 엄밀히 계산된 북한의 도발 등으로 인해 남북 관계가 후퇴하고 있지만, 미국과 중국의 적극적인 노력으로 인해 6자회담의 재개와 남북 관계의 진전 시도가 있을 것으로 예상된다. 6자회담이 재개되면 이를 활용해 한국은 유럽에서 세 개의 바스켓을 통한 포괄적인 관계 발전을 도모한 헬싱키 프로세스, 즉 유럽안보협력회의를 상기해 한반도와 동북아에 적용시키려는 노력을 재개할 필요가 있다.

아울러 동맹 중심의 대결 구조를 장기적인 시각에서 완화시키고 모든 참여국에게 이익이 될 수 있는 방향으로 초국가적인 안보 문제를 해결하도록 공동의 노력을 지속시켜 나가면 동북아에서 다자안보협력의 기틀이 마련될 것이다. 오늘날 안보는 포괄적인 안보로서 과거 전쟁에서처럼 제로섬 게임이 아니라 넌제로섬 게임이 되었다. 따라서 남북한, 미국, 중국, 일본, 러시아는 포괄 안보의 시각에서 국제적인 안보 공공재를 생산해내는 데 힘과 지혜를 모을 수 있을 것이다. 이것은 때로는 충돌하는 국가이익을 추구하는 주권국가들 사이의 갈등과 경쟁을 평화와 협력으로 바꿀 수 있는 블루오션이 될 수 있을 것이다.

참고문헌

1장

Cumings, Bruce. 1995. "Kennan, Containment, Conciliation: The End of Cold War History." *Current History*. Vol. 94, No. 595.

Department of State. 2010. "Remarks by Secretary Clinton on Regional Architecture in Asia: Principles and Priorities." January 12.
http://www.cfr.org/publication/21218/clintons_remarks_on_regional_architecture_in_asia_january_2010.html(검색일: 20010/03).

Gaddis, John Louis. 1987. *The Long Peace*. Oxford University Press.

________________. 2001. "In Defense of Particular Generalization: Rewriting Cold War History, Rethinking International Relations Theory." Colin Elman and Miriam Fendius Elman (ed.). *Bridges and Boundaries*. MIT Press.

Gilbert, Felix. 1961. *To the Farewell Address: Ideas of Early American Foreign Policy*. Princeton University Press.

Green, Michael J. 2009. "Asia in the Debate on American Grand Strategy." *Naval War College Review*. Vol 62, No. 1. Winter.

Hardt, Michael and Antonio Negri. 2000. *Empire*. Harvard University Press.

Hartz, Louis. 1991. *The Liberal Tradition in America*. Harvest.

Kagan, Robert. 2010. "Obama's Year One." *World Affairs*. January/February.

Kennan, George F. 1947. "The Sources of Soviet Conduct." *Foreign Affairs*. Vol. 25, No. 4.

________________. 1967. *Memoirs*: 1925-1950. Pantheon.

________________. 1985. *American Diplomacy*. University of Chicago Press.

Morton, Louis. 1962. "Soviet Intervention in the War with Japan." *Foreign Affairs.* Vol. XL. July.

Scalapino, Robert A. 2009. "The United States and Asia in 2008: A Time of Challenge." *Asian Survey.* Vol. 49, No. 1.

Sutter, Robert. 2009. "The Obama Administration and US Policy in Asia." *Contemporary Southeast Asia.* Vol. 31, No. 2.

Tocqueville, Alexis de. 2004. *Democracy in America.* Vol. 1. Library of America.

Wolfers, Arnold. 1962. *Discord and Collaboration.* Johns Hopkins University Press.

Yergin, Daniel. 1990. *Shattered Peace: The Origins of the Cold War.* Penguin.

2장

이태환. 1997. "주변 4강의 대한반도 정책." 세종연구소 제3회 한중학술회의(11/04) 자료.

Austin, Greg and Stuart Harris. 2001. *Japan and Greater China.* University of Hawaii Press.

Boulding, Kenneth . 1978. *Stable Peace.* University of Texas Press.

Finkelstein, David and Michael Mcdevitt. 1999. "Competition and Consensus: China's 'New Concept of Security' and the United States Security Strategy for the East Asia-Pacific Region." *CSIS Pacnet Newsletter.* Jan. 8.

Kellerhals, Merle David Jr. 2010. "United States and China Agree on Talks with North Korea." http://www.america.gov/st/peacesec-english/2010/September/20100921120325dmslahrellek0.9030115.html(검색일: 2010/09/21).

Li Qinggong and Wei Wei. 1997. "The world need a new security concept." *Jiefangjun Bao.* Dec 24.

Peng Guangqian and Yao Youzhi. 2005. The Science of Military Strategy. Military Science Publishing House.

Yang Jiemian. 2003. "Iraqi War's Impacts on World System and International Order." http://www.siis.org.cn/english/journal/en20031-2/yangjiemian.htm(검색일: 2003/11/19).

Zhang Xiaojun and Xu Jia. 2004. "A Comparison of the Features of the Traditions of Chinese and US Strategic Culture." *China Military Science.* No. 2.

唐世平·曹筱陽. 2002. "尋求中美日相互安全的基点." 『戰略與管理』 第1期.

劉江永·閻學通. 2005. "加强東亞安全合作的建議." 閻學通·金德湘 主編. 『東亞和平與安全』. 時事出版社.

朴鍵一. 2003. "北京六方會談與, 朝鮮核問題前景." 『當代亞太』 第10期.

傅夢孜. 2007. "중국의 한반도 평화체제 구상과 이행." 통일연구원 주최 '6·15 정상회담과 한반도 평화체제' 국제학술회의(06/07) 발제문.

时殷弘. 1999. "关于战争与和平的伦理传统: 西方与中国." 『世界经济与政治』 第10期.

王勇. 1996. "論相互依存對我國國家安全的影向." 梁守德 主編. 『國際政治新論』. 中國社會科學出版社.

阎学通. 2005. "东亚和平的基础." 阎学通·金德湘 编. 『东亚和平与安全』. 时事出版社.

______. 2007. "和平的性质" 王缉思·秦亚青 编. 国学 新世界出版社.

陸建人. 2005. "論中國的區域合作政策." 『當代亞太』 第10期.

朱鋒. 2003. "六方會談後的朝核危機:問題與前景." 『現代國際關係研究』 第9期.

中华人民共和国 国务院新闻办公室. 2003. "中国的防扩散政策和措施." http://www.china.org.cn/e-white/20031202/1.htm.

______________________________. 2005. "中国的军控, 裁军与防扩散努力." http://www.china.org.cn/english/features/book/140320.htm.

陳潔華. 2001. 『21世紀 中國外交戰略』. 時事出版社.

崔立如 编. 2006. "中国对东北亚地区的安全政策." 『东北亚地区安全政策及安全合作构想』. 时事出版社.

何志平·安小平. 2008. "朝鲜半岛和平协定与和平机制." 『东北亚论坛』 第17卷 第2期 3月.

3장

박영준. 2006. "탈냉전기 일본의 대국구상: 보통국가론과 평화국가론의 국가구상 비교를 중심으로." 『일본연구논총』 제23호.

______. 2008. 『제3의 일본』. 한울.

Johan Galtung. 1969. "Violence, Peace and Peace Research." *The Journal of Peace Research.* Vol.6, No.2. (岡本三夫 編. 『平和学は訴える』. 法律文化社. pp. 220-1에서 재인용.)

Kamiya Matake. 2008. "Conditionally Welcome: Japanese Attitude toward Formulation of Multilateral Security Arrangement in Northeast Asia." Paper prepared for presentation at the conference 'In Search of Peaceful Northeast Asian Community: Ideational, Societal, and Institutional Sources and Trends.' Co-organized by

Institute for Peace Studies, East Asian New Governance education & Research Team and Graduate School of International Studies International Security Studies Program, Korea University. March 22.

Mearsheimer, John J. 2001. The Tragedy of Great Power Politics.(이춘근 역. 2004.『강대국 국제정치의 비극』. 자유기업원.)

Samuels, Richard. 2007. *Securing Japan: Tokyo's Grand Strategy and the Future of East Asia.* Cornell University Press.

岡本三夫. 2005.『平和学は訴える』. 法律文化社.

姜尚中. 2001.『東北アジア共同の家をめざして』. 平凡社.

高坂正堯. 1965a. "海洋國家日本の構想."『海洋國家日本の構想』. 中央公論社.

_______. 1965b. "現實主義者の平和論."『海洋國家日本の構想』. 中央公論社.

高原明生・藤原歸一・李鐘元. 2003. "東アジアの平和構想." 金子勝・藤原歸一・山口二郎 編.『東アジアで生きよう』. 岩波書店.

北岡伸一. 1991.『日米關係のリアリズム』. 中公叢書.

_______. 2000.『普通の國へ』. 中央公論新社.

_______. 2001. "國家の辯證:21世紀日本の國家と政治."『アステイオン』55.

_______. 2004.『日本の自立:對米協調とアジア外交』. 中央公論新社.

船橋洋一. 1993. "グローバル・シビリアン・パワー:冷戰後の世界ビジョン."『日本の對外構想:冷戰後のビジョンを書く』. 岩波新書.

水島朝穂. 2007. "21世紀型の小国主義をめざせ:国際協力."『朝日新聞』(12/17).

神谷萬丈. 2003. "安全保障の概念." 防衛大學校安全保障學研究會.『安全保障學入門』. 亞紀書房.

五十嵐武士. 1999. "平和國家という視點."『日米關係と東アジア:歷史的文脈と未來の構想』. 東京大學出版會.

田中明彦. 1996.『新しい中世』. 日本經濟新聞社.

青木保. 1990.『日本文化論の変容:戰後日本の文化とアイデンティティー』. 中央公論社.

太田博. 2001. "海洋國家日本の構想:世界秩序と地域秩序." 伊藤憲一 編.『海洋國家日本の構想:世界秩序と地域秩序』. 日本国際フォーラム.

坂本多加雄. 2001.『國家學のすすめ』. ちくま書房.

坂本義和. 1967a. "日本外交への提言."『核時代の國際政治』. 岩波書店.

_______. 1967b. "日本外交の思想的轉換."『核時代の國際政治』. 岩波書店.

_______. 1967c. "中立日本の防衛構想."『核時代の國際政治』. 岩波書店.

_______. 1972. "轉換する平和像."『朝日新聞』(01/01).

_______. 1976.『平和：その現実と認識』. 毎日新聞社.

_______. 1997.『相對化の時代』. 岩波新書.

4장

김만복. 2007. "종전선언, 누가, 언제, 어떻게." 〈국정브리핑〉(10/30). http://korea.kr/newsweb.

김진무. 2008. "북미 싱가포르 잠정 합의와 북핵 문제 전망." 안보전략연구센터. 『동북아안보정세분석』. 한국국방연구원.

김태현. 2007. "미 대북 정책 변화의 숨은 디자이너, 필립 젤리코 전 국무부 자문관." 『신동아』 4월호.

노무현. 2007. "한겨레 부산 국제심포지엄 기조연설"(11/13). http://president.go.kr/cwd/kr/archive.

박종철. 2003. "평화 번영 정책의 이론적 기초 및 체계." 박종철 외. 『평화 번영 정책의 이론적 기초와 과제』. 통일연구원.

_____. 2004. "부시 행정부 하에서의 북미 관계." 통일연구원 학술회의 총서. 『한국 및 미국의 국내 환경 변화와 한반도 평화』.

_____. 2006. "한반도 비핵화와 평화체제 구축." 『한국과 국제정치』 제 22권 1호.

박종철 외. 1999. 『4자회담의 추진전략: 분과위원회 운영을 중심으로』. 통일연구원.

백승주. 2006. "한반도 평화협정의 쟁점: 주체, 절차, 내용, 평화 관리 방안." 『한국과 국제정치』 제22권 1호.

서재진. 2007. "북한의 생존 전략과 2·13합의." 『2·13합의와 한반도 평화체제 구축』. 통일연구원.

송민순. 2007. "한반도 평화체제 구축을 위한 비전과 과제." 외교안보연구원 주최 세미나 기조연설(10/26).

송홍근. 2007. "요란한 종전선언 몰랐거나 홀렸거나." 『주간 동아』 610호(11/13).

이무형. 2007. "종전선언 둘러싼 정부 이견 재확인." 〈MBN 뉴스〉(10/25). http://mbn.mk.co.kr/pages/news/newsView.php?category=mbn00001&news_seq_no=274249.

이상현. 2006. "한반도 평화체제와 한미동맹." 『한국과 국제정치』 제 22권 1호.

이삼성. 2005. "한반도 평화협정: 북한 핵 문제 근본 해결로서의 평화협정의 틀과 윤곽." 『한반도 평화협정 체결 및 평화 군축 방안』. 평화통일연구소.

이종석. 2008. "한반도 평화체제 구축 논의, 쟁점과 대안 모색." 『세종정책연구』 4권 1호.

유상욱. 2007. "버시바우, 연내 종전선언 불가능." 〈MBN뉴스〉(10/09). http://mbn.mk.co.kr/pages/news/newsView.php?category=mbn00001&news_seq_no=267426.

조 민. 2007. "한반도 평화체제 구축방향: 평화프로세스." 『2·13합의와 한반도 평화체제 구축』. 통일연구원.

조선외무성 대변인. 2002. "조미 사이의 불가침조약 체결이 핵 문제 해결의 합리적이고 현실적인 방도." 〈조선중앙방송〉(10/25).

______________. 2005. "미국이 정전 유지 정책을 평화체제 수립에로 전환할 것." 〈조선중앙통신〉(07/22).

조성렬. 2007. "한반도 평화체제 구축과 동북아 질서 재편." 평화재단 7차 전문가포럼 '2·13합의와 한반도 평화체제' 발표문.

청와대. 2006. "하노이 APEC 한미정상회담"(11/18). http://www.president.go.kr/cwd/kr.

청와대 안보실장. 2007. "호주 APEC 계기 한미정상회담 결과"(09/07). http://mofat.go.kr.

통일부. 2006. "2006년도 업무보고." http://www.unikorea.go.kr.

한호석. 2005. "9·19공동성명의 평화 개념과 남북관계의 변화"(10/03). http://www.onekorea.org.

허문영. 2007. "2·13 합의 이후 한반도 평화체제 구축 방안: 쟁점 및 추진 방향." 『6·15정상회담과 한반도 평화체제』. 통일연구원.

Beck, Peter M. and Meredith J. Sumpter. 2005. "Washington and the North Korean Nuclear Crisis: From Muddling Multilateralism to Sanctions?" *International Journal of Korean Unification Studies*. Vol. 14, No. 1.

Kurata Hideya. 2007. "A Conceptual Analysis of the Six-Party Talks: Building Peace through Security Assurances." *Asian Security*. Vol. 3, No. 1.

Sanger, David E. 2006. "US Said to Weigh a New Approach on North Korea." *The New York Times*. May 18.

Snow, Tony. 2006a. "Press Briefings by Press Secretary Tony Snow." November 17. htttp://www.whitehouse.gov/news/release.

__________. 2006b. "Press Gaggle by Press Secretary Tony Snow." November 19. htttp://www.whitehouse.gov/news/release.

The White House. 2006. "President Bush Meets with South Korean President Roh." November 18. http://www.whitehouse.gov/news/releases/2006/11.

_______________. 2007. "Press Briefing by Deputy Press Secretary Dana Perino and Senior Administration Officials." September 7. http://www.whhitehouse/news/release/2007/09.

Zelikow, Philip. 2007. "The Plan That Moved Pyongyang." *Washington Post*. February 20.

Zoellick, Robert B. 2007. "Long Division." *The Wall Street Journal*. February 26.

5장

국토통일원. 1988a.『북한최고인민회의 자료집』제2집. 국토통일원.
________. 1988b.『북한최고인민회의 자료집』제3집. 국토통일원.
김일성. 1979a.『김일성 저작집 1』. 조선노동당출판사.
_____. 1979b.『김일성 저작집 4』. 조선노동당출판사.
_____. 1979c.『김일성 저작집 6』. 조선노동당출판사.
_____. 1979d.『김일성 저작집 7』. 조선노동당출판사.
_____. 1979e.『김일성 저작집 8』. 조선노동당출판사.
민족통일연구원. 1994. "북한 핵 문제와 남북 관계: 발전 과정 및 발전 전망."『연례정세분석보고서 94~01』. 민족통일연구원.
조선중앙통신사. 1963.『조선중앙년감 1963』. 조선중앙통신사
___________. 1985.『조선중앙년감 1985』. 조선중앙통신사.
통일원. 1991.『남북한 통일 대화 회담 비교』제1권. 통일원.
_____. 1993.『월간 북한동향』10월호. 통일원.
_____. 1994.『월간 북한동향』6월호. 통일원.

6장

강원식 외. 1995.『한반도 평화체제 구축방향』. 민족통일연구원.
국가안전보장회의. 2004.『평화번영과 국가안보』. 국가안전보장회의 사무처.
김희상. 2006. "지금 대한민국은 국가 존망의 위기."『월간조선』9월호. 조선일보사.
남북정상회담 준비기획단. 2007.『2007 남북정상회담 합의: 해설자료』.
박영호. 2003.『한반도 평화 정착 추진 전략』. 통일연구원.
박원곤. 2007. "유엔사의 역할 평가."『동북아안보정세분석』. 한국국방연구원.
박종철. 2005. "한반도 비핵화와 평화체제 전환의 단계적 접근."『통일연구원 온라인시리즈 PA 05-08』
박혜경. 2006. "한미연합사령부 해체되고 '작전협조본부'로 대체." 〈업코리아〉(08/17). http://www.upkorea.net/news/articleView.html?idxno=12162.
백진현. 2003. "한반도 평화체제 구축방안: 정전협정의 대체를 중심으로." 서울국제법연구원 주최 '한반도 평화체제 구축과 한미동맹 관계 발전방향' 학술회의(06/30) 논문집.
송대성. 1998.『한반도 평화체제: 역사적 고찰, 가능성, 방안』. 세종연구소.
_____. 2010. "전작권 전환 재조정 논의 더 이상 미루지 말라."『세종논평』No. 175(02/16).
심병철. 2003.『조국통일문제 100문 100답』. 평양출판사.

http://go.jinbo.net/webbs/view.php?board=범민련-9&id=115&page=1&s2=subject&s_arg=100.
유재갑. 1996. "주한미군에 대한 한국의 입장." 강성학 외. 『주한미군과 한미 안보협력』. 세종연구소.
윤덕민. 2006. "한반도 평화협정에 관한 연구: 평화협정의 쟁점 사항을 중심으로." 『외교안보연구원 정책연구시리즈』 6월호.
윤종호. 2007. "한미연합방위체제의 변화와 한국안보: 과제와 대비방향." 『국방연구』 제50권 제1호. 국방대학원 안보문제연구소.
이상철. 2003. "한반도 정전체제와 UNC 위상." 『군비통제자료』 제34집.
이상현. 2006. "한반도 평화체제와 한미동맹." 『한국과 국제정치』 제22권 1호.
이시우. 2003. "유엔군사령부의 해체 문제에 대하여."
http://blog.naver.com/uuuau/40010081043.
이종선. 1999. "정전협정의 평화협정으로의 전환: 문제점과 현황." 인제대학교 인문사회과학연구소 주관 '99 한반도 평화체제와 통일 학술회의'(10/28) 논문집.
전시작전통제권 T/F. 2006. 『전시작전통제권 환수 문제의 이해』. 청와대 통일외교안보정책실.
정경영. 2007. 『유엔사의 미래 역할과 한국군과의 관계정립 방안』. 2007년도 국회 국방위원회 정책연구용역과제 연구보고서(08/08).
제성호. 2000. 『한반도 평화체제의 모색』. 지평서원.
조 민. 2007. "한반도 평화체제 구축: 한국의 시각." 열린우리당 동북아평화위원회·열린정책연구원 주최 '한반도 평화체제 구축을 위한 국제심포지움'(05/30) 발표논문.
한용섭. 2004. 『한반도 평화와 군비 통제』. 박영사.
허문영. 2007a. "2·13합의 이후 한반도 평화체제 구축방안: 쟁점 및 추진방향." 『6·15정상회담과 한반도 평화체제』. 통일연구원.
_____. 2007b. "한반도 평화체제 구축방안: 쟁점 및 과제." 통일연구원 주최 '6·15정상회담과 한반도 평화체제 국제학술회의'(06/07) 발표논문.

Fu Mengzi. 2007. "China's Strategy for the Implementation of a Framework for Peace on the Korean Peninsula." 통일연구원 주최 '6·15정상회담과 한반도 평화체제 국제학술회의'(06/07) 발표논문집.
Galtung, Johan . 1996. *Peace by Peaceful Means*. Sage Publications.
Jervis, Robert. 1983. "Security Regimes." Stephen D. Krasner (ed.). *International Regime*. Cornell University Press.
Kessler, Glenn. 2007. *The Confidante: Condoleezza Rice and the Creation of the Bush Legacy*. St. Martin's Press
Niksch, Larry A. 2010. "North Korea's Nuclear Weapons Development and Diplomacy."

CRS Report for Congress. January 5.
O'Hanlon, Michael E. 2010. "Divide, And be Conquered." *Los Angeles Times*. March 11.
US Department of State. 2000. "US-DPRK Joint Communique." October 12.
Zoellick, Robert B. 2007. "Long Division." *The Wall Street Journal*. Feb. 26.

7장

국정홍보처. 2007. "2012년 4월 17일 전작권 이양 및 연합사 해체." 〈국정브리핑〉(02/14). www.news.go.kr.
박혜경. 2006. "한미연합사령부 해체되고 '작전협조본부'로 대체." 〈업코리아〉(08/18). http://www.upkorea.net/news/articleView.html?idxno=12162.
엄태암. 2006. 『동북아 다자안보협력—한국의 선택』. KIDA Press.
외교통상부. 2001. 『OSCE 개황』. 생명의나무 부설연구소.
허만호. 2004. "베트남과 북한에서의 이분법적 사회분화와 정치변동: 유교적 가치와 사회통제에 대한 비교연구." 『한국정치학회보』 제38집 1호. 한국정치학회.

Amor, Maria and Martin Estébanez. 2004. "The OSCE and Human Rights." Rija Hanski and Markku Suksi (ed.). *An Introduction to the International Protection of Human Rights*. Institute for Human Rights, Abo Akademi University.
Doan Van Toai. 1979. *le goulag vietnamien*. Robert Laffont.
Domenach, Jean-Luc. 1992a. "Repression et Enfermement en Chine Populaire(1949-1989)." EHESS. Thèse pour le doctorat d'Etat. Vols. 1-4.
____________________. 1992b. *CHINE : L'ARCHIPEL OUBLIE*. Fayard.
Haraszti, Miklos. 1990. "The Beginning of Civil Society: The Independent Peace Movement and the Danube Movement in Hungary." Vladimir Tismaneanu (ed.). *In Search of Civil Society: Independent Peace Movement in the Soviet Bloc*. Routledge.
Heo Man-Ho. 2002. "Contrôle social et changement politique dans les sociétés communistes subsistantes: une application des cas chinois et est-allemand à la Corée du Nord." *Revue Internationale de Politique Comparée*. Vol. 9, No. 3.
Heraclides, Alexis. 1993. *Security and Cooperation in Europe: The Human Dimension, 1972-1992*. Frank Cass.
Human Rights Watch. 1995. "Vietnam Human Rights in a Season of Transition: Law and Dissent in the Socialist Republic of Vietnam." Vol. 7, No. 12. Aug.

http://hrw.org/reports/1995/Vietnam2.htm(검색일: 2007/05/02).
________________. 1997. "Vietnam, Rural Unrest in Vietnam." Vol. 9, No.11(C). Dec. http://www.hrw.org/reports/1997/vietnm/Vietn97d-02.htm(검색일: 2007/04/03).
________________. 2000. "Vietnam: The Silencing of Dissent." Vol. 12, No.1(C). May. http://www.hrw.org/reports/2000/vietnam(검색일: 2007/04/03).
Kotek, Joël and Pierre Rigoulot. 2000. *Le sciècle des camps*. J C Lattès.
Merrills, J. G. 2004a. "Promotion and Protection of Human Rights within the European Arrangements." Rija Hanski and Markku Suksi (ed.). *An Introduction to the International Protection of Human Rights*. Institute for Human Rights, Abo Akademi University.
__________. 2004b. "The Council of Europe (I): The European Convention on Human Rights." Rija Hanski and Markku Suksi (ed.). *An Introduction to the International Protection of Human Rights*. Institute for Human Rights, Abo Akademi University.
Risse, Thomas, Stephen Ropp and Kathryn Sikkink (ed.). 1999. *Power of Human Rights: International Norms and Domestic Change*. Cambridge University Press.
Vo Van Aï. 1979. *Vietnam Today, Que Me, Vietnam Committee On Human Rights*. Press File for the Press Conference on 30th April 1985 at Freedom House.
Woods, Lorna. 2004. "The European Union and Human Rights." Rija Hanski and Markku Suksi (ed.). *An Introduction to the International Protection of Human Rights*. Institute for Human Rights, Abo Akademi University.
Wu Harry. 1996a. *Laogai le goulag chinois*. Dagorno.
________. 1996b. *Retour au Laogai, La vérité sur les camps de la mort dans la Chine d'aujourd'hui*. Belfond.
________. 2000. *Danse pas avec la Chine*. Indigène.

8장

고봉준. 2008. "군사력 증강의 정치학: 북한 탄도미사일에 대한 한일 양국 대응의 공격현실주의적 해석." 『한국정치학회보』 제42집 3호.
_____. 2009. "경제위기와 미국 대외 정책 패러다임의 변화." 『동향과 전망』 제76호.
박영준. 2008. "일본의 군사전략." 한용섭·박영준·박창희·이홍섭. 『미·일·중·러의 군사전략』. 한울.
신성호. 2008. "군사 인덱스: 역내 안보 불안의 심화." 하영선 편. 『동아시아 공동체: 신화와 현실』. EAI.

Brooks, Stephen and William C. Wohlforth. 2002. "American Primacy in Perspective." *Foreign Affairs*. Vol. 81, No. 4.

Chase, Michael S., Andrew S. Erickson and Christopher Yeaw. 2009. "Chinese Theater and Strategic Missile Force Modernization and its Implications for the United States." *The Journal of Strategic Studies*. Vol. 32, No. 1. February.

Feffer, John. 2008. "Hidden Asia Pacific Arms Race: Six Countries Talk Peace While Preparing for War." *The Asia-Pacific Journal: Japan Focus*. March 19. http://www.japanfocus.org/-John-Feffer/2704(검색일: 2010/01/04).

Glaser, Charles L. 2004. "When Are Arms Races Dangerous?: Rational versus Suboptimal Arming." *International Security*. Vol. 28, No. 4. Spring.

Herz, John. 1951. *Political Realism and Political Idealism: A Study in Theories and Realities*. University of Chicago Press.

Hideki Kadeda, Kazumasa Hobayashi, Hiroshi Tajima, and Hirofumi Tosaki. 2007. "Japan's Missile Defense: Diplomatic and Security Policies in a Changing Strategic Environment." *The Japan Institute of International Affairs*. March.

Hughes, Christopher W. 2009. "Japan's Military Modernisation: A Quiet Japan-China Arms Race and Global Power Projection." *Asia-Pacific Review*. Vol. 16, No. 1.

Ikenberry, G. John and Michael Mastanduno (ed.). 2003. *International Relations Theory and the Asia-Pacific*. Columbia University Press.

Institute for Far Eastern Studies, Kyungnam University. 2009. Asian Perspective. Vol. 33, No. 4.

Jervis, Robert. 1978. "Cooperation under the Security Dilemma." *World Politics*. Vol. 30, No. 2. January.

Jervis, Robert. 1976. *Perception and Misperception in International Politics*. Princeton University Press.

Kimball, Daryl G. 2009. "Change US Nuclear Policy? Yes, We Can." *Arms Control Today*. Vol. 39, No. 7.

Kim, Samuel S. 2004. "Northeast Asia in the Local-Regional-Global Nexus: Multiple Challenges and Contending Explanations." Samuel S. Kim (ed.). *The International Relations of Northeast Asia*. Rowman & Little.

Krepinevich, Andrew F. 1994. "Cavalry to Computer: The Pattern of Military Revolutions." *The National Interest*. No. 37.

__________________. 2009. "The Pentagon's Wasting Assets: The Eroding Foundations of American Power." *Foreign Affairs*. Vol. 88, No. 4.

Lewis, John Wilson and Xue Litai. 2006. *Imagined Enemies: China Prepares for Uncertain*

War. Stanford University Press.

Pinkston, Daniel A. 2008. "The North Korean Ballistic Missile Program." *Strategic Studies Institute*. February.

Rumsfeld, H. Donald. 2001. *Quadrennial Defense Review Report*. U.S. Department of Defense.

Samuels, Richard J. 2007. *Securing Japan: Tokyo's Grand Strategy and the Future of East Asia*. Cornell University Press.

Schweller, Randall L. 1996. "Neorealism's Status Quo Bias: What Security Dilemma?" *Security Studies*. Vol. 5, No. 3. Spring.

Stockholm International Peace Research Institute. 2009. *SIPRI Yearbook 2009: Armaments, Disarmament and International Security*. Oxford University Press.

Tang, Shiping. 2009. "The Security Dilemma: A Conceptual Analysis." *Security Studies*. Vol. 18, No. 3. July.

US Department of State. 2003. *World Military Expenditures and Arms Transfers*. http://www.state.gov/documents/organization/18739.pdf.

Waltz, Kenneth N. 2000. "Structural Realism after the Cold War." *International Security*. Vol. 25, No. 1. Summer.

9장

김성한. 2006. "미국의 동아태 전략." 하영선 편. 『21세기 한국외교 대전략: 그물망 국가 건설』. 동아시아연구원.

이수훈. 2009. 『조정기의 한미동맹: 2003-2008』. 경남대 극동문제연구소.

이신화. 2008. "비전통적 안보와 동북아 지역 협력." 『한국정치학회보』 제42집 2호.

외교통상부. 2009. "한미동맹을 위한 공동비전(동맹미래비전)"(06/16). http://www.mafat.go.kr/help/search/index.jsp?txtField=미래비전(검색일: 2010/11/16).

하영선·남궁곤 편저. 2007. 『변환의 세계정치』. 을유문화사.

한용섭 외. 2005. 『동아시아 안보공동체』. 나남출판.

Calder, Kent E. and Francis Fukuyama (ed.). 2008. *East Asian Multi-lateralism: Prospects for Regional Stability*. Johns Hopkins University Press.

Fravel, M. Taylor. 2005. "Regime Insecurity and International Cooperation: Explaining China's Compromises in Territorial Disputes." *International Security. Vol. 30, No. 2*. Fall.

Friedberg, Aaron. 1998. "Europe's Past, Asia's Future?" *SAIS Policy Forum Series. No. 3.* Johns Hopkins University. October.

_______________. 2005. "The Future of US-China Relations: Is Conflict Inevitable?" *International Security.* Vol. 30, No. 2. Fall.

Halper, Stefan. 2010. *The Beijing Consensus: How China's Authoritarian Model Will Dominate the Twenty First Century.* Basic Books.

Ikenberry, G. John. 2008. "The Rise of China: Power, Institutions, and the Western Order." Robert Ross and Zhu Feng (ed.). 2008. *China's Ascent: Power, Security, and the Future of International Politics.* Cornell University Press.

Kaplan, Robert. 2010. "China's Grand Map: How Far Will Beijing Reach on Land and at Sea?" *Foreign Affairs.* Vol. 89, No. 3. May/June.

Milner, Helen. 1992. "International Theories of Cooperation Among Nations: Strengths and Weaknesses." *World Politics.* Vol. 44, No. 3. April.

Qing Qin Ya. 2008. "Structures, Processes, and the Socialization of Power: East Asian Community Building and the Rise of China." Robert Ross and Zhu Feng (ed.). *China's Ascent.* Cornell University Press.

Ross, Robert. 2003. "The US-China Peace: Great Power Politics, Spheres of Influence, and the Peace of East Asia." *Journal of East Asian Studies.* Vol. 3, No. 3.

Ross, Robert S. and Zhu Feng (ed.). 2008. *China's Ascent: Power, Security, and the Future of International Politics.* Cornell University Press.

__________. 2006. "China's Naval Nationalism Sources, Prospects, and the US Responses." *International Security.* Vol. 34, No. 2. Fall.

Schweller, Randall. 1994. "Bandwagoning for Profit: Bringing the Revisionist State Back In." *International Security.* Vol. 19, No. 1. Summer.

U.S. Department of Defense. 2010. *The Quadrennial Defense Review Report.* February.

U.S. White House. 2002. *The US National Security Strategy.* September.

Wang Jianwei. 2003. "Territorial Disputes and Asian Security." Muthiah Alagappa (ed.). *Asian Security Order: Instrumental and Normative Features.* Stanford University Press.

Wu Chunsi. 2007. "The Six Party Talks: A Good Platform for Broader Security Cooperation in Northeast Asia." *Korean Journal of Security Affairs.* Vol. 12, No. 2. Research Institute for National Security Affairs, KNDU.

Yoon Esook. 2008. "Environmental Cooperation in North East Asia." *Paper Presented in the Jeju Peace Institute and Konrad Adenauer Foundation Joint Conference.* November 13.

아연동북아총서 3

미중 경쟁시대의 동북아 평화론 쟁점, 과제, 구축전략

1판1쇄 | 2010년 12월 24일

엮은이 | 한용섭(한국평화학회장)
펴낸이 | 이내영
펴낸 곳 | 아연출판부
등록 | 2000년 5월 24일 제6-376호
주소 | 서울시 성북구 안암동 5가 고려대학교 아세아문제연구소(136-701)
전화 | 02-3290-1600 팩스 | 02-923-4661
홈페이지 | www.asiaticresearch.org

값 12,000원

ISBN 978-89-90769-33-6 94300
978-89-90769-29-9 (세트)

이 도서의 국립중앙도서관 출판시도서목록(CIP)은 e-CIP 홈페이지(http://www.nl.go.kr/ecip)에서
이용하실 수 있습니다(CIP제어번호: CIP2010004158).